中国権利侵害責任法

楊 立新 著
鈴木理史 訳

グローバル科学文化出版

目次

第四章　責任主体に関する特殊規定……247

第十一章　工作物損害責任……411

まえがき

『中華人民共和国権利侵害責任法』（日本法の「不法行為法」）が施行されて以来、多くの国の権利侵害責任法の学者が注目し、中国権利侵害法の発展と中国『権利侵害責任法』の基本的内容の理解を試みてきたが、言葉の壁という大きな困難が存在した。

本書において私は深い理論の分析をせず、異なる学術的見解（学説）間の論争などには触れずに、自身の理解に基づいて『権利侵害責任法』の基本的精神と要点を書き表した。それは国外の研究者に少しでも利用して頂ければと思うからである。

中国の『権利侵害責任法』は、大陸法系の権利侵害法の伝統と英米法系の権利侵害法の特質とを持ち合わせ、さらに中国権利侵害責任法の立法と司法における実務経験が加わり、その結果中国独自の特徴を備え、世界で初めて権利侵害責任法の名称で単行法として立法化された権利侵害法の成文法なのである。同法は、世界の権利侵害法の発展史において非常に重要な意義をもつであろう。当然、同法の施行後において不十分な点や欠点が散見されたが、将来的に修正を加え、同法は民法典に編入する際には充実した完全なものになるであろう。

一九七五年六月二十六日、裁判官として私は中国の法曹界に加わった。民事裁判に従事し、その後民法、特に権利侵害法の理論研究を始めてからすでに四十年が経過した。この四十年来の間に費やした権利侵害責任法と民法の発展に対する努力は私にとって非常に大切なものである。中国権利侵害責任法の理論が飛躍的に発展してゆく様子をこの目で目撃でき、『権利侵害責任法』の立法過程に自身関与できたことに対し、言いようのない深く厚い感情が湧きあがるのを覚える。私は人民の権利を擁護する法律を愛し、この法律が人民の権利を擁護する諸過程において、より良い作用を発揮できるよう望むばかりである。

日本の読者の皆さんが、私と同様に中国の『権利侵害責任法』を愛し、本書『中国権利侵害責任法』も愛して頂けることを願っている。

天津大学法学院卓越教授　楊　立新

二〇一七年八月

序論　中国権利侵害責任法の現状、歴史及び未来

本書では、極力簡潔な言葉を用いて、中国権利侵害責任法の体系や構成、基本的規則を説明する。説明に先立ち、比較的簡単に中国権利侵害責任法の現状・歴史・未来を紹介し、読者の方々に少しでも中国権利侵害責任法を理解して頂ければと思う。

第一節　中国権利侵害責任法の現状

一　中国権利侵害責任法の概念の境界線

権利侵害責任法とは、権利侵害行為の定義と種類を明らかにし、さらに権利侵害行為に対し如何に制裁し、また権利侵害損害に対し如何に救済するかを規定する民事の法律規範の総称である。[1] 権利侵害責任法はさらに広義と狭義の概念に分けることができる。

狭義の権利侵害責任法とは、『権利侵害責任法』と呼称された法律である。即ち『中華人民共和国権

1　王利明、楊立新著『権利侵害行為法』、法律出版社一九九六年版、第一一頁。

利侵害責任法』（以下『権利侵害責任法』という）のことであるが、これは権利侵害法と呼称された世界初の権利侵害法成文法である。広義の権利侵害責任法とは、『権利侵害責任法』及び権利侵害特別法、権利侵害法法規、司法解釈等を指す。

二　中国権利侵害責任法の表現形式

法律の表現形式から、中国権利侵害責任法は主に以下の内容で構成される。

(1)『権利侵害責任法』。この法律は二〇〇九年十二月二十六日に成立し、二〇一〇年七月一日に施行された権利侵害責任法の狭義における表現形式のものである。

(2)『民法通則』。この法律は一九八六年四月十二日に成立し、一九八七年一月一日に実施された。その内、訴訟時効、民事責任、負担方法等に関する規定は依然として権利侵害責任法の構成要素である。

(3) 最高人民法院の司法解釈。『民法通則』が実施されて以来、権利侵害責任負担における法律適用に対し最高人民法院が行った多くの司法解釈は、如何にして権利侵害責任法を適用し指導意義を持たせるかに対して解釈しているのみならず、制定立法の欠缺の補充及び現実生活における権利侵害責任紛争の解決に対しても、非常に価値のあるものである。特に『権利侵害責任法』公布後、最高人民法院は続けて『〈中華人民共和国権利侵害責任法〉適用に関する若干問題の通知』（二〇一〇年六月三十日）、『最高人民法院の道路交通事故損害賠償事件の審理における法律適用に関する若干問題の解釈』（二〇一二年十二月二十一日）、『環境権利侵害責任紛争事件における法律適用に関する若干問題の解釈』（二〇一五年六月三日）を公布し、『権利侵害責任法』適用上の具体的な問題に対する解釈を深めてきた。『権利侵害責任法』及び『民法通則』の関連する規定が中国権利侵害法の制定法であるとするのであれば、これら司法解釈は中国権利侵害法の「法官（裁判官）法」と言えるであろう。

三　中国権利侵害責任法の特徴

(1)　中国権利侵害責任法の性質は権利保護法である。中国権利侵害責任法は民事主体の民事的権利を保護することを主な調整目的とし、その主な機能は民事的権利の確認ではなく民事的権利の保護にある。中国権利侵害責任法は、各国の成文民法典における権利侵害責任法の地位に変化を与え、権利侵害責任法を債権法上に規定するのではなく、民法各則の独立部分として、民法各則の最後に規定し、全ての民事的権利が侵害を受けた場合の保護法として、権利損害を救済し権利の原状回復をするものである。こうして民法典を「総（則）―各（則）」の構成から「総（則）―各（則）―総（則）」という構成へと変えることで、権利侵害責任法の民法典における地位を更に重要なものとした。

(2)　中国の権利侵害責任法は、大陸法系及び英米法系における権利侵害法の精髄を参考とし、その内容と体系を系統的で完成されたものにした。『権利侵害責任法』を総合的に観察すると総則的内容と各則的内容とがある。構成上であれ内容上であれ、大陸法系の権利侵害法と英米法系の権利侵害法の双方の影響を受けている。『権利侵害責任法』第一章から第三章は、基本的に権利侵害法総則の内容であり、これは大陸法系の権利侵害法における一般的な立法方法である。第四章から第十一章は、具体的な権利侵害行為の類型を規定する上で米国の権利侵害法の影響を強く受けており、全面的な権利侵害行為類型を規定していないため完備な権利侵害法各則とは言えないが、その風格と内容からは米国の権利侵害法の形式の影響が窺える。中国『権利侵害責任法』は、大陸法系の権利侵害法と英米法系の権利侵害法の優れた部分を総合し、独自の構成を行ない、系統的で完成された体系となったものである。厳格な論理性を有し、且つ内容も充実しており、世界の権利侵害法の中でも独自の風格を備えていると言えるであろう。

(3) 中国権利侵害責任法の条文数は比較的多く感じるが、概括的且つ要点を押さえたものとなっている。権利侵害責任法の内容は非常に多面的であり、関連する範囲も広汎にわたるが、しかしその内容は簡潔且つ概括的で条文も多くはない。『権利侵害責任法』は全部で九十二条の条文があり、権利侵害法の中でも立法条文数が比較的多い方ではある。しかし依然として高度な概括性を有している。これは主に権利侵害行為における一般条文、即ち『権利侵害責任法』第六条第一項に表現されている。この権利侵害行為一般条文が無ければ、『権利侵害責任法』はこれほど簡潔にはならなかったであろう。

(4) 中国権利侵害責任法の内容は複雑で、調整する範囲も非常に広範にわたる。まず、権利侵害行為は財産関係と人身関係のみにおいて発生するのではなく、その他様々な領域において多面的に発生する。次に現代社会において、多くの法律関係は法条競合が発生する。権利侵害行為と犯罪行為の間、或いは権利侵害行為と行政違法行為の間には多くの競合が発生する。さらに、権利侵害責任法の根源も極めて複雑であり、法律規範の内容、段階、程度がそれぞれ異なる。なかでも、中国が一九八七年に『民法通則』を実施した後、権利侵害責任の地位が突出し社会に大きな影響を及ぼした。民衆の権利意識覚醒を促し、各領域の権利保護に対しても強烈に訴求を提議した。そのため中国権利侵害責任法が調整する範囲・作用は益々大きくなり、民法の中で最も重要な部門法の一つとなった。

四　中国権利侵害責任法の民法における相対的に独立した地位

中国権利侵害責任法は相対的に独立した地位を有する民法の法律として、その他の民法即ち物権法、債権法、人身保護法、知的財産権法、相続法、親族法と同様に民法典体系を構成している。

大陸法系の各国民法典では、権利侵害法を債権法の具体的内容・構成要素としている。この方法における基本的意図は、権利侵害行為が生じる権利義務と、契約が生じる権利義務との本質が同じであるというところにある。よって、権利侵害行為の「債」と呼ばれ債権法の同属となる。さらに権利侵害行為の結果による「負債」の本質に基づき、債権法の体系に属させ債権法総則の制約を受けさせるのである。英米法系の権利侵害法における判例法以外の基本的特徴は、権利侵害法を法律体系の中の独立した民法分野の法とし、財産法・合同法人法等民法部門法と同じ地位を持たせている点である。歴史の発展に従い、世界の二大法系は立法形式においても法学理論においても相互に融合、浸透し、お互いの優れた部分を参考にし、補充や自己完備により二大法系の境界線は少しずつ曖昧な状態となっていった。二十世紀以来、権利侵害責任法の発展はすさまじく、その内容は絶えず拡張している。特に具体的な権利侵害行為類型においては、変化・発展を繰り返し、現代社会の利益関係を調整し、人々の権利を保護する極めて重要な法律部門となった。このような状況の中で、権利侵害責任法は債権法の制限を突破しようと試み、より良く作用と職能が発揮できるように、自身の民法体系における相対的に独立した地位を追求し続けている。

中国の立法者は、二大法系の権利侵害法の特徴や、民法が提議する訴求に対する権利侵害法の発展と拡張に注目し、一九八七年『民法通則』の民事責任部分において比較的多くのスペースを使い権利侵害責任法を規定した。さらに、その二十年後に単独の法律形式をもった『権利侵害責任法』を制定した。その意義は、権利侵害責任法に民法体系における相対的に独立した地位を与えることにある。権利侵害責任法が債権法によって制限されることなく自身の特徴と独特な調整作用を発揮し、権利侵害責任法の発展に対し自己伸展・自己拡張を保障できるようにする。それにより自身の発展規律に基づき充分に発展をし、権利侵害責任法が民法体系において単独で活躍する舞台を用意することができるのである。これにより社会経済利益や社会関係の調整と人々の権利保護において、権利侵害責任法が充分な効果を発揮し、さらにその役割を全うすることができるのである。

第二節　中国権利侵害責任法の歴史

中国権利侵害責任法の歴史は、中国の古代と近代における権利侵害責任法である。

一　中国古代の権利侵害責任法

中国古代に権利侵害責任法はあったのか。多くの学者がこれに対し懐疑的な態度をとっている。その原因は、権利侵害法とは厳密に言うと、欧州の権利侵害行為法にある。このような権利侵害行為法は中国古代には確かに存在せず、更には権利侵害行為という概念すらも無かったのである。

しかし、中国古代に欧州的形態の権利侵害行為法が無かったとは言え、決して権利侵害争いを解決する法律規範が無かった訳ではない。権利侵害や権利侵害争いなどと言われてはいないが、実質的にはそのような争いが存在し、その争訟を解決する権利侵害法も存在していた。我々が客観的態度で古代中国の法律規範を観察・研究した時に、権利侵害法はその存在を顕にするのである。

㈠　中国古代権利侵害法の発展段階

古代中国権利侵害法の発展史は三段階に分けられる。

(1)　唐代以前の権利侵害法。古代中国権利侵害法の発展の第一段階は、秦代から唐代までの権利侵害法である。秦代は中国奴隷制社会における権利侵害行為立法の遺産と、戦国期封建社会における権利侵害行為立法の思想及び実践を吸収し、中華法系の権利侵害法体系を創造したのである。

(2)　唐代の権利侵害法。古代中国権利侵害法の発展の第二段階は、唐代の権利侵害法律制度である。『唐律』に含まれる権利侵害法の規範も非常に高い水準に達している。中でも財物損害賠償制度、畜産損害における償所減価制度、過失致死における「贖銅入傷殺人家」制度及び「保辜」制度は相当な概括性と科学性を有する。

(3)　宋代から清代の権利侵害法。中国古代権利侵害法の発展の第三段階は宋代から清代までの権利侵害法である。この段階の権利侵害法は日増しに完全な方向へと発展し、清代に至ってはすでに中華法系権利侵害法発展における頂点になった。

㈡　中国古代権利侵害法の基本的責任制度

中国古代権利侵害法は三類十五種の基本責任制度に分けられる。主な内容は以下の通りである。

⑴　人身侵害の損害賠償。①「贖銅入殺傷之家」。これは他人に人身損害を生じさせた行為者に対し、被害者がその行為により生じた傷害、死亡及び被害者側が受けた財産損失の補償として一定額の贖銅（銅銭での贖い）の支払を命じ[1]、被害者側に弁済することである。②「断付財産養贍」。これは残酷な悪性の殺人や重傷害などの状況に対し適用をすることである。権利侵害者の財産を被害者又は被害者家族に対し支払うことを命じ、被害者又は被害者家族の扶養に用いる。③「追埋葬銀」。この適用範囲は主に過失致死であり、賠償金額は白銀（銀貨幣）数両に固定されている。④「保辜」。即ち他人を殴打し傷害を加えることである。状況毎に区分し、それぞれ異なる「辜限《こげん》」（罪の期限）を立て、侵害者が期限内に医療費を負担し治療を与え、辜限内に完治した場合処罰は減軽されるが、辜限内に完治せず障害が残った又は死亡した場合、それぞれ法律に基づき刑罰が下される。

⑵　財産侵害の損害賠償。①「備償」。中国古代の備償とはつまり賠償のことである。完全賠償又は数を揃えた（「如数」）賠償があり、大多数の財産権侵害に適用される。②「償所減価」。これは原物が損失を受けた後、実際に減少した価値に基づき賠償額を決める、実損失の賠償のことである。③「償減価之半」。この適用範囲は家畜同士の相互殺傷行為であり、家畜所有者の過誤と関係なく、両当事者が損失を負担する。④「倍備」。これは完全償額の上に更に同じ額を足し、二倍の額を賠償することである。中国古代の懲罰的損害賠償制度であり、他人の財産窃盗のうち特に利欲の強い権利侵害行為に適用され

1　当時、銅は貨幣を作る原料であったため、銅はお金に等しく、贖銅は賠償又は罰金に等しい。

る。⑤「折剉賠償」。これは放火による人身及び財産損失に適用される。権利侵害者の所有財産を損害者の人数分（家を単位とする）に分けることで、「品（等級）に搭《か》けて均しく償う」のである。⑥「追雇賃銭」。官庁（「官府」）の所有物に対する使用権の侵害に適用し、官庁の使用被害額を賠償する。⑦「着落均賠還」。役人がその管理する業務上の過失により官庁の収入財産に損失を与えた場合に適用される。⑧「還官、主」。これは中国古代に最も広範囲で使用されていた財産損害賠償制度である。現代の原物返還に似る。

(3) その他の形式の権利侵害責任。①復旧（「復故」）。即ち原状回復である。大通り・路地の占有や公用道路の占用に適用される。②「修立」。建造物の損壊等の場合に適用される。一種の財産損害における原状回復である。③「責尋（求訪）」。財物紛失に適用される。捜索が命じられ、発見者は免罪となる。不発見の場合は賠償を与える。

㈢　中国古代権利侵害法の先進的制度

中国古代権利侵害法のいくつかの具体的制度は、世界の権利侵害法発展史の中でも先進的なものである。

(1) 損益相殺原則。近現代の権利侵害法及び契約法の制度である。しかし、中国古代法律『唐律』、『宋刑統』、『明会典』、『大清律』においては、「償所減価」制度が規定されている。これは原物が損失を受けた後、その物の全価格額から残存する価値分を控除した差額を賠償金額とすることを指す。適用範囲は牛馬等畜産が受けた損害の賠償時である。この損益相殺規則の規定は西暦六五一年の『唐律』に始めて登場する。

(2)　相当因果関係。これは違法行為と損害事実との間に因果関係が存在するか否かを決める理論である。最初はドイツのクリス教授が一八八八年に発表した『客観的可能性の概念に関する考察』の中でこれを提唱した。[1]中国古代の『清律・刑律・斗殴』における「保辜」条文の規定では「他人の頭を殴打し、その傷口から風が入り死に致らせた」場合は、因果関係が認められ、「その他の原因により死に致った場合、即ち他人の頭を殴打し、頭の傷が風を得たことに因らず、その他病気により死に致らせた」場合は、因果関係が認められず、暴行による傷害の罪のみが問われることになる。この規定は完全に相当因果関係の条件に一致し、一六四六年の『大清律』がその始まりとなる。

(3)　立法は間接損失に対して賠償を与えることを確定している。中国古代権利侵害法は財物損害事実における間接損失に対し、返還を与えると規定している。「花利帰官、主」、「苗子（侵害土地の青苗）帰官、主」、つまり被害者の物的果実（「孳息」）に対しては、間接損失と確定でき、所有（権）者（「主」）に返還をしなければならない。

二　中国近代の権利侵害責任法

中国近代権利侵害法は、主に清朝末期の「変法自強」（国政改革）運動において大清民律を起草し、中華民国建国初期に民法を制定したこの時期の、権利侵害法に対し作成した規定である。この時期には、三部の異なる民法及び同草案が相次いで出現した。即ち『大清民律草案』、『民国民律草案』及び『中華

1　李光燦等『刑法因果関係論』、北京大学出版社一九八六年版、第四五頁参照。

民国民法』である。

㈠『大清民律草案』における権利侵害行為に対する規定

『大清民律草案』における権利侵害法に関する規定は、『日本民法典』『ドイツ民法典』『フランス民法典』等の権利侵害法の精髄をモデルとし、権利侵害法を第二編「債権」に規定し、第八章に「権利侵害行為」の一章を特設した。第九四五条から第九七七条までの三十三箇条の条文には原則規定、特殊権利侵害行為、権利侵害損害賠償の具体的方法及び訴訟時効等の四部分が含まれている。

㈡『民国民律草案』における権利侵害行為に対する規定

『民国民律草案』にもやはり権利侵害法を第二編「債（権）編」に置いているのだが、形式上に若干変化が見られる。権利侵害法を一章の単独編制ではなく、債編第一章「通則」第一節「債務の発生」第二項「権利侵害行為」に配置しているのである。第二四六条から第二七二条までの計二十七条は、『大清民律草案』の権利侵害法の条文と比べると条文は五条少ないが、内容に大きな変化はなく、依然として四つの部分に区分される。

㈢『中華民国民法』における権利侵害行為に対する規定

『民国民法』は権利侵害法編制に際し、『民国民律草案』の形式を踏襲した。しかし具体的配列に多少の変化があり、権利侵害法の債編第一章第一節第二項の位置を第一項に置きかえた。第一八四条から始まり第一九八条で終わる計十五条となった。極力条文を縮減することで、多くの条文は併合され、文字も可能な限り精錬され正確なものとなった。

㈣　中国近代権利侵害法変革の意義

中国近代の権利侵害法は、中国古代権利侵害法、即ち中華法系権利侵害法の伝統との徹底した決別である。「西法東漸」（西洋の法を徐々に東洋に）を実行し、律を変え法と為し、完全に欧州大陸法系の権利侵害法の懐に身を投じた。欧州大陸法系の権利侵害法の体系、形式及び具体的規則を採用し、中国権利侵害法の歴史に変革をもたらすことに成功した。この時から、中国権利侵害法は大陸法系の権利侵害法の家族の一員となり、同様の概念と用語を用い、権利侵害法の規則を表し始めた。これは中国権利侵害法の根本的な改変であり、中国権利侵害法及び世界の権利侵害法の発展史上に、大変重要な意義をもつことである。

第三節　中国権利侵害責任法の未来

一　現在行われている中国民法典編纂運動

周知の通り、現在中国には厳格な意味での民法典は存在しない。現行の民法規範は『民法通則』『物権法』

『契約法』『担保法』『婚姻法』『養子法』『相続法』『権利侵害責任法』等の民法単行法からなる「バラけた（「散装」）民法典」であり、法典の性質及び意義をもたない。同時に、各民法の単行法間の衝突・矛盾が比較的多く、民法法典化における要請と一致しない。そのため、中国民法の厳格な意義における法典化は必ず行わなければならない。

現在、中国立法機関は民法典の編纂作業を行っている。民法学者の中でも大規模な民法編纂運動が行われている。この作業の目的は、出来るだけ早く中国民法の法典化を完成させ、完全に法典化された『中華人民共和国民法』を制定することにある。その作業計画は、二〇一五年から二〇一七年の間に『民法総則』の立法作業を完成させ、『民法通則』の基礎上に完成した民法総則を制定し、二〇一七年から二〇二〇年の間に民法各則に対し編纂を行い、『物権法』『契約法』『担保法』『婚姻法』『養子法』『相続法』『権利侵害責任法』『外交民事関係法律適用法』に対し修正、整理を行い、完全な民法各則を形成するというものである。

この莫大な規模の民法典編纂運動の中に、権利侵害責任法の修訂入典作業も含まれている。そのため中国民法典編纂作業の運命は中国権利侵害責任法の未来そのものに関わってくるのである。

二　中国権利侵害責任法の将来の民法典における地位

未来の民法典の中で、権利侵害責任法はいったいどのような地位にあるのかを予測することは可能である。つまり、現在の民法体系における『権利侵害責任法』の地位に基づくと、権利侵害責任法は各則の独立する一編として実質的意義の民法各則の最後の一編に出現するであろうと推測することができる。

では、なぜ実質的意義の民法各則なのか。これは、中国民法典の編纂において国際私法の性質をもつ『渉外民事関係法律適用法』を民法各則に置くからである。実質的意義からいうと、同法は決して民法典各則の構成要素ではないが、必ず民法各則最後の一編に置かなければならない。これにより、形式的意義においては渉外民事関係法律適用法編が民法各則最後の一編となるが、実質的意義では権利侵害責任法編が民法各則最後の一編となるのである。

なぜ権利侵害責任法編は実質的意義における中国民法典各則の最後の一編であると強調する必要があるのか。その理由は、権利侵害責任法編を民法各則の最後に置くことにより、権利保護法の地位及び性質が体現され、これにより中国民法典に「総ー各（「分」）ー総」（則）という論理構造が形成されることにある。この論理構造により、まず、民法典の最初の部分は民法総則となる。即ち民法の法律関係に関わる一般規則・民法典各則各編が取り纏まる。次に、各則部分の主要内容、即ち物権法編・債権と契約法編・婚姻家族法編・相続法編及び起草中の人格権法編を通し、民事主体はどのような民事的権利を有し、これら民事的権利の行使を確定するかの基本規則となる。最後に、権利侵害責任法編が各則最後の一編として、民法の総括的規定を復元し、民事上の権利に対し如何に保護を行うかの規範を定め、権利侵害責任法に民法各則上の規定を与えつつ、民法の総括的規則の性質をもたせるということが表明されたのである。そのため、中国民法典において、権利侵害責任法編に更に重要な地位を持たせ、権利保護作用が発揮できるようになる。権利侵害責任法の民法上の論理的地位は、債権法の構成部分の論理的地位と比較すると、権利侵害責任法の機能の発揮及び権利侵害法の発展にとって更に有利となっていることがはっきりと分かる。

三　中国権利侵害責任法の改訂・法典編入における取捨選択

『権利侵害責任法』は決して完全無欠の権利侵害法ではない。まだ欠点が存在する。その欠点を改訂し中国民法典に組み込む時、適当な取捨が必要になる。民法典に組み込む際、民法総則と民法各則各部分を不整合にさせてはいけないのみならず、民法典の構成部分として、よりいっそう「健美」（整合性のあるもの）にしなければならない。

まず、権利侵害責任法編の体系的編纂においては当然として総則性規定と各則性規定に分けるべきであるが、しかし改正もしなければならない。第一に、現在の第四章に規定する「責任主体に関する特殊規定」については、比較的大きな問題があり、改正が必要である。表題から見るとこの個所は総則の内容に属するようにも見えるが、実際の内容は六種の具体的な権利侵害行為類型を規定しており、よって各則の内容に属するのである。そのためこの個所は解体し、具体的な特殊権利侵害責任類型を規定しなければならない。第二に、権利侵害責任類型に関しては今より更に充実させなければならない。例えば管理者（「定作人」）指示過失責任、業務傷害（「工傷」）自己責任、業務補助（「幇工」）責任等である。

次に、権利侵害責任法編の具体内容について、若干の個所に不適切・誤りが存在するので改正が必要である。いくつか挙げると、一つ目に、第二章には不真正連帯責任の規則に対する規定がなく、各則的規定の中に形態の異なる不真正連帯責任の適用が大量に規定されており、抽象的な規則の指針が欠けていること。二つ目に、第二十六条に過失相殺原則を責任減軽事由として規定し、過失相殺規則の具体的賠償原則の性質が曖昧であること。三つ目に、現在第三章において規定している免責事由の種類が不足であり、職務授権行為・自救行為・不慮（不可抗力、「意外」）・被害者の承諾及び危険の引受け等の免責事由の規定がなく、これらの規定を加えるべきである。四つ目に、第三十五条後段が規定する個人労務における労働災害責任の過失責任原則の適用に際し、個別労働者の保護不尽の問題が存在する。労務側への合法的な権益（権利と利益）提供に欠損があった場合、無過失責任原則を適用するべきである。五つ目は、第八十一条の動物園で飼育する動物の損害責任を過失推定原則と規定しているが、重大な危険のある権利侵害責任に関して、危険性の警告が明らかに低く、帰責基準も妥当ではない。これも改正が必要である。六つ目は、現在のデジタル時代に大量発生しているインターネットによる交易プラットフォームの権利侵害責任に対し、適時な規則・規定がなく、『消費者権益保護法』の関連規定を目下適用しているが、同法の規定も十分ではない等である。

現有の『権利侵害責任法』の基礎上に、真剣且つ全面的な改訂を加え、そして中国民法典各則に編入する。そうして完成した中国権利侵害責任法は世界的に意義のある権利侵害法になるであろう。これは中国権利侵害法の研究者の中国権利侵害責任法に対する熱い探究心と願望なのである。

第一章　一般規定

【法律条文】

第一条　民事（の権利）主体の合法的権益（＝権利と利益）を保護し、権利侵害（＝不法行為）責任を明確にし、権利侵害行為を予防し且つこれに制裁を加え、社会の和諧（＝平和）と安定を促進するために、本法を制定する。

第二条　民事上の権益を侵害したときは、本法に従い権利侵害の責任を負わなければならない。

本法にいう民事上の権益には、生命権、健康権、氏名権、名誉権、栄誉権、肖像権、プライバシー権、婚姻自由権、監護権、所有権、用益物権、担保物権、著作権、特許権、商標専用権、発見権、株主権、相続権等の人身及び財産の権益が含まれる。

第三条　被権利侵害者（＝被害者）は、権利侵害者（＝加害者）に対し、権利侵害責任を負うよう請求する権利を有する。

第四条　権利侵害者が同一の行為により行政責任又は刑事責任を負わなければならない場合であって

も、法により権利侵害責任を負うことに影響しない。

同一の行為により権利侵害責任、行政責任、刑事責任を負わなければならない場合に、権利侵害者の財産が支払に不足するときは、まず権利侵害責任を負う。

第五条　その他の法律が権利侵害責任について別途特別規定を置く場合には、その規定に従う。

【典型的な事例】

貴陽市で二十年生活する一組の夫婦には十六歳の子がいる。夫婦間の感情は破綻しており、離婚及び財産分与に対してもはや異議はないが、どちらが子を扶養するかに関し揉めた結果、最終的に子は男性の子でないことがわかった。男性側は女性側を提訴し、女性側に生育権侵害の責任を追及した。裁判所は女性側が他人との間の子供である事実を夫に隠していたことに関し、生育権の侵害という客観的根拠ではなく、男性側に子生育の身分的利益の遅れをもたらし、その身分的利益を侵害した権利侵害行為であると判断し、女性側に権利侵害責任が成立するとされた。[1]

1　本判例の主旨は、『権利侵害責任法』第二条第二項が規定している権利侵害責任法が保護すべき範囲は民事権益であり、その内民事権利は比較的明確であるが、民事利益を如何に保護するかは明確ではなく、実践経験に基づき確定する必要があるということである。本例の権利侵害行為が侵害した客体は身分利益であり、民事権益の範囲に属するため、『権利侵害責任法』の保護を受ける。

第一節　中国権利侵害責任法の立法目的及び保護範囲

一　立法目的

中国『権利侵害責任法』は中国民法の構成部分として民事主体に対する権利保護問題の解決に力を入れている。当該法第一条の規定が掲示する中国『権利侵害責任法』の立法目的は、以下の通り。

㈠　民事的権利損害の救済、民事主体の合法的権益の保護

民法の基本内容は、民事主体が有する権利及び権利行使に関する基本規則を規定することである。『権利侵害責任法』の機能は民事主体の権利行使に対し保障を提供することにある。権利が違法な侵害を受けた時、『権利侵害責任法』は被権利侵害者の権利侵害請求権の取得を認め、権利侵害者の権利侵害責任を成立させる。権利侵害者が負担する権利侵害責任の態様に応じて、被権利侵害者の権利が損害を受ける前の状態にまで回復させ、そうすることで民事主体の権利を保護する。従って、『権利侵害責任法』の最も重要な立法目的は民事的権利が侵害を受けないよう保護し、民事的権利が侵害を受けた際は早急に救済することである。

㈡　権利侵害請求権の成立要件を確定し、権利侵害責任を明確にする

『権利侵害責任法』における権利保護・損害救済の基本的方法は、被権利侵害者に権利侵害請求権を

与え、被権利侵害者は権利侵害者が損害賠償等の権利侵害責任を負担することを求めるものである。『権利侵害責任法』は権利侵害責任における民事基本法を確定し、権利侵害責任の確定を通し民事的権利の保護を実現させることを目的とした法律である。

㈢　主に財産性民事責任を以て権利侵害者を懲罰し、権利侵害行為に制裁を加える中国の権利侵害法では、権利侵害責任における懲罰性は主に二つの面があると考える。一つは、『権利侵害責任法』は権利侵害者に対し財産上の民事責任を負担すること強制し、被権利侵害者の権利損害を補償するため、権利侵害者に財産を支払わなければならないという懲罰を受け入れさせること。二つ目は、『権利侵害責任法』は懲罰性賠償金を適当に承認する方法を採用し、人身権に損害を与える故意の権利侵害行為に対し、限度のある懲罰的賠償金を確定し、権利侵害者に対する懲罰作用をより発揮し、違法行為を制裁することである。

㈣　権利侵害行為の予防、社会の調和・安定の促進

権利者に対する保護であれ、また権利侵害行為に対する制裁又は懲罰であれ、『権利侵害責任法』の重要な目的の一つは権利侵害行為の発生を予防し、権利侵害行為に対する制裁及び権利侵害者に対する財産的懲罰を通して、『権利侵害責任法』の調整機能・一般的警告作用を発揮し、公衆に民事法の順守、権利の尊重、義務の履行を教育し、他人の権利を侵害しないようにさせ、更に市民社会秩序を規範化し、法律関係の流れを正常に進行させ、社会の安定、平和（「和諧」）を促し、人民の安寧を保障することである。

二　保護範囲

『権利侵害責任法』第二条第二項は当法における保護範囲を規定しており、その範囲は民事的権利（人身権と財産権）及び民事的利益（人身的利益と財産的利益）含む。

㈠『権利侵害責任法』は全ての実体的民事的権利を保護する

民事的権利は『権利侵害責任法』第二条第二項に列挙される範囲を含まなければならないが制限してはいない（例示列記）。おおよそ実体民事権利は全て『権利侵害責任法』の保護範囲内である。本項において規定していない民事権利は、「等」が一文字あることにより、全ての民事権利が含まれることとなる。『権利侵害責任法』が保護する権利範囲は、①人格権。これは生命権、健康権、身体権、氏名権、名称権、肖像権、名誉権、信用権、栄誉権、プライバシー権、人身の自由権、性的自由権等を含む。②身分権。配偶権、親権、親族権を含む。③物権。所有権、用益物権、担保物権を含む。④債権、株主権。⑤知的財産権。著作権、特許権、商標特許権、発見権を含む。⑥相続権。

㈡『権利侵害責任法』が保護する民事利益

中国『権利侵害責任法』も民事的利益を保護するが、範囲に対して明確な規定がない。確定の方法は、まず、おおよそ法律が保護しなければならないと明文で規定している適法利益は『権利侵害責任法』の保護範囲である。例えば、死者の人格的利益である。次に、故意に公序良俗に違反し他人の利益に損害を与えた場合、その利益は『権利侵害責任法』の保護範囲になる。さらに、民事主体における行為の自由に対しより良く保護を与えるためには、利益損害は重大な程度に達さなければならず、軽微な利益損害であれば権利侵害責任法の保護範囲とすることができない。

中国『権利侵害責任法』が保護する民事利益範囲は以下の五種である。

(1) その他人格的利益。一般人格的利益。即ち具体的人格権を含むことはできないが法に依り保護を与えなければならない人格的利益。如何なる人格利益も、明文規定はなくても法により保護を行う必要がある場合、この概念に括ることができ『権利侵害責任法』の保護範囲となる。

(2) 死者の人格的利益。『民法通則』には死亡者の人格利益に対する保護は明文規定されていないが、確かに死者の人格利益の中には保護する必要があるものもある。最高人民法院『民事権利侵害における精神損害賠償責任の確定に関する若干問題の解釈』（二〇〇一年）は、死亡者の氏名、名誉、栄誉、プライバシー及び遺体と遺骨等人格的利益に対し保護を加えるよう規定している。おおよそ上述の死者の人格的利益に対して権利侵害が発生する損害行為は、全て権利侵害行為と認定し、死者の近親族に対し損害賠償責任を負わなければならない。

(3) 胎児の人格的利益。『権利侵害責任法』が保護する胎児の人格的利益の規則は、第一に、胎児が母体の中で身体損害又は健康損害を受けた場合は、法律は損害賠償請求権が生じることを認める。第二、胎児の損害賠償請求権は、それが出生した後に法に依り行使する。第三、生まれたばかりの子供は民事行為能力をもたないため、権利侵害責任請求権はその親権者が代わって行使する。必ずしも母親が行使するのではない。第四、胎児が出生した時に死体であった場合、胎児は損害賠償請求権を生じることができず、被害者つまり妊娠した母親が損害賠償請求権を有する。

(4) その他身分的利益。これは親族間における特定の親族関係に基づき生じ、身分権として括ることができない利益である。『権利侵害責任法』はこれに対し保護を提供する。本章前の典型的な判例では、権利侵害行為が侵害したのはその他身分的利益であり権利ではない。身分的利益を侵害する行為に対し権利侵害責任を認めることは、『権利侵害責任法』第二条及び第六条第一項の規定と一致する。

(5)　その他財産利益。これは物権、債権、知的財産権等財産権が保護する財産的利益以外の財産利益である。多くの財産利益損失は財産権利の中に括ることができず、ただの財産利益損失となるが、『権利侵害責任法』の保護を受け、『権利侵害責任法』第二条第二項が規定するその他財産権益に含まれ、『権利侵害責任法』が保護する民事的利益となる。

第二節　権利侵害行為及び権利侵害行為の一般条項

一　権利侵害行為の概念

(一)　定義及び特徴

中国の研究者は、権利侵害行為とは行為者の過錯（故意・過失）により又は法律が特別規定する場面では過錯を問わず、法律が規定する義務に違反し、作為又は不作為の方法で他人の人身、財産権利及び人身、財産的利益を侵害し、法に基づき損害賠償等法律結果を負担しなければならない違法行為であると考える。その特徴は次の通り。

(1)　権利侵害行為は一種の違法行為である。違法性は権利侵害行為の基本的性質である。まず、権利侵害行為は適法行為ではなく、一種の法律規定に違反する行為である。次に、権利侵害行為が違反する法律は、国家の民事主体権利の保護に関する保護規範及び民事主体の権利侵害を禁止する禁止規範である。さらに、権利侵害行為の違法方法は法律が事前に規定している義務の違反であり、作為の義務と不作為の義務を含む。

(2)　権利侵害行為は過錯がある行為である。権利侵害行為には過錯がなければならない（故意・過失。日本の過失責任原則）。しかし法律が特別に規定している場面においてのみ、権利侵害行為の成立に過錯要件が備わることを必要としなくなる。法律が特別に規定する製造物責任、環境汚染責任、高度危険責任、飼育動物損害責任等の特殊な場合における特殊権利侵害行為は過錯要件を備えなくてもよい（無過失責任）。その他の権利侵害行為は全て行為者の故意又は過失を含む違法行為である。

(3)　権利侵害行為は作為及び不作為の二つの方法を含む行為である。権利侵害行為は一種の客観的行為でなければならなく、思想活動はこれに該当しない。行為は、作為の方法でもよく不作為の方法でもよい。その具体的態様を形成する本質は、法律が行為者に課した作為、不作為の法定義務の性質の違いにある。

(4)　権利侵害行為は、主な責任方法として損害賠償を負担しなければならない行為である。権利侵害行為により損害が生じると、必然的に損害賠償の法律関係が生じる。その際行為者が主に負担する法律効果（義務）は損害賠償である。『権利侵害責任法』は、権利侵害行為の法律効果は原状回復、財産返還、侵害停止、影響削除、名誉回復や謝罪を含むと規定しているが、これらは権利侵害法における損害賠償の地位及び作用を他に代替させることはできない。

㈡　権利侵害行為の外延

権利侵害行為の外縁とは、権利侵害行為の法律概念が許容する範囲を指す。『権利侵害責任法』第十六条、第十九条及び第二十二条は中国権利侵害行為概念の外縁に対して以下の三つを含む制限を規定した。①第十六条が規定する生命権、健康権及び身体権を侵害する権利侵害行為。②第十九条が規定する財産権益を侵害する権利侵害行為。これは物権、債権、知的財産権を侵害する権利侵害行為を含む。③第二十二条が規定するその他人身権益を侵害する権利侵害行為。これは氏名権、名称権、肖像権、名誉権、栄誉権、人身の自由権、プライバシー権、性的自由権及び身分権等を侵害する権利侵害行為を含む。

二　権利侵害行為の一般条項

㈠　権利侵害行為の一般条項及びその意義

成文法国家の民法における権利侵害行為法の規定は、一般条項化の立法方法を採用しこれを行い、民法債権編において権利侵害法を特別に規定し、且つ権利侵害行為を一般条項として規定している。例えば『フランス民法典』第一三八二条、『ドイツ民法典』第八二三条及びその他国家の民法における相応する条文である。

各国の権利侵害法における権利侵害行為の一般条項の規定方法は二つある。①権利侵害行為一般条項は一般権利侵害行為を調整するだけであるとの規定。例えば、フランス及びドイツの民法における上述の規定など。②権利侵害行為一般条項は全ての権利侵害行為を調整するとの規定。例えば『エチオピア民法典』第二〇二七条など。

成文法民法典の立法が規定する権利侵害行為一般条項の意義は次の通り。第一、立法の簡化。可能な限り簡単な条文を使い、豊富且つ大量に権利侵害法の内容を概括すること。第二、権利侵害行為一般条項の高度濃縮。この条文を一般権利侵害行為に対する高度な概括をすることで、権利侵害行為に対し一つずつ個別具体的に規定をしなくてもよくなる。第三、裁判官に概括的に裁判準則を提供する。これにより裁判官は権利侵害行為一般条項に基づき、全ての一般権利侵害行為に対し判決をすることができる。

㈡ 『権利侵害責任法』における権利侵害行為の一般条項

『権利侵害責任法』が規定する権利侵害行為の一般条項は、大小を組み合わせた二重モデルを採用する。第二条が規定する全ての権利侵害行為を包括する権利侵害行為の一般条項があり、また第六条第一項が規定する一般権利侵害行為だけを含む権利侵害行為の一般条項もあり、それぞれが異なる作用を果たしている。

『権利侵害責任法』第六条第一項が規定する過失責任は、小さな権利侵害行為の一般条項である。一般権利侵害行為に関しては『権利侵害責任法』は類型化した規定にされておらず、依然として過錯責任における一般規定に基づき法律を適用している。一般権利侵害行為を確定する権利侵害請求権の基礎は、依然として第六条第一項である。

二つの一般条項が相互に組み合わさり、それぞれ異なる作用を発揮し、それにより『権利侵害責任法』の特徴が際立ち、その他国家の権利侵害法における権利侵害行為の一般条項に関する規定と差別化を図ることができるのである。

三　一般権利侵害行為及びその類型

『権利侵害責任法』第六条第一項が規定する権利侵害行為の一般条項に整合する権利侵害行為は、一般権利侵害行為である。中国の法律は、一般権利侵害行為にはいったいどのような類型があるのかについて規定しておらず、研究者は主に以下の九つの権利侵害行為類型があると考えている。[1]

㈠　故意又は過失の人身侵害

故意又は過失による人身侵害の権利侵害行為は、故意又は過失により生命権、健康権或いは身体権及びそれに関する人格的利益を侵害対象とする権利侵害行為である。故意又は過失による人身侵害の権利侵害行為における損害賠償責任は、生じさせた財産損失、例えば医薬費賠償、誤工費賠償、葬儀費賠償、身体障害賠償金、死亡賠償金等の賠償である。同時に、精神損害に対する慰謝料の賠償もしなければならない。

㈡　故意又は過失の人格侵害

故意又は過失による一般人格権の侵害、或いは精神性人格権及びその利益を侵害する権利侵害行為は、故意又は過失による人格侵害の権利侵害行為に該当する。このような権利侵害行為が侵害する客体は人

1　楊立新『権利侵害責任法』、法律出版社二〇一二年版、第三七二—四〇六頁。

身自由権、名誉権、プライバシー権、性的自由権、肖像権、氏名権、名称権、栄誉権、信用権、人格尊厳とその他人格利益（一般人格権）を含む。おおよそ故意又は過失による人格及びその利益を侵害する権利侵害行為は、全て過錯責任原則が適用される。

故意又は過失による人格侵害の基本的救済手段は精神的損害賠償である。侵害の停止、謝罪、影響削除、名誉回復等の非財産的な民事責任方式を以てこれを補い、具体的状況に基づきどの権利侵害責任方式を適用するか決定する。公開権の規定に違反し、氏名権、肖像権、プライバシー権等を侵害し、権利者の財産的利益に損害を生じさせた場合は、『権利侵害責任法』第二十条の規定に基づき財産利益の損失を賠償しなければならない。

㈢　家族関係の妨害

家族関係を妨害する権利侵害行為とは、配偶権、親権と親族権等の身分権を侵害し、親族身分に利益損害を生じさせる権利侵害行為である。家族関係の妨害に対する権利侵害の責任方式は、侵害の停止、謝罪、損失の賠償である。損失の賠償とは主に精神損害賠償であり、賠償する対象は身分権に含まれる精神利益損害となる。賠償責任の確定は、人格及びその利益侵害に対する精神的損害賠償の一般規則を準用する。身分権における財産面の親族利益を侵害した場合は、財産損害賠償責任を負わなければならない。

㈣　物権の侵害

他人の所有権とその他物権を侵害し、財産利益に損害を生じさせる行為は、物権侵害の権利侵害行為が成立する。行為の態様及び結果は、次の通り。①横領。他人が合法に所有または占有する財産を不法占有又は私物化し、財産の　有状態を変更し、権利者の当該物に対する権利又は当該物の占有を喪失させることである。②損壊。権利侵害行為により財産価値及び使用価値を損害し、財産所有者又は占有者が有する財産の価値を減少させることである。③財産利益の損失を生じさせること。これは、その他の行為態様により物権損害が生じる損害結果のことである。他人の所有権とその他物権を侵害し、財産利益の損害を生じさせた場合は、原状回復、原物返還、損失賠償の民事責任を負担しなければならない。他人の合法占有を侵害した場合は、原物返還、原状回復の責任を負わなければならない。損失を生じさせた場合は、損失の賠償をしなければならない。

㈤　債権の侵害

債権侵害とは、他人の有する合法債権を侵害の客体とし、故意に侵害行為を実施し、その債権を実現することができないという損害結果を生じさせる権利侵害行為である。第三者が債権を侵害する権利侵害行為は、『権利侵害責任法』第二条第二項に含まれる。[1]債権を侵害する権利侵害行為の具体的な形態は、違約誘使、債務履行の阻止、贈与受け取りの妨害、債権準占有者による債権の主張、代理人の代理権限踰越による被代理人の債務者が有する被代理人に対する債務の免除、及び第三者と債務者による債権実現妨害の共謀等である。

1　王勝明主編『中華人民共和国権利侵害責任法解読』、中国法制出版社二〇一〇年版、第一一頁。

(六)　知的財産権の侵害

知識産権侵害の権利侵害行為とは著作権、特許権、商標権等の無形財産権侵害の権利侵害行為である。主に『著作権法』『商標法』『特許法』により規定している。権利侵害責任法においては、このような権利侵害行為を一つの類型に概括し、他人の著作権、特許権、商標権等を侵害する権利侵害行為に対しては侵害の停止、損害賠償等の責任を負わなければならない。

(七)　メディアの権利侵害

メディアの権利侵害行為として概括されるものは、ニュース権利侵害、文学作品権利侵害、インターネット権利侵害である。メディアが実行する行為が他人の民事権益を侵害する権利侵害行為である。『権利侵害責任法』第三十六条にインターネットによる権利侵害責任が規定されているが、その他メディアによる権利侵害責任規則は規定しておらず、『権利侵害責任法』第六条第一項の規定を適用しメディアによる権利侵害の責任を確定する。メディアによる権利侵害行為は全て文字又は言語の形式により他人の民事権利・権益を侵害する行為で、侵害する主な客体は精神性人格権、特に名誉権、氏名権、肖像権、プライバシー権等の権利及びその他人格利益である。メディアによる権利侵害行為は過失責任原則を適用し、違法行為、損（侵）害事実、因果関係と少なくとも過失の四要件が充足して始めて成立することができる。

(八)　商業権利侵害

商業権利侵害とは、現代権利侵害責任法において今まさに発展している一種の特殊権利侵害行為である。その基本的特徴は、商業領域において発生し、行為主体又は被害者は商業活動に従事する法人或いは自然人である。このような権利侵害行為が侵害するのは単純な権利客体ではなく、物権、債権、知的財産権、人格権のいずれか、又はただの経営利益である。商業権利侵害の損害賠償責任確定には、商業活動との結合という特徴が必要である。

㈨　悪意のある訴訟手続の利用

悪意のある訴訟手続の利用は次の通り。①悪意訴訟。即ち悪意による民事訴訟手続の利用。②悪意告発、告訴。即ち悪意、虚偽による刑事訴訟手続きの利用。③訴権濫用。これは行為者に訴権があるが、その提起する刑事訴訟と民事訴訟の目的が正当な訴権外の違法訴訟目的であり、これにより被害者に損害を与える行為である。被害者に損害を与えた場合、賠償責任を負わなければならない。

第三節　権利侵害責任請求権

一　権利侵害責任請求権の概念

権利侵害責任請求権とは、権利侵害法律関係が発生した後、被権利侵害者が有する、権利侵害者対し権利侵害責任の負担を請求する権利である。『権利侵害責任法』第三条が規定しているのは被権利侵害者の権利侵害請求権である。即ち「被権利侵害者は権利侵害者に対して権利侵害責任を負うよう請求する権利を有する」。

権利侵害責任請求権は新しい権利であり、民事的権利の救済権、保護権である。そのため、権利侵害請求権は「方法的」請求権であり、「権利類型的」請求権ではない。権利者が権利侵害行為を実行し被権利侵害者に損害を生じさせ、権利侵害責任が成立し、この経過方法を経て後、初めて被権利侵害者に権利侵害責任請求権が生じる。権利侵害者に対し権利侵害責任を負うよう主張する権利を有し、自己の民事権益損害を救済することができる。

二　権利侵害責任請求権と証明責任

請求権と証明責任は密接な関係がある。中国の『民事訴訟法』第六十四条は「当事者は、自己が行った主張について、証拠を提供する責任を負う。」「当事者及びその訴訟代理人が客観的事由により自ら収集することのできない証拠又は人民法院が事件の審理に必要であると認める証拠については、人民法院は調査・収集しなければならない。」「人民法院は、法の定める手続きに従い、証拠を全面的且つ客観的に審査し、事実と照合しなければならない。」と規定している。

権利侵害責任請求権と証明責任の関係の表現は、以下の通り。

㈠　権利侵害請求権を有する一方が証明（＝挙証）責任を負う

権利侵害責任の請求権を有する被権利侵害者（被害者）は、自己の提示した主張に対し、証拠を提供し証明をする責任をもつ。権利侵害者（加害者）が、生じた権利侵害責任に関する自己の主張を証明できない場合は敗訴となる。

㈡　過錯推定原則と無過錯責任原則における証明責任の転換

無過錯責任原則と過錯推定原則を適用する状況において、原告が自己の証明しなければならない内容を証明するだけでなく、ある事実に対し証明責任の転換を実行し、権利侵害者はその事実の証明をしなければならない。『権利侵害責任法』は、過錯推定原則を適用する権利侵害行為において、過錯に関して推定を行い、権利侵害者自身により過錯が無いことを証明しなければならないと規定している。『権利侵害責任法』は、無過錯責任原則を適用する権利侵害行為において、被権利侵害者は違法行為、損害事実及び因果関係の三要件を証明しなければならないと規定している。もし権利侵害者が、被権利侵害者が故意に損害を引き起こしたと主張する場合、証明責任の転換原則に基づき、権利侵害者が被権利侵害者の過錯を証明しなければならない。

㈢　裁判所は証拠収集・調査の職責がある

請求権者が証明責任を負う場合、裁判所も必要な証拠の調査・収集を行う職責を負う。権利侵害責任請求権者は自己の賠償請求に従い証拠提供の責任があるが、裁判所の主な任務は証拠の審査・事実の照合である。当事者及びその訴訟代理人が客観的事由により自ら収集することのできない証拠又は人民法院が事件の審理に必要であると認める証拠については、人民法院は調査・収集しなければならない。

第四節　非衝突性法条競合と権利侵害責任請求権優先権の保障

一　法条競合が引き起こす権利侵害責任と刑事責任又は行政責任の競合

(一)　法条競合の一般原理

法条競合とは一つの違法行為が同時に複数の法律又は複数の法律条文に抵触することである。法律適用時に、当該行為が犯した法律条文を選択・適用し、同時にその他法律条文の適用を排除、或いは同時に異なる法律条文を適用するという法律適用規則である。法条競合の実質は、同一違法行為が同時に複数の法律条文に抵触することにある。

責任競合も法条競合であり、法条競合の具体的表現形式である。一種の客観的に存在する現象として、例えば民法における違約責任と権利侵害責任の競合のように、同一法律部門の内部にて生じることもあり、民事責任と刑事責任、民事責任と行政責任の競合のように異なる法律部門にて生じることもある。『権利侵害責任法』第四条第一項が規定する法条競合は、異なる法律部門間の責任競合を指す。

法律規範同士の関係の違いにより、法条競合は衝突性競合と非衝突性競合に分けられる。衝突性競合とは、複数の法律規範を同時に併用できず、司法機関又は権利者はその内の一つを選択し使用することしか出来ないことを指す。例えば、刑事法律の衝突性競合は司法機関（裁判所）が適用する法律規範を確定し、民事法律の衝突性競合は通常権利者が適用する法律規範を選択する。非衝突性競合とは、複数の法律規範を同時に使用することが出来ることを指す。異なる法律規範により生じた複数の法律結果が矛盾せず共存できるのである。傷害罪に対し刑事責任と権利侵害責任を同時に追及できる等、異なる法律部門において発生した責任競合は、通常は非衝突性法規競合である。

㈡　権利侵害責任と刑事責任又は行政責任競合の結果

『権利侵害責任法』第四条第一項の規定に基づくと、権利侵害責任と刑事責任又は行政責任とが競合した場合、その結果は「法に依り権利侵害責任を負担することに影響しない」。よって、副次的な民事損害賠償責任が発生する。

⑴　刑事に付帯する民事損害賠償。一個の行為が法律により犯罪行為と規定され、同時に権利侵害行為とも規定された場合、刑事法と民事法の規範は競合し一個となる。当該行為が刑法上は犯罪行為に該当し、また民法上においても権利侵害行為に該当するため、裁判上の矛盾を回避し当事者の訴訟疲れを軽減させるため、裁判所は被害者及びその他関係人物の申請に基づき、刑事訴訟手続きを適用し、この二つの訴訟請求を併合して審理し、同時に被告人の刑事責任での有罪と民事責任の損害賠償とを確定することが許される。また、刑事に付帯する民事損害賠償は刑事裁判における私法処分とも呼ばれる。刑事立法における刑事に付帯する民事損害賠償に関する規定が簡略過ぎて、刑事立法面で不十分な実際状況があることから、刑事に付帯する民事損害賠償は、権利侵害責任法の基本原理と立法規定に従い、付帯する民事損害賠償責任を確定する。

⑵　行政に付帯する民事損害賠償。行政に付帯する民事損害賠償とは、行政に付帯する民事訴訟において、行政訴訟手続きを適用し行政違法行為者の行政責任を解決すると同時に、被害者の賠償責任も合

わせて解決することである。行政に付帯する民事損害賠償における民事賠償は、行政責任に付帯する民事責任方式である。その当事者は、行政法律関係における権利侵害の損害賠償権利義務関係を有する者である。行政に付帯する民事損害賠償の二つの訴訟請求は、内在的関連性を有し同一の法律事実を生む。行政に付帯する民事損害賠償とは、権利侵害損害賠償である。行政訴訟において付帯する民事損害賠償の確定は『権利侵害責任法』の規定を適用しなければならない。

二　権利侵害責任請求権の優先権

(一)　発生基礎

『権利侵害責任法』第四条第二項は、中国の権利侵害責任の請求権が優先権を保障された制度であることを規定している。

法条競合の発生により民事主体が損害賠償請求権における優先権問題が生じる。権利侵害行為に対して刑法、行政法、権利侵害法等異なる基本法により規範が競合する可能性がある。そのため刑法、行政法、民法における法律規範の競合が形成される。即ち非衝突性法条競合である。権利侵害者は同一の違法行為により、同時に権利侵害責任、刑事責任又は行政責任を負う。異なる基本法における法規規範競合は非衝突性競合に属するため、同時に法適用される可能性が存在する。権利侵害者は一個同一の違法行為により、罰金刑、財産没収の刑事責任、或いは罰金（行政刑罰）、違法所得没収の行政責任を負い、また、損害賠償の権利侵害の民事責任も負う。財産性の行政責任、刑事責任と権利侵害責任との競合が発生するため同時これを負担しなければならない。被権利侵害者が損害賠償請求権の優先権を有すると、当該請求権の地位は罰金刑、財産没収の刑事責任及び罰金と違法所得没収の行政責任に優先し、よって民事主体の権利救済が保障を得ることができる。これが即ち、権利侵害賠償請求権は行政責任又は刑事責任に最優先するという民事保障をもとに生じた法理の基礎なのである。そのため『権利侵害責任法』は「権利侵害者の財産が支払いに不足するときは、まず権利侵害責任を負う」と規定している。

㈡　概念

優先権は先取特権とも呼ばれる。特定の債権者が法律の規定に基づき有する、債務者の全財産又は特定財産がその他債権者に優先し債務の完済を受ける権利である。優先権の性質は独立した法定担保物権であり、その担保の債権実現に対し保障を提供することができる。

権利侵害責任請求権の優先権は、被権利侵害者が法に基づき有する、その損害を生じさせた権利侵害者の全財産が損害賠償責任を負い、権利侵害者が負わなければならない財産性質の行政責任と刑事責任に優先し債務完済を受ける担保物権である。

㈢　特徴

権利侵害責任優先権の特徴は次の通り。第一、権利侵害責任請求権の優先権は特別法の優先権である。『権利侵害責任法』によって規定された優先権であり民法優先権に属する。第二、権利侵害責任請求権優先権は一般優先権である。権利侵害請求権優先権は被権利侵害者の適法権益を守るために設立した優先権であるが、その担保資産とするのは権利侵害者の特定財産ではなく、動産、不動産を含む全ての総資産である。よって一般優先権である。第三、権利侵害責任請求権優先権は特定責任における優先権に優先する。全ての権利に優先するのではなく、行政責任及び刑事責任における財産責任にのみ優先する。その他債権に対しては，権利侵害請求権は優先的立場にはなく、債権平等原則等の制限を受ける。その他担保の債権に対抗することは尚更あってはならない。

㈣　成立要件

⑴　損害賠償責任を負う人物と罰金等の責任者は同一権利侵害者でなければならない。権利侵害責任請求権の権利者は被権利侵害者である。対応する責任者はその適法権益に損害を生じさせた権利侵害者である。刑事責任もしくは行政責任及び損害賠償責任の負担に関わらず、同一人が法律責任を負わなければならない。同一人が上述の異なる責任を負う時のみ、優先権は意義をなす。

⑵　権利侵害者は同一の行為に因り異なる法律責任を負う。権利侵害責任請求権優先権の成立は、権利侵害者が同一違法行為に因り、被権利侵害者に対し損害賠償責任を負い、また国家に対する罰金等の責任も負う場合でなければならない。このような状況下において、権利侵害者が被権利侵害者に対して負う損害賠償責任は罰金責任に優先する。『権利侵害責任法』第四条第二項が規定する「同一行為に因る」が強調しているのは同一行為に因り民事責任又は刑事責任及び行政責任を負うということである。

⑶　権利侵害者は同時に損害賠償責任と刑事罰金、行政罰金等の責任を負わなければならない。同時に負うとは、権利侵害者が被権利侵害者に対し損害賠償責任を負うと同時に、刑事罰金又は行政罰金等の責任も負うということである。そのため、権利侵害者は被権利侵害者に対する損害賠償責任を負うことを前提とし罰金の責任も負う場合に、権利侵害責任請求権優先権が成立するのである。前文の「等の責任」は、その他財産性の行政、刑事責任を含む可能性もある。例えば、財産没収等もその内に含まれる。

㈤　担保範囲

⑴　損害賠償金。権利侵害責任請求権優先権の担保範囲は、主に損害賠償金請求権である。被権利侵害者の適法権益が侵害を受け損失が生じると、財産損害賠償金であろうが人身損害賠償金であろうが、又は救済性損害賠償金であろうが懲罰性賠償金であろうが、損害賠償請求権は皆一律に優先権の保護を受ける。精神損害賠償請求権も同様である。

⑵　損害賠償金給付遅延の利息。権利侵害責任請求権優先権においては、利息の債務も優先権の保護を受ける。ただし通常の場合は、損害賠償責任の判決が確定する前は利息の計算をしない。もし判決により既に損害賠償金が確定し、賠償金給付の期限も規定している場合、当該期限を超えて給付した者は利息の債を負わなければならない。当該利息の債が優先権の保護を受けないかぎり利息賠償問題は存在しない。

⑶　優先権が支払う費用の保全及び実現。被権利侵害者は優先権者として、優先権が支払う費用の保全及び実現のため、優先権が担保する範囲内にいる。権利侵害者が権利の救済の為に支払う費用は、損害を受けた権利の救済の為に必要であり、優先権を保全、実現する為に支払う費用も損害救済に必須であり、皆優先権の担保の範囲内にある。

㈥　その他効力

⑴　権利侵害責任請求権優先権の目的。権利侵害責任請求権優先権の目的は、損害賠償責任を負う権利侵害者の所有物と財産権利を限度としなければならない。当該目的の範囲は原則上特定の制限を受けず、善意取得の制限のみを受ける。権利侵害者の一般財産、つまり物と財産権利は皆優先権の目的とな

る。もし優先権保障期間内に当該財産を譲渡し善意の取得が成り立つとき、優先権者は権利を主張してはいけない。

(2) 権利侵害責任請求権優先権が対抗する対象。権利侵害損害賠償責任優先権が対抗する対象は、同一権利侵害者が同時に負う行政罰金と刑事罰金等を納付する財産性の責任である。過去に成立した、又は同一行為に因る成立ではない罰金の責任負担には対抗できない。その他債権に対して、権利侵害責任請求権優先権は効力を発生せず、対抗の効力も生じない。

第五節　権利侵害特別法の効力

一　権利侵害特別法の一般状況

中国の権利侵害特別法とは、その他法律が規定する権利侵害責任特別規範に対する総称である。中国の権利侵害特別法は形式上三つに分けられる。具体的内容は、以下の通り。

(一) 単行権利侵害特別法

中国の単行権利侵害特別法は、現在『国家賠償法』だけである。当該法は国家機関を権利侵害者として権利侵害賠償法律関係を調整する専門法であり、行政賠償法と冤罪賠償法二つの内容を含む。国家賠償の種類、国家賠償の原則、国家賠償の主体、国家賠償の範囲及び具体的方法等に対し規定を行っている。

㈡　主な内容は権利侵害特別法の立法である

中国のその他法律の中にも大量の権利侵害特別法規範を含んでいる。例えば『道路交通安全法』『製品質量法』『未成年保護法』『婦女権益保障法』『障害者保護法』『消費者権益保護法』『反不正当競争法』『高齢者保護法』等である。『道路交通安全法』は道路交通事故処理規則に対する規定、『製品質量法』は製品責任に対する規定、『消費者権益保護法』は人格尊厳保護に対する規定、『婦女権益保護法』はセクシャルハラスメント行為に対する規定であり、皆きわめて重要な権利侵害法規範である。現実生活と司法実践において重要な作用を発揮している。

㈢　その他法律の権利侵害行為に関する具体的条項

中国のその他いくつかの法律には、おおかた当該法と関係ある権利侵害行為の具体的賠償内容が規定されている。例えば、二〇〇八年『水質汚染防治法』第八十五条第二項から第四項は「不可抗力により水質汚染損害が生じた場合、汚染を排出した側は賠償責任を負わない。但し法律が他に規定している場合を除く。」「水質汚染損害が被害者の故意により生じた場合、汚染を排出した側は賠償責任を負わない。水質汚染損害が被害者の重大な過失により生じた場合、汚染排出側の賠償責任を減軽できる。」「水質汚染損害が第三者により生じた場合、汚染排出側は賠償責任を果たした後、第三者に賠償を求める権利を有する。」

二　中国権利侵害特別法の立法特徴

㈠　立法思想において一致性と創新性の相互結合を堅持する

立法思想は一致している必要がある。中国権利侵害特別法はこの立法原則を堅持し、権利侵害特別法と権利侵害普通法を調和・統一し、有機的総体としている。権利侵害特別法は比較的統一された一致性の堅持を基礎に、必要な創新を行い、新たな権利侵害法規範を作り、社会主義市場経済発展の需要に適応させなければならない。

㈡　立法内容において必要性と完全性の相互結合を堅持する

中国の権利侵害特別法は立法内容における必要性原則を堅持し、当該部門法の立法内容における完全性も考慮し、この二つを結合させている。特別法は修正、補充、普通法発展の必要が確実に存在する時に制定することができる。しかし完全性における需要を保持するため単行法を制定する時も、普通法の規定と同じ規範を制定することができる。

㈢　立法技術において統一性と多様性の相互結合を堅持する

中国権利侵害特別法は立法技術において、多様性原則を堅持し、表現形式において絶えず発展・改善を繰り返し、臨機応変で多様な立法形式を形成している。単行の権利侵害特別法もあり、非民事法律的権利侵害特別法規範もある。

三　権利侵害特別法の適用原則

㈠　特別法が普通法に優位する原則

これは法律適用における基本原則である。権利侵害特別法は普通法と比較すると特殊な効力を持つため、特定範囲において権利侵害普通法の適用を排斥している。この原則を適用するポイントは権利侵害特別法の適用範囲の把握に在り、権利侵害普通法の普遍的適用を強調することによる権利侵害特別法の不適用、及び権利侵害特別法適用範囲の無制限拡大の二つの傾向を防ぐ。

㈡　総則と分則を区別する原則

権利侵害特別法を適用する上で、総則に関する一般規定と分則に関する具体規定を区別しなければならない。『権利侵害責任法』の総則性に属す一般規定に対しては、『権利侵害責任法』第一章から第三章の規定を更に多く参照し法律を適用しなければならない。その部分こそ、『権利侵害責任法』が権利侵害責任を確定する一般規則だからである。分則に属する具体規定に対しては、おおむね権利侵害責任の特殊事情に依り規定をする。特別に要求がある場合は優先的に適用しなければならない。

㈢　民法性規定と非民法性規定を区別する原則

権利侵害特別法を規定する法律には、民法性質に属する法律、経済法性質、行政法性質に属する法律がある。これらの規定では、民法性質の法律規定に関係する権利侵害特別法における内容が比較的詳細・具体的で即応性があり、司法実践において容易に操作でき優先的に適用しなければならない。行政法、経済法に規定がある権利侵害特別法は一般的に比較的簡潔で、一部の規定は正確さに欠ける。『権利侵害責任法』の規定と衝突がある場合、『権利侵害責任法』の規定を優先的に適応しなければならない。

㈣　総合的分析の原則

権利侵害特別法の規範が分散性を有し、体系的整理が欠けており、具体的規範内容が正確であるのか、又は権利侵害責任法の基本原則と立法目的に一致しているのか未だ明確ではないため、いい加減に処理してはいけない。司法実践においては権利侵害特別法の規範や『権利侵害責任法』の基本原則、立法目的は相互比較しなければならない。『権利侵害責任法』基本原則及び立法目的の特別法規範を違反する場合は、特別法は普通法に優先する原則を以て優先的に適用しない。たとえ特殊権利侵害責任規則の特別法規範を規定しても、それが『権利侵害責任法』が規定する同類の特殊権利侵害責任における具体的規定と相互衝突する場合、直接『権利侵害責任法』の規定を適用しなければならず、いわゆる「特別法」を優先的に適用することはできない。『権利侵害責任法』の基本原則と立法目的に従い、『権利侵害責任法』と特別法の違いの総合的な考察・両者の矛盾の分析・立法意図の正確な理解をして、特別法又は普通法どちらを適用するかを決めなければならない。

第二章　責任成立要件及び責任方式

【法律条文】

第六条　行為者が過錯により他人の民事権益を侵害した場合には、権利侵害責任を負わなければならない。

法律の規定に基づき行為者に過錯があることが推定される場合に、行為者が自己に過錯がないことを証明できないときは、権利侵害責任を負わなければならない。

第七条　行為者が他人の民事権益を侵害した場合に、行為者の過錯の有無を問わず法律が権利侵害責任を負わなければならないと定めるときは、その規定による。

第八条　二人以上が共同して権利侵害行為を行い、他人に損害を生じさせた場合には、連帯責任を負わなければならない。

第九条　他人を教唆し、又は幇助して権利侵害行為を行った場合には、行為者とレン来責任を負わなければならない。

民事行為無能力者、制限民事行為能力者を教唆、幇助して権利侵害行為を行わせた場合には、権利侵害責任を負わなければならない。当該民事行為無能力者、制限民事行為能力者の後見人が監護責任を尽くしていなかった場合には、相応の責任を負わなければならない。

第十条　二人以上が他人の人身、財産の安全に危険を及ぼす行為を行い、そのうち一人又は数人の行為が他人に損害を生じさせた場合に、具体的な権利侵害者が特定できるときは、権利侵害者が責任を負う。具体的な権利侵害者を特定することができないときは、行為者は連帯責任を負う。

第十一条　二人以上がそれぞれ権利侵害行為を行い同一の損害を生じさせ、各人の権利侵害行為がいずれも全ての損害を生じさせるに足る場合には、行為者は連帯責任を負う。

第十二条　二人以上がそれぞれ権利侵害行為を行い同一の損害を生じさせ、責任の大小を確定することができる場合には、各自が相応の責任を負う。責任の大小を確定することが難しい場合には、平均して賠償責任を負う。

第十三条　法律が連帯責任を負うと定める場合には、被権利侵害者は、一部又は全部の連帯責任者に責任を負うよう請求する権利を有する。

第十四条　連帯責任者は、各自の責任の大小に基づいて相応の賠償金額を確定する。責任の大小を確定することが難しい場合には、平均して賠償責任を負う。
自己の賠償金額を超過して支払った連帯責任者は、その他の連帯責任者に対して求償する権利を有する。

第十五条　権利侵害責任を負う方式には、主に以下のものがある。
(一)　侵害の停止
(二)　妨害の排除
(三)　危険の除去
(四)　財産の返還
(五)　原状の回復
(六)　損害の賠償
(七)　謝罪
(八)　影響の除去、名誉の回復
以上の権利侵害責任を負う方式は、単独で適用することができ、合わせて適用することもできる。

第十六条　他人を侵害して人身損害を生じさせた場合には、医療費、介護費、交通費等の治療及びリハビリのために支出する合理的な費用並びに休業により減少した収入を賠償しなければならない。後遺症が生じた場合には、更に後遺症生活補助具費用及び後遺症賠償金を賠償しなければならない。死亡させた場合には、更に葬式費用及び死亡賠償金を賠償しなければならない。

第十七条　同一の権利侵害行為により多くの人を死亡させた場合には、同一金額をもって死亡賠償金を確定することができる。

第十八条　被権利侵害者が死亡した場合には、その近親は、権利侵害者に対し、権利侵害責任を負うよう請求する権利を有する。被権利侵害者が団体であり、当該団体が分割又は合併した場合には、権利を承継した団体は、権利侵害者に対し、権利侵害責任を負うよう請求する権利を有する。

被権利侵害者が死亡した場合には、被権利侵害者の医療費、葬式費等の合理的費用を支払った者は、権利侵害者に対し、費用を賠償するよう請求する権利を有する。ただし、権利侵害者が当該費用を既に支払った場合を除く。

第十九条　他人の財産を侵害した場合には、財産の損害は、損害が生じた時の市場価格又はその他の方式に従って計算する。

第二十条　他人の人身権益を侵害して財産損害を生じさせた場合には、被権利侵害者がこれにより受けた損害に従って賠償する。被権利侵害者の損害を確定することが難しく、権利侵害者がこれにより利益を得ている場合には、その得た利益に従って賠償する。権利侵害者がこれにより得た利益を確定することが難しく、被権利侵害者及び権利侵害者において賠償金額についての協議が整わず、人民法院に訴えを提起した場合には、人民法院が実際の状況に基づき賠償金額を確定する。

第二十一条　権利侵害行為が他人の人身、財産の安全に危険を及ぼす場合には、被権利侵害者は、権利侵害者に対して、権利の停止、妨害の排除、危険の除去等の権利侵害責任を負うよう請求することができる。

第二十二条　他人の人身権益を侵害し、他人に重大な精神的損害を生じさせた場合には、被権利侵害者は、精神的損害賠償を請求することができる。

第二十三条　他人の民事権益が侵害されるのを防止、制止するために自己が損害を被った場合には、権利侵害者が責任を負う。権利侵害者が逃亡し、又は責任を負うことができない場合に、被権利侵害者が補償を請求したときは、受益者が適当な補償を与えなければならない。

第二十四条　被害者及び行為者が損害の発生についていずれも過錯がない場合には、実際の状況に基づき、双方に損害を分担させることができる。

第二十五条　損害が発生した後に、当事者は、賠償費用の支払方法を協議することができる。協議が一致しない場合は、賠償費用は一度に支払わなければならない。一度の支払いが確かに困難である場合には、分割で支払うことができるが、相応の担保を提供しなければならない。

【典型的な事例】

　ある日の午後五時三十分から六時三十分、黒竜江省○○県気象局駐○○村気象センターは防雹のため上空に向けて三十発の防雹気象弾を発射した。その内六発は隣の市の旧街方向へ発射した（距離八キロ）。旧街郷張明村の村民常氏は、田んぼで仕事をしている最中に雨が降ってきたため帰宅した。家の中にいた妻の李氏らは、外から叫び声と人が倒れる音が聞こえた。外に出てみると常氏が窓の前に倒れており、頭部が出血し気を失っていた。落雷に遭ったのだと思い常氏を病院まで送った。診断の結果、常氏の頭部に七ミリの裂傷が見られ、裂傷は頭蓋骨にまで達していた。傷の周辺部は頭蓋骨が凹み、脳組織が溢れ出ていた。その七日後に脳挫傷及び開放性頭蓋骨骨折のため死亡した。病院側は、硬い物体が高速で衝突したことによる致死と診断した。常氏の親族は現場で弾倉を一つ発見した。弾倉には「人雨十七秒」の文字があり、鑑定の結果「三・七」砲弾倉の残骸と認められた。李氏は気象局を起訴したのだが、被告側は気象センターが発射したミサイルによる損害であることの証明を常氏の近親ができていないと主張した。裁判所は現有の事実から因果関係推定規則を適用し、行為と損害結果の間に因果関係があると認め、被告は権利侵害責任を負担しなければならないと判決を下した。[1]

1　本事例の旨は推定因果関係規則を適用し、権利侵害責任因果関係の構成要件を確定するということである。

第一節　権利侵害責任帰責原則

一　帰責原則概述

㈠　権利侵害責任帰責原則を研究する意義

中国権利侵害法は、権利侵害責任帰責原則は権利侵害責任法における総帥及び精神であり、権利侵害責任法理論の中核であると考える。その重要な意義は以下にある。第一、権利侵害責任法の研究は、まず帰責原則を研究しなければならない。第二、裁判官は正確に権利侵害紛糾を処理するために、まず正確に権利侵害法の帰責原則を把握しなければならない。さもなければ各種権利侵害損害賠償紛糾責任の性質を確定することができず、また権利侵害紛糾案件の性質を決定することができず、よって正確に法律を適用することができなくなる。第三、民事主体が権利侵害責任帰責原則を把握することは、自己の適法権益保護を助けることになり、損害を受けた際に正確に訴訟主張を提出し、賠償の適時取得を保証することができるのである。

㈡　概念

帰責とは、行為者がその行為又は物により他人に損害を与えた事実が発生した後、どのような根拠に基づきその責任を負わせるのかということである。その根拠が法律の価値判断を表わすため、法律は行為者の過錯或いは既に発生した損害結果を価値判断の基準とし、行為者に権利侵害責任を負わせるのである。帰責概念は以下三つ意味を含む。第一、帰責の根本的意義は責任の帰属を確定することにあり、権利侵害行為がもたらした損害結果を、この損害結果に対して責任がある者に帰して負わせるのである。第二、帰責の核心は、基準である。権利侵害行為の結果に対し誰が責任を負うのかを確定するとき、統一的な基準と根拠によって権利侵害責任の帰属の公平的・正義的原則を実現させせなければならない。第三、帰責は一つの過程であり、責任は帰責の結果である。責任が成立するか否かは、行為者の行為並びにその結果が責任構成要件に一致するか否かで決まるが、帰責は責任が成立するか否かに対して根拠を追求するのみであり、責任の成立が最終的な目的ではない。[1]

帰責原則は、権利侵害者が負う権利侵害損害賠償責任を確定する一般準則であり、損害事実が既に発生した状況下で、権利侵害者が自己の行為により生じた損害に対し賠償責任を負うか否かを確定する一般準則である。

㈢ 体系

最初の権利侵害責任帰責原則は加害原則、つまり客観帰責原則であり、損害の客観結果を帰責の基準としていた。『フランス法典』は現代の過錯責任原則を確立し、権利侵害法の立法史において革命的変革をもたらした。科学技術の巨大な進歩、生産力水準の迅速な向上、社会構造が益々複雑になっている現代社会において、単一的帰責原則では日増しに複雑化する権利侵害責任問題を解決できない。よって無過失責任原則の帰責原則が出現したのである。これにより、権利侵害法の単一的帰責原則は多元的方

1 王利明『侵権行為法帰責原則研究』、中国政法大学出版社一九九二年版、第一八頁。

向へと発展し、徐々に権利侵害責任法は完全な帰責原則体系を形成していったのである。
中国権利侵害責任法には帰責原則がいくつあるのか、学界は以下の異なる考えを持つ。一、一元論。中国権利侵害責任法は帰責原則が一つだけであり、それは過錯責任原則である。[1] 二、二元論。権利侵害責任法における過失責任原則と無過錯責任原則は併存する。[2] 三、三元論―A。中国権利侵害責任には三つの帰責原則が存在し、過錯責任原則、無過錯責任原則及び公平責任原則である。四、三元論―B。権利侵害法帰責原則は過錯責任原則、過錯推定原則及び公平分担損失規則である。[3] 五、三元論―C。権利侵害責任帰責原則体系は過錯責任原則、過錯推定責任原則及び無過錯責任原則の三つの帰責原則によって成り立つ。[4] 六、四元論。権利侵害責任の帰責原則は過錯責任原則、過錯推定責任、厳格責任原則及び公平分担損失規則である。[5]
通説では三元論―Cを採用する。それによると、『権利侵害責任法』第六条及び第七条は、権利責任の帰責原則体系を過錯責任原則、過錯推定原則及び無過錯責任原則に区別すると規定している。さらに以下の事情を認める。第一、過錯責任原則は中国権利侵害責任法の基本帰責原則であり、一般権利侵害行為の帰責における帰属を調整する。第二、本質から言うと、過錯推定原則も過錯責任原則である。その価値判断基準及び責任構成要件も過錯責任原則の要求と一致している。過錯責任原則及び過錯推定原

1　張佩霖『也論侵権損害的帰責原則』、『政法論壇』一九九〇年第二期。
2　米健『現代侵権責任法帰責原則探索』、『法学研究』一九八五年第五期。
3　王利明『侵権行為法帰責原則研究』、中国政法大学出版社一九九一年版、第三〇頁。
4　楊立新『侵権法論』、人民法院出版社二〇〇五年第三版、第一二五―一二六頁。
5　王利明『侵権責任法研究（上巻）』、中国人民大学出版社二〇一〇年版、第一九五頁以下。

則における証明責任の相違により、調整する範囲並びに適用する法律が異なる。それゆえ過錯推定原則を一つの独立する帰責原則とすることは決して不適切ではなく重要な意味を持つのである。第三、無過錯責任原則は一つの独立する帰責原則である。それが調整する範囲と過錯責任原則及び過錯推定原則は異なり、単独で部分的な特殊権利侵害行為の責任帰属を調整している。単独で存在する価値をもち、独立した帰責原則である。『権利侵害責任法』第七条の法律規定を依拠とするだけでなく、同時にそれが調整する範囲も過錯責任原則及び過錯推定原則と異なり、単独で高度危険責任等特殊権利侵害責任の帰属を調整している。第四、公平分担損失規則は独立する帰責原則とすることができない。『権利侵害責任法』第二十四条は、公平分担損失帰責は帰責原則であると認めていない。その調整する範囲はあまりにも狭く、厳格意義における権利侵害行為に属さない。実践において、双方が無過錯である損害紛糾に対して一律にその規則を適用するのではない。よって公平分担損失責任と呼ぶのである。

二　無過錯責任原則

㈠　概念

過錯責任原則は過錯を価値判断の基準とし、行為者がその生じさせた損害に対し権利侵害責任を負うか否かを判断する帰責原則である。一般権利侵害行為により生じる損害賠償事件は過錯がある側が賠償責任を負う。過錯は損害賠償責任構成における基本要件の一つであるため、この要件を欠くと、たとえ加害者の行為が損害事実を引き起こし、加害者の行為と損害結果の間に因果関係があろうが賠償責任は負わない。

中国権利侵害法は同じく過錯責任原則を採用しこれを基本的な帰責原則としている。その原因は、民事主体は権利行使の絶対性を保つことが必要であり、それが違法な制限を受けることがあってはならないというところにある。権利行使は他人の利益に損害を与えることを避けられない。そのため過錯という価値判断基準を権利侵害損害責任構成の必要条件としなければならない。過錯責任原則の実行は生産力及び社会の発展に有益なのである。行為者が義務を心掛けさえすれば、たとえ損害を生じさせても責任を負う必要はない。これにより民事主体を励まし、大胆且つ思う存分に改革・創造をし、生産力の発展及び社会の進歩を推進するのである。中国権利侵害責任法は過錯責任原則を基本帰責原則とし、その根本目的は民事主体の人身権利及び財産権利が侵害されないよう保護し、民事主体の権利が平等・自由に行使できるよう守ることである。過錯により他人の適法権益に損害を与えた不法行為者を通して賠償損失を含めた権利侵害責任を強化することで、自然人及び法人の人身、財産権益を保護し権利侵害行為の発生を予防、削減するのである。

㈡　内涵及び効能

過錯責任原則の内涵は、第一、過錯責任原則の性質は主観的帰責原則であり、権利侵害者の責任を確定する際に、行為者の主観的心理状態に基づき確定するのであり、行為の客観面に基づき確定するのではない。行為者が主観上において過錯がないとする場合には損害賠償を負わない。第二、過錯を権利侵害責任の必須成立要件とし、行為者が主観上において過錯がない場合、必須成立要件を欠くため権利侵害責任が成り立たない。第三、過錯を責任成立の最終要件とする。過錯を法律価値判断基準とし続けるには、過錯を権利侵害責任成立の一般要件とすることが要求されるだけでなく、過錯を権利侵害責任成立の最終的且つ決定的な要件とすることが要求される。それにより無過失即ち無責任という精神を徹底的に貫くことができるのである。

過錯責任原則は以下の法律機能を持つ。第一、権利侵害責任を確定し、権利侵害損害を救済する。過錯責任原則の基本功能は、権利侵害責任を過錯がある民事主体に帰し負担をさせそれを法律価値判断基準とする、民法の公平且つ正義に最も適う観念である。この機能により被害者の損害に補償を与え、権利侵害責任法における損害救済を実現し、民事主体民事権利の目的を保護するのである。第二、民事主体を確定する行為準則。過錯責任原則は人の過錯を、権利侵害責任を負う価値判断基準とすることを堅持し、過錯を実際の意味において、法律及び道徳の要求に合わない行為を行為者が選択したとする。行為者に民事責任を負わせるだけでなく、さらに法律の譴責及び道徳の非難を受けさせることで、実際の社会生活において人の行為の基準を確定する。第三、権利侵害行為の是正及び損害発生の予防。過錯責任原則の価値は、過錯がある行為者の懲罰を通して、人に正しい行為を指導し、権利侵害行為の発生を予防することにある。[1]

㈢　適用規則

(1)　適用範囲。過錯責任原則は一般権利侵害行為において適用する。法律が特別に規定する場合のみ過錯責任原則を適用しない。『権利侵害責任法』は第六条第一項に過錯責任原則の適用を規定しているだけでなく、その他条文においてもインターネット権利侵害責任、医療損害責任等の権利侵害責任類型対し過錯責任原則を適用すると規定している。

1　王利明『侵権行為法帰責原則研究』、中国政法大学出版社一九九一年版、第四〇頁。

⑵　責任成立要件。異なる帰責原則の適用により責任成立要件もそれぞれ異なる。過錯責任原則を適用し賠償責任を確定する成立要件は以下の四つがある。即ち違法行為、損害事実、違法行為と損害事実の因果関係及び過錯である。

⑶　証明責任。過錯責任原則の適用は「誰が主張し、誰が証明するか」という民事訴訟証明原則に従う。権利侵害責任を成立する四つの要件の証明責任は全て損害賠償の主張を提出する被害者が負い、加害者は証明責任を負わない。加害者は自己が被害者の権利侵害主張に対し積極的に対抗を主張するときのみ証明責任を負う。

⑷　権利侵害責任形態。一般権利侵害行為責任は自己の行為に対し負う責任である。行為者は自己の行為がもたらした損害に対してのみ責任を負う。よって過錯責任原則を適用する一般権利侵害行為は、その権利侵害責任形態は自己責任であり代位責任ではない。

㈣　過錯責任原則における過錯程度が責任範囲に及ぼす影響

過錯責任原則の適用には、過錯を行為者が賠償責任を負う根拠とするのであり、賠償範囲を確定する根拠とするのではない。従って賠償責任の大きさが損害の大きさを決定し、過錯の程度は重要な影響を及ぼさない。特別な状況は、以下の通り。

⑴　ある特定状況下において過錯の程度が権利侵害責任に対し影響を及ぼす。行為者は一般過失の場合のみ権利侵害責任を十分に構成しない。例えば、故意に債権侵害行為を実施した場合のみ債権侵害の権利侵害責任を成立できる。故意に他人の氏名権を侵害した場合のみ権利侵害責任を成立する。医者が緊急状況において病人を救う場合、一般過失により生じた損害に対しては責任を負わず、重大な過失に

より生じた患者の損害に対してのみ賠償責任を負う。

(2) ある特定の状況において過錯の程度が権利侵害損害賠償責任の範囲に対し影響を及ぼす。一、精神損害賠償責任が確定した時、過錯程度の度合いは損害賠償責任の大きさに対し作用する。故意の権利侵害は比較的重い賠償責任を負わなければならず、過失の権利侵害は比較的軽い賠償責任を負う。二、過失がある状況において、双方の当事者に各々過錯がある場合、加害者は自己の過錯に対してのみ責任を負い、被害者の過錯により生じた損失に対しては賠償責任を負わない。三、共同で権利侵害をした場合、共同加害者は対外において共同で連帯賠償責任を負う。対内に対しては各自の過錯に比例して責任を分担する。過錯程度の度合いが個々の責任範囲に対して影響を与える。四、別々な権利侵害行為においては、程度に基づき責任を決める。各行為者の過錯度合いに基づき責任範囲を確定する。

三　過錯推定原則

(一) 概念

過錯推定原則とは、法律に特別規定がある場合、損害事実自体から加害者に過錯があるかを推定し、それに基づき他人に損害を与えた行為者の賠償責任を確定する帰責原則である。

推定とは、法律又は裁判官が既に知っている事実から未知の事実を推論し結論を出すことであり、既知の事実に基づいて未知の事実に対し推断及び確定を行うことである。過錯推定は被害者が権利侵害責任訴訟において損害事実、違法行為及び因果関係の要件が証明できる場合、加害者が損害を与えた行為に過錯があると推定し、加害者が損害の発生対し自己に過錯がないことを証明ができなければ、加害者には過錯があるとし権利侵害賠償責任を負うこと確定できる。

㈡　意義

過錯推定原則の意義は、被害者を有利な訴訟立場に置くことで被害者の適法権益を現実的に保護し、訴訟において加害者の証明責任を強化し、民事違法行為に対し有効的に制裁を加え、社会の和諧・安定を促すことである。原因としては、過錯推定原則を適用し、損害事実から行為者に過錯があるかを推定することにより、被害者の過錯要件の証明責任を免除し有利な立場に置き、加害者に証明責任を負わせることで責任が強化される。それにより被害者の適法権益保護が更に有利になるのである。

㈢　地位

中国権利侵害責任法は過錯推定原則を一つの独立した帰責原則と認る。厳格な意味では、過錯推定原則はやはり過錯責任原則であり、よって責任構成は過錯責任の四つの要件を備えなければならない。ただある特殊状況において過錯責任原則を適用した場合、被害者は証拠を挙げて加害者の過錯を証明することが難しくなる。

たとえ過錯推定原則が過錯責任原則と異なる部分があるとしても、過錯責任原則の本質は決して変わらず、一つの独立した帰責原則とする。ただ、規則上過錯責任原則と少しだけ違いがあるだけである。

㈣　適用規則

⑴　適用範囲。過錯推定原則の適用範囲は特殊権利侵害行為である。『権利侵害責任法』の規定によ

ると、過錯推定原則を適用する特殊権利侵害責任は以下の通りである。一、「責任主体に関する特殊規定」において、後見人責任、使用者責任、安全保障義務責任違反、民事行為無能力者が教育機関で受けた損害の責任は過錯推定原則を適用する。[1] 二、機動車交通事故責任において、機動車により非機動車運転者又は通行人の人身損害を生じた場合は過錯推定原則を適用する。三、医療損害責任において、医療倫理損害責任は過錯推定原則を適用する。四、飼育動物損害責任において、動物園の動物が損害を生じさせた場合は過錯推定原則を適用する。五、工作物損害責任において、建築物並びに建築物の設置物・懸架物による人身損害、建築物等の倒壊による損害責任、積上物による人身損害、林木による人身損害、通行障害物による損害責任、地下工作物による損害責任等はみな過錯推定原則を適用する。

(2) 責任成立要件。過錯推定原則により権利侵害責任を確定する時、権利侵害責任の成立は過錯責任原則を適用する場合と大きな変化はなく、やはり違法行為、損害事実、因果関係及び過錯の四つの要件を備えていなければならない。

(3) 証明責任。過錯推定原則を適用する場合、証明責任には特殊規則がある。第一、原告起訴は三つの要件を証明しなければならない。違法行為、損害事実及び因果関係である。第二、この三つの要件の証明責任を終えたあと、裁判官は直接被告の過錯有無を推定する。行為者の過錯要件の有無に対して原告にその証明を行うよう要求しない。第三、証明責任の転換の実行。もし被告が主観上無過錯を主張

1 『権利侵害責任法』第四章が規定する権利侵害責任類型において、一時的心神喪失損害責任、インターネット権利侵害責任及び教育機関が制限民事行為能力の未成年学生に対し損害を与える責任はみな過錯推定原則を適用しない。安全保障義務を違反する権利侵害責任に対しては過錯責任原則を適用するのか、それとも過錯推定原則を適用するのか意見が分かれている。

る場合、自己に過錯がないことの証明をしなければならない。証明が成立した場合、過錯推定は覆り、行為者の権利侵害責任は否定される。第四、被告が自己に過錯がないことを証明できない又は証明不足の場合、過錯推定は成立し、行為者は侵害責任を負わなければならない。

⑷　権利侵害責任形態。過錯推定原則を適用する権利侵害行為において、行為者が負う責任形態は基本的に代位責任である。対人の代位責任及び対物の代位責任を含み、一般的に自己責任の権利侵害責任形態は適用しない。

四　無過失責任原則

㈠　概念

無過失責任原則とは、法律が特別に規定している状況において、既に発生した損害結果を価値判断基準とし、当該損害結果と因果関係がある行為者が過錯の有無を問わず権利侵害賠償責任を負わなければならない帰責原則である。

無過錯責任原則は社会化の発生に伴い迅速に発展し、とくに大型危険性工業の出現により発生及び発展してきた。高度危険性のある工業企業の大規模な発展により、被害者が工業事故の損害に対する責任者の過錯を証明することが困難な状況に変化を与え、過錯責任原則を実行し続けると同時に、例外的に特殊損害事故において無過失責任原則を認め、それにより被害者の適法権益に対する保護を有利にするのである。中国権利侵害責任法が無過錯責任原則を立てた根本目的は、民事主体生命、財産安全並びにその他適法権益を現実的に保護し、高度危険作業に従事する者、製品生産者及び販売者、環境汚染者並びに動物飼育者、管理者等が自己の仕事に対し注意深く携わり且つ強い責任感を持ち、安全措置技術を絶えず改善し、仕事の質量を上げ、周囲の人員、環境の安全保障に尽力するよう促すことにある。一度損害が生じたら迅速且つ適時に事実調査をし、可能な限り早く被害者の人身損害及び財産損害を賠償し、無辜の損害を国家及び社会に合理的に負担させ被害者の利益を保護することができる。

㈡　意義

無過錯責任原則を適用する意義は、行為者の責任を強め被害者の損害賠償請求権を更に容易に実現させ、損害を受けた権利が直ちに救済を得られるところにある。

この点においては無過錯責任原則と過錯推定原則の比較によって実証することができる。過錯推定原則を適用する場合、被害者は加害者の過錯を証明する必要はなく、損害事実から加害者の過錯を推定する。被害者は加害者の過錯を証明する証明責任を免除され、加害者は自己の無過錯を証明する責任を負う。比較すると、被害者の立場は過錯責任原則を実行する方が有利となる。無過錯責任原則を適用する場合、被害者はやはり加害者の過錯を証明しなくてもよく、加害者が損害は被害者の故意により生じたと証明した時のみ責任を免れることができる。この点においては無過錯責任原則と過錯推定原則を比べても違いはない。しかし証明責任の転換の内容においては状況が大きく異なる。過錯推定を実行する場合、証明責任は加害者側にあり、証明内容は加害者自身の過錯の有無である。無過錯責任原則を実行する場合、証明責任は加害者にある。証明内容は、損害は被害者の故意により生じたということ。加害者が自身の過錯の有無を証明することは実践において可能である。加害者が損害は被害者の故意により生じたことを証明するのは非常に困難である。よって、無過錯責任原則は過錯推定と比べより有利であり、行為者を厳格な責任の監督下に置き、被害者を適切な保護の下に置くのである。

㈢　適用規則

⑴　適用範囲。無過錯責任原則は一部の特殊権利侵害行為において適用する。無過錯責任原則の適用範囲は、一、製造物責任。二、高度危険責任。三、環境汚染責任。四、動物損害責任における部分的な責任。五、司法実践においては労働事故責任に対しても無過錯責任原則を適用する。

『権利侵害責任法』第七条は、「法律が規定する」時のみ無過錯責任原則を適用することができると規定する。法律に特別な規定がない限り無過錯責任原則を適用してはいけない。

⑵　責任成立要件。無過失責任原則を適用する権利侵害責任成立要件は、違法行為、損害事実及び因果関係である。無過失責任原則を適用する場合において責任成立を決定する基本的要件は誰が損害結果を招いたかであり、一方、過錯は権利侵害責任の成立要件にはならない。そのため責任成立を決定する基本要件は因果関係となる。損害結果と違法行為の間に因果関係がある場合、権利侵害責任は成り立つ。

⑶　証明責任。無過錯責任原則を適用する際の証明規則は、第一、被権利侵害者つまり原告は違法行為、損害事実、因果関係の三つの要件を証明しなければならない。第二、被権利侵害者が上述の証明責任を終えた後、もし権利侵害者が権利侵害の不成立又は免責を主張した場合、証明責任の転換が行われ、自身が証明責任を負わなければならない。被告が証明する内容は自身の無過錯ではなく、損害を生じさせた原因は被権利侵害者の故意であること。第四、被告が、損害は被権利侵害者の故意により生じたと証明することができた場合賠償責任は免除される。第五、権利侵害者が上述の証明責任に対する証明が不足している又は証明できない場合、権利侵害責任は成立し被告は権利侵害責任を負わなければならない。

(4)　権利侵害責任状態。無過錯責任原則を適用する権利侵害行為の責任形態は一般的に代位責任であり、対人の代位責任及び対物の代位責任を含む。

㈣　無過錯責任原則における権利侵害者過錯問題

無過錯責任原則を適用する権利侵害行為において、法律は権利侵害者の過錯を問わない。現実では大多数の無過錯責任において権利侵害者が行為の最中過錯がある場合、被権利侵害者は証拠を提出し証明を加えることができる。それに対し以下の規則を実行しなければならない。

(1)　権利侵害者の過錯は権利侵害責任の成立に対し意味を持たない。おおよそ無過錯責任原則を適用する場合、権利侵害責任の成立を確定する時に過錯を問わない。たとえ権利侵害者に過錯があり被権利侵害者がすでに証明したとしてもこれを考慮に加えない。

(2)　権利侵害者の過錯は権利侵害責任の賠償範囲に対し大きな決定作用を持つ。権利侵害者に過錯が確かに無い又は権利侵害者の過錯を証明できない場合、権利侵害者の賠償責任は法律の一般規定に基づき確定し、権利侵害者は法律が定める限額賠償責任を負う。

(3)　権利侵害者が損害の発生又は拡大に対し過錯がある場合、損害賠償責任範囲の確定は過錯責任原則の要求に基づき行う。おおよそ過錯行為と因果関係がある損害結果は全額賠償を与えなければならない。例えば高度危険責任に対し、法律は無過錯責任を規定しており、権利侵害者は規定に基づき限額賠償をしなければならない。しかし、被権利侵害者が損害の発生に対し権利侵害者に過錯があることを証明できる場合、権利侵害者は完全賠償をしなければならない。

これに対し『権利侵害責任法』第七条は規定をしておらず、司法実践もこのやり方を堅持しているわけではない。よってこれに対して学説研究はより深く切り込み、立法及び司法におけるこの方面の進歩を推し進めていかなければならない。

第二節　権利侵害責任成立要件

一　権利侵害責任成立要件概述

(一)　権利侵害責任成立と権利侵害責任成立要件

権利侵害責任成立とは、どのような条件が備わると行為者が権利侵害行為に対し負う民事責任を成立するのかということである。言い換えると、権利侵害責任成立とは法律に基づき理性的分析することで権利侵害者が負う民事責任を確定することである。一般的な状況においてどのような要素から成立され且つそれに基づき行為者が実施した行為が権利責任を成立するかを判断する基準として実践において適用されている。

権利侵害責任成立要件は、権利侵害者が負わなければならない権利責任を成立する必須条件であり、権利侵害責任成立の基本要素である。権利侵害者が権利侵害責任を負う条件であり、権利侵害者が権利侵害責任を負うか否かを判断する根拠である。[1]

1 『中国大百科全書・法学』、中国大百科全書出版社一九八四年版、第四七三頁。

権利侵害責任成立と権利侵害責任成立要件の二つの概念は、一つの事柄に対する二つの面である。前者は、どのような要素又は条件を備えると責任を成立できるのか、後者は責任を成立する基本要素又は具体条件は何であるかということである。この二つの概念は緊密につながっており有機的総体である。しかし、この二つの概念の意味及び作用には多少違いがある。前者は巨視的な意味があり、追求しているものは責任成立の基本要求つまり責任成立の仕組みである。後者はミクロ的な意味があり、追求しているものは責任成立の具体内容、つまり責任を成立する一つ一つの要素における具体的要求である。この二つの概念は相互補完し、理論上では権利侵害責任成立を構築する完全体系であり、実践上では行為者が権利侵害責任を負わなければいけないか否かを判断する尺度になる。

㈡　権利侵害責任成立要件とは主に権利侵害損害賠償責任の成立要件を指す

権利侵害責任成立並びにその要件は、損害賠償責任成立及び要件であるのか、それとも一般的権利侵害成立及びその要件であるのか、中国権利侵害法おける重要な問題である。その原因は『権利侵害責任法』が規定する権利侵害責任方式は損害賠償だけでなく、侵害の停止、妨害排除、危険除去、謝罪、影響削除、名誉回復等その他権利侵害責任方式も含むということにある。

通説では、権利侵害責任法が求める権利侵害損害賠償責任の成立要件を求めているとする。そのため要求が比較的厳格である。妨害停止、妨害排除、危険除去等の責任方式を適用する際、そのような厳格な成立要件は必要でなく、権利が侵害された事実を備えるだけで、侵害停止、妨害排除、危険除去等を請求することができ、損害の成立により初めて請求できるということではない。これは権利侵害責任において損害賠償責任は最も基本的な責任方式であり、その他権利侵害責任方式に対する要求はけっして権利侵害損害賠償責任と同じではなく、権利侵害責任成立要件においては尚更にそうであることを説明している。

これにより、権利侵害責任法が求める権利侵害責任成立要件は、損害賠償責任の成立要件であり、その他権利侵害責任方式の成立要件ではない。

㈢　権利侵害責任成立要件の理論学説

権利侵害責任成立に関する学説について、中国民法学界では異なる主張がある。通説では「四要件説」としている。権利侵害責任成立は必ず行為の違法性、違法行為者の過錯、損害事実の存在及び違法行為と損害事実間の因果関係の四つの要件を備えている必要があるとし、四つの要件の成立をもって一般権利侵害責任を成立する。[1]この学説は初めソ連の民法理論を参考し且つ中国の具体的実践と結合させていた。この三十年来、さらにドイツ法の権利侵害責任成立理論を参考し比較的完璧な理論を形成した。結果、理論界の肯定を獲得し、最高人民法院の司法解釈にも採用され、全国司法審判実践の指導にも使われるようになった。[2]

また、違法行為は権利侵害行為責任の成立要件とするのに十分でないとする別の意見もある。その主な根拠は、一、過錯責任原則を規定する条文では、「不法」の文字を規定していない。二、不法行為とは権利侵害行為の別称又は同義語である。三、違法性は過錯に含まれる。四、不法と過錯を区別するも

1　中央政法干校民法教研室『中華人民共和国民法基本問題』、法律出版社一九五八年版、第三二四、三三八頁。
2　最高人民法院『名誉権案件の審理に関する若干問題の解答』第七条。

ともとの意味は、不法概念の運用は人の行為準則を決めるのに便利であるということにあり、実益が少なく必要がない。[1] よって権利侵害責任成立の主張はただ損害事実、因果関係及び過錯要件を備えていればよいと主張する。[2]

この二つの異なる主張の争点は、違法行為は権利侵害責任成立の必須要件か否かということである。私は、違法行為は権利侵害責任成立の必須要件であると考える。つまり権利侵害責任は必ず違法行為、損害事実、因果関係及び過錯の四つの要件を備えてようやく成立できるのである。その理由は以下の通りである。

⑴　違法行為は行為要素及び違法性要素の結合である。違法行為は二つの要素を含む。一つは行為であり、もう一つは違法である。違法と行為が一つになることで、権利侵害責任成立における客観要件の一つとなる。権利侵害責任成立客観要件としての違法行為は、その行為要素及び違法要素の作用によりそれぞれ違いがある。行為は、権利侵害行為の外観表現形態を決める。違法は、客観上における当該行為と法律規範との関係を確定する。権利侵害責任において行為の要件が無ければ権利侵害行為の客観表現形式を説明することができない。違法の要件がなければ権利侵害行為と法律の関係を確定することができない。そのため権利侵害責任を認定させることができない。

⑵　過錯は権利侵害責任成立の主観要件であり違法行為という客観要件に代ることができない。過錯は行為者の主観心理状態であり、行為者の主観上における非難性を体現している。民法上では過錯の判

1　孔祥俊等『侵権責任要件研究』、『政法論壇』一九九三年第一期。
2　王利明等『民法・侵権行為法』、中国人民大学出版社一九九三年版、第五章参照。

断に対し主に客観基準を採用し、また行為は行為者自身の意志要素を有するため、ある学者は客観過錯という概念を提唱し、違法行為は過錯の中に含まれると主張する。主観と客観は区別ができまた関連もある。具体的な行為において、行為者の主観状態を含み、客観上における外在行為も含む。表現形式は異なるが相互関連しており統一され一つとなる。行為者の主観心理状態と客観行為という二つの異なる基準を確立することは、両者の内在関係を切り離すのではなく、主観心理状態と客観行為を厳格に分けるのである。行為者が実施した行為が人に損害を与えた際、このような二つの要件が備わっているか否かを検証すると、主観過錯と客観行為は分かれているだけでなく、且つ二つの異なる権利侵害責任成立要件として分けることができるのである。過錯はやはり人的観念の形態であり、客観行為それ自体ではなく、「行為者が法律及び道徳に背くという行為により現れる主観状態」である。[1]過錯は違法行為という客観要件に代ることができないのである。

(3)　違法行為の否定は権利侵害責任成立要件であり、因果関係要件は処理できない。権利侵害責任成立要件における因果関係とは、違法行為と損害事実の因果関係である。違法行為の否定を権利侵害責任成立要件とし、因果関係は過錯と損害の関係だと主張する場合、[2]最終的に主観的思想又は意志と客観的損害を結び付け、加害者の思想に基づくと被害者権利の損害という客観結果をもたらすことができるという結論が得られる。原因と結果の間の論理関係は、「過錯→行為（違法性）→損害」であり、「故意・過失→損害」ではなく、またそうであってもならない。

1　王利明、楊立新等『民法・侵権行為法』、中国人民大学出版社一九九三年版、第一五四頁。
2　孔祥俊等『侵権責任要件研究』、『政法論壇』一九九三年第二期。

二　違法行為

㈠　概念及び構造

違法行為とは権利侵害責任客観成立要件の一つであり、自然人又は法人が法律を違反し実施する作為又は不作為を指す。

違法行為は行為及び違法性の二つの要素を含む。この二つの要素により違法行為要件は完全な構造を成立する。それが表すのは、まず権利侵害行為は行為から成立されなければならず、事件又は思想等行為以外の事実から成立されるものではない。権利侵害責任を成立する前提は必ず一定の行為あるということである。次に、この行為は客観上法律に違反しており、違法性の特徴を持たなければならない。

⑴　行為。これは人又は団体がその意志の支配を受け、且つそれ自身又は制御・管理する物、或いは他人の動作・活動を以て客観上において表される作為又は不作為を指す。説明が必要な点は、第一、法人は人の団体形式である。その意志は法人機関の意志であり、その行為は自身の活動及び制御・管理する物の活動である。第二、自然人、法人の行為の基本形式は、自身の動作又は活動である。しかしその制御・管理する物又は他人の動作或いは活動も、自然人、法人の行為の特殊形式であり、その行為の延長も自然人及び法人の行為となる。

⑵　違法。これは行為が客観上において法律の規定と矛盾することを指す。主な表現は、法定義務の違反、他人を保護する法律の違反及び故意に公序良俗に背き他人に損害を与えることなどである。第一、法定義務の違反。これは二つの表現形式がある。一、絶対権の不可侵義務違反。自然人及び法人が他人

の有する絶対権の法定義務人である場合、当該権利を侵害してはいけないという法定義務を負う。絶対権の侵害、つまり法定不可侵義務の違反は違法性を持つ。二、第三者が適法債権に対する不可侵義務を違反する。第三者は他人間の債権に対し特定の義務を持たないが不可侵義務を負う。債権の不可侵義務を違反すると、法定義務違反という違法性が成立する。第二、他人の保護を目的とする法律の違反。法律は時にある権利又は利益に対する特別保護を直接規定する。このような他人を保護する法律の違反も違法性が成り立つ。例えば、法律が特別に保護を規定するその他人格利益や死亡者の人格利益等は全て他人の保護を目的とする法律であり、誰もが不可侵義務を負う。第三、故意に公序良俗を違反し他人に損害を与える。公序良俗違反の違法性に関してはもともと適切ではなく、故意にその方法により他人に害を加えた際に違法が成り立つ。その行為が法定義務に違反しておらず、法律による禁止も違反していないが、故意に道徳観念及び公序良俗に背き直接又は間接的に他人に害を加えた場合は違法が成り立つ。上述の前二つの違法性は形式上における法律規定違反であり、形式違反である。三つ目の違法性は公序良俗違反の違法性であり、形式上における違法ではないが実質上における違法であり、実質違法となる。

㈡　行為方式

違法行為はその方式により、作為と不作為に分けられる。行為の作為と不作の区別は法律が規定する法定義務を基準とする。行為者が法律に規定がある不作為義務に違反する作為を行うと作為の違法行為となる。反対に、行為者が法律に規定がある作為義務に違反しこれを履行しなければ、不作為の違法行為となる。

⑴　作為。作為の違法行為は権利侵害責任の主な行為方式である。人身権、財産権は絶対権であり、如何なる者も侵害してはいけない法定義務を負っている。たとえ相対権の債権であっても第三者は不可侵義務を負う。行為者が不可侵義務に違反しこれら権利を侵害した場合、作為の行為となる。

⑵　不作為。不作為の違法行為も権利侵害責任を成立する行為方式である。不作為違法行為を確定する際の前提は、行為者が特定の作為義務を負っていることである。これは一般的な道徳ではなく法律が要求する具体的な義務である。特定の法定作為義務の源は以下の三つである。一、法律による直接規定。『婚姻法』は、父母は未成年子女を管理・教育する義務があると規定している。母親の乳児期子女に対する扶養義務並びに親族間が負う扶養義務等は法律が直接規定する作為義務である。二、業務上又は職務上の要求。例えば、新聞出版機関における作品描写の事実に対する真実性審査義務は業務上の作為義務である。三、行為者の過去の行為。行為者の過去の行為が他人に危険与える場合、危険の発生を防止する作為義務を負う。

㈢　行為形態

⑴　自己の行為──直接行為。自己の行為は直接行為であり、一般権利侵害行為責任成立の違法行為形態である。行為者が自ら行為を実施した場合、作為であろうが不作為であろうが一般権利侵害行為が成立される。責任形態は自己責任となる。

⑵　代理・管理下にいる人が実施する行為──間接行為A。代理・管理下にいる人が実施する行為は間接行為であり、代位責任を成立する行為方式である。未成年子女が実施した権利侵害行為に対する父

母や、労働者が労働任務の執行により他人を損害した行為に対する使用者など、これらは間接行為である。このような行為の元はローマ法の準私犯である。[1]

⑶　管理物の不当行為——間接行為Ｂ。自己の管理・制御する物に対する管理が不適切であることにより、その物が他人に損害を与えた場合、その行為は自身の直接行為ではないが、物に対する管理不当の間接行為となり、物に対する代位責任を成立する行為方式である。この間接行為もローマ法の準私犯制度からきている。

上述の三つの違法行為形態は直接行為と間接行為に分けられ、一つ目は直接行為、二つ目・三つ目は間接行為である。例えば『権利侵害責任法』第三十六条第一項並びに第三十七条第一項が規定する権利侵害行為は直接行為である。第三十二条が規定する権利侵害行為は対人の代位責任であり、間接責任Ａである。第八十五条規定の権利侵害行為は物に対物の代位責任であり、間接行為Ｂである。

三　損害事実

㈠　概念と構造

損害事実は権利侵害責任客観成立要件の一つであり、一定の行為により権利主体の人身権利、財産権利及びその他利益に損害を与え、財産利益及び非財産利益の減少又は消失を生じさせる客観事実を指す。

損害事実は二つの要素から成立される。一つは権利の被侵害、もう一つは権利の被侵害により生じる

1　江平等『ローマ法基礎』、中国政法大学出版社一九九一年版、第一九八頁。

利益が損害を受けたという客観結果である。一つの損害事実は必ず完全な侵害客体及び利益損害の二つの要素を備えていなければならない。その内の一つでも欠けた場合、権利侵害法における損害事実にはならず、権利侵害責任成立要件の要求にも一致しなくなる。

(1) 権利の被侵害。被侵害権利は権利侵害行為の侵害客体である。権利侵害行為の範囲の広さについては、権利侵害行為客体を成立する民事権利及び利益の範囲を限度としなければならない。行為が権利主体に権利損害を生じさせ、当該権利が権利侵害行為における客体範囲に属す場合権利侵害行為を成立することができる。逆の場合は権利侵害行為を成立できない。侵害した権利が侵害客体範囲に属す時、再度具体的な権利の種類に基づき、当該権利侵害行為の性質を確定し、それに基づき適用する法律条文を決定する。

(2) 利益の被損害。利益損害は賠償責任が成立の可否及び如何にして賠償範囲を確定するかを決める要素である。違法行為が民事権益を侵害した時、もし行為が軽く利益損失を生じていない場合、賠償責任は成立しない。違法行為が権利主体の人身権益又は財産権益に作用し、人格利益、身分利益及び財産利益に損害与える場合のみ権利侵害責任は成立し、且つその損害した実際範囲に基づき賠償責任の大きさを確定する。

権利侵害と利益損失が結び合う時、権利侵害責任の損害事実要件が成立される。この客観要件の存在は権利侵害法律関係が生じる根拠である。権利侵害責任は違法行為が権利を侵害し且つ相応する利益に損害を与えた条件でのみ生じることができる。違法行為だけで権利侵害及び利益損失の損害事実がない場合、権利侵害責任は発生しない。

㈡　種類

１　人身権益損害

⑴　人身損害。自然人の身体権、健康権、生命権を侵害した場合、その人格利益の損害を人身損害という。この損害は、まず自然人の身体、健康損傷及び生命喪失により表される。人格利益とは、人が人たる物質条件や生命の維持、完全な人体組織の保護及び人体器官の正常機能のことであり、民事権利を有し民事義務を負う物質上の基礎である。この利益の損害は人体組織及び器官の完全性並びに正常機能を壊し、さらには生命の喪失を引き起こす。よって外在形態においては有形である。次に、自然人が医療傷害、葬儀で支出した費用及び労働災害者の給料損失、障害者の給料損失、労働能力喪失又は死亡により被扶養人に生じる扶養費損失等により表される。また人身損害は精神苦痛損害にも表される。死亡者近親の精神苦痛、健康及び身体の侵害、被害者の精神苦痛等は全てこの損害である。

⑵　精神損害。精神性人格権の侵害がもたらす人格利益損害を精神損害という。精神性人格権の客体は無形の人格利益であり、客観上決まった外在形式はない。これら精神性人格権、即ち無形の人格利益に対し損害を与えた場合、その形態は精神利益損害である。精神損害の表現は三つの形態がある。一、財産利益の損失。これは人格権自体が含む財産利益の損失及び侵害を受けた人格の回復のため支出した必要費用を含む。二、人格の精神利益が受ける損失。即ち人格評価の低下、プライバシーの漏洩、自由の制限、肖像又は名称の非法使用等である。三、被害者の精神創傷及び精神苦痛。

⑶　身分利益損害。これは身分権の侵害が生じさせる損害事実である。その表現は身分利益の表層損害及び身分利益の深層損害がある。身分利益の表層損害は、違法行為が基本身分権を侵害し基本身分権の客体つまり基本身分利益を損害することである。身分権者の特定身分関係における支配性利益に対す

る損害により、このような基本身分関係に対する支配を喪失する。身分利益の深層損害は、違法行為が具体的身分利益に損害を与え、配偶者間の共同生活、お互いの信用、おもいやりの信頼関係、父母の子女に対する管理・教育、扶養及び相互の尊重、敬愛関係、並びに親族間の扶養関係の破壊など、親族関係の損害、財産利益の損失及び精神苦痛や感情創傷の損害を形成することである。

2　財産権益損害

財産損害事実は財産の横領、財産の損壊及びその他財産利益の損失を含む。財産の横領とは、他人の所有する又は合法に占有する財産に対し行為者が非法占有により元所有者又は合法占有者の所有権を喪失又は占有を喪失させることを指す。財産の損壊とは占有の移転ではなく、所有者又は占有者が所有或いは占有する物の価値を破壊し、その価値を喪失又は減少させることである。その他財産利益の損害は主に所有権以外のその他財産権利及び利益の喪失又は破壊である。財産損害の表現としては財産損失であり、直接損失及び間接損失を含む。

(1)　直接損失。被害者の現有財産の減少、即ち加害者の不法行為が被害者の財産権利を損害し、被害者の現有財産に直接的損害を与えることである。例えば、財物を破損・横領し被害者の財産を減少させるなど。

(2)　間接損失。被害者が得ることができた利益の喪失、即ち得るべきであった利益が不法行為の侵害を受け、それを得ることができなくなることである。その特徴は、一、損失の対象は未来の可得利益であり、既得利益ではない。二、喪失した未来の利益は現実的意味を持つ「必」得利益であり、仮定利益ではない。三、当該可得利益は必ず一定範囲の中でなければならない、即ち行為者の影響が直接及ぶ範囲であり、その範囲を超えると間接損失を認められない。

㈢　多重損害事実

多重損害事実とは一つの権利侵害行為が複数の損害事実を形成することである。単一の損害事実からは一つの損害賠償請求権しか生じない。多重損害事実には複数の損害事実があり、複数の損害賠償請求権が生じる。これが多重損害事実を追及する意義である。多重損害事実は三つの形式に分けられる。

⑴　単一被害主体単一権利における多重損害。一つの権利侵害行為が単一主体の単一権利を侵害した時、一つの利益にだけ損害を与えることもあるが、複数の利益に損害を与えることもある。例えば健康権の侵害は財産利益の損害のみを成立するので単一損害である。名誉権の侵害は、財産利益に損害を与え、人格利益及び精神苦痛の損害も与えるので単一被害主体単一権利における多重損害が成立する。単一被害主体単一権利における多重損害事実は、被害者が複数の賠償請求権を持つという法律結果を生む。

⑵　単一被害主体多項権利における多重損害。一つの権利侵害行為が単一被害主体を侵害した時、当該主体に対し多項権利損害を引き起こし、複雑な多重損害を生じさせる。例えば定期刊行物上において、本人の同意を得ずに幼少期に患った病状写真を公布した場合、当該人の肖像権を侵害し、同時にプライバシー権も損害する。一つの行為が同時に同一権利主体の二つの人格権を侵害するのである。単一被害主体多項権利における多重損害の法律結果は、多項権利の性質及び救済方法の違いにより異なる。一つの行為が物質性人格権を侵害し、また精神性人格権も侵害する場合、その救済方法は財産賠償と精神損害賠償に分けられ、二つの損害賠償請求権は両立する。一つの行為が同じ性質の複数権利を損害し、救済方法が共通する場合、一つの損害賠償請求権を選択・行使でき、その他損害を受けた権利に対しては、「吸収・加重」原則を採用し、その請求権の中に吸収し、権利侵害者に対する民事責任加重を適用する。

⑶　複数被害主体の権利における多重損害。一つの権利侵害行為が複数被害主体の権利損害を生じ、

ある者は直接被害者、またある者は間接被害者となる場合、特殊な多重損害を成立する。例えば一つの権利主体の名誉権を侵害し当該主体の名誉権に損害を与え、同時にその配偶者等親族の精神苦痛も生じさせた場合、その親族の精神苦痛も損害事実となり、当該親族も間接被害者とすることができる。権利侵害行為の目的が直接被害者にだけ向いているので、間接被害親族の損害と行為の因果関係が深くても一般的には多重損害は認められず、複数被害者からの同時賠償請求は適切ではないのだが、加重責任の情状としてこれを吸収することができる。行為者が直接被害者の健康権を侵害し、性機能の損害を生じさせた場合、直接被害者に人身損害を与え、同時に被害者配偶者の性利益にも損害を与えることとなる。権利侵害行為は直接被害者に損害を与えるだけであっても、その間接被害者の損害に対しても権利侵害責任を成立する。よって多重損害が成立し、複数の権利主体はみな賠償請求権を行使することができる。

四　因果関係

(一)　概念

権利侵害責任成立における因果関係要件とは、違法行為を原因とし、損害事実を結果とする。前者が結果を生じ、後者は前者によって生じる客観関係である。

因果観念は人の全ての自覚活動において欠かすことのできない論理条件である。社会現象の普遍関係性を研究する過程において、哲学上の原因と結果及び因果関係を基本とする指導原則は切り離すことができない。哲学因果関係の原理を用い権利侵害法の原因と結果及びその相互関係を導く時、権利侵害法における因果関係概念が形成される。

㈡　因果関係を確定する理論

因果関係の複雑性及び多様化のため、理論上における因果関係の確定に関しいくつか学説がある。

⑴　条件説。おおよそ損害結果の発生をもたらす条件は全て損害結果の原因であり、よって因果関係要件が備わるとする。「前者なければ、後者なし」という公式である。[1]

⑵　原因説。「制限条件説」「必然因果関係説」ともいう。原因及び条件に対し厳格に区別することを主張し、原因と結果の間に存在する因果関係だけを認め、条件と結果の間には因果関係を認めない。従って法律上の原因と事実上の原因は異なる。

⑶　相当因果関係説。ある事実は現実の状況に対しある結果を発生させるだけでまだ因果関係を認めることができず、必ず一般的状況における社会の普遍的観念に従いやはり同一結果が生じる場合に限り因果関係が認められる。中国古代はこの理論をいち早く採用していた。例えば『宋刑統・闘訟』の「保辜」条疏――「仮に、人を殴り、頭を傷つけ、風が頭の傷口から入り、風に因り死に到った場合は、殺人としてこれを論じる。もし頭部の傷が風を受けたことに因らず、別の病によって死んだ場合、これは他の理由となし、それぞれ元々の殴傷法に従う」とあり殺人を以て論じない。[2] 相当因果関係学説は主観的相当因果関係説、客観的相当因果関係説と折衷的相当因果関係説に分けられる。

⑷　客観帰属理論。法律上許されない危険を行為者が生じさせ、その危険が結果という形式にて実現された場合、結果は行為者に帰属する。要点は、法律の任務は侵害した法益に対する結果帰責にある。そして客観帰責の要素は「客観目的性」にあり、行為者の行為が果たして成立要件上において侵害結果

1　李光燦等『刑法因果関係論』、北京大学出版社一九八六年版、第三七頁。
2　『宋刑統』、中華書局一九八四年版、第三三〇頁。

を生じるに足る法律上における重要な危険をもたらすか否かを決定するのである。

⑸　疫学因果関係説。医学・流行病学原理を用い因果関係の理論を確定する。要点は、ある疾病が発生している期間にある要素が存在している状況で、発病前にはその要素が存在していなかった場合、因果関係が存在する可能性が排除される。当該要素がもたらす作用が高いほど、それに応じその病を患う確立は高くなる。言い換えると、その要素の作用が高まると、疾患の増加又は病状の悪化がおき。その要素の作用が低まると、疾患はそれに随い減少又は低下する。その要素の作用は矛盾なく生物学の立証を得ることができる。

⑹　蓋然性因果関係。原告・被告間において証明責任を分配し、原告が公害事件の権利侵害行為と損害結果の間に、ある程度の因果関係の可能性があることを証明した場合、原告は証明責任を果たしたこととなる。その後に被告より反証をし、その行為と原告の損害に因果関係が無いことを証明する。反証できない又は反証が成り立たなければ、因果関係が成立すると判断できる。[1]

⑺　間接反証説。因果関係を成立する事実を一つの要件事実とせず、複合的要件事実とすることで可能性を強め、それぞれに確定を与える。この理論に依ると、第一、因果関係という要件を複数の確定主題に分ける。例えばA―B―C―D―Eなど。第二、原告は上述の全ての項目に対し証明する必要はなく、その内の主要事実を証明すれば、その他の過程は通常の経験に基づき推定することができる。被告が異議を唱える場合、上述の各項に対し一つずつ反証しなければならない。この理論は複雑な事件における原告の証明困難を軽減する助けになる。

1　〔日〕加藤一郎『公害法的生成与発展』、岩波書店一九六八年版、第二九頁。

(8)　法律因果関係説。複数の原因又は条件が一つの損害結果を生じさせる時、因果関係を事実上の原因と法律上の原因に分け、原告は被告の行為における過失を証明するのみならず、その過失行為によって損害が生じたことも証明しなければならない。被告の行為と損害結果の間に存在する因果関係の証明は、事実上の原因だけでなく法律上の原因でもある。事実上の原因の確定は因果関係を認定する第一歩であり、これが全てではない。行為と損害の間に法律上の原因があることも証明しなければならない。後者を証明して初めて法律因果関係の存在を認めることができるのである。

(三)　中国権利侵害責任法における因果関係要件を確定する規則

中国権利侵害責任法における理論及び実践は、上述の各種因果関係学説をみな視野の中に入れており、条件説は範囲が広く、原因説は厳格であり、両者は確定が困難であり採用するに適さないとする。相当因果関係説と民法公平原則のみが相互に一致し妥当であると言え採用すべきであるとする。「客観帰属理論」は比較的抽象的で把握しづらく実践において採用するべきではない。蓋然性因果関係説、疫学因果関係説、間接反証説は、複雑な因果関係を区別する時の個別的方法でしかなく、一般的因果関係規則ではない。実践においては異なる状況に基づき適用することが可能である。英米法系の法律因果関係説では因果関係における異なる方法を判断している。その基本思考方法と相当因果関係説は実質上同じであり、よって参考にすることができる。

中国権利侵害法が因果関係要件を確定する基本方法は、以下の通り。

(1)　直接原因規則。行為と結果の間に直接因果関係がある場合、その他因果関係理論を適用し判断する必要はなく、因果関係があることを直接認めることができる。最も多い直接原因は一因一果の因果関係類型である。ある一つの原因行為の出現がある一つの損害結果を発生させる、このような因果関係は非常に簡単で判断しやすい。その他の条件が介入する場合もあるが、原因行為と損害結果の間に自然な関連性があり外的原因に遮られていない場合に対しては、例えその他の条件が介入しようが、それら条件が原因行為を直接原因とすることに対し影響しないと確定できれば、それと損害事実の間に因果関係があると認定しなければならない。

(2) 相当因果関係規則。行為と結果の間にその他の介入する条件があり、因果関係の判断が困難となり直接原因を確定できない場合、相当因果関係理論を適用し判断をする。行為が損害結果発生の適当条件であると確定できる場合、行為と結果の間に相当因果関係があると認めることができる。そうでなければ因果関係はなくなる。

相当因果関係説を適用するポイントは、違法行為は損害事実を発生する適当条件であることの把握にある。適当条件は当該損害結果を発生させる必須条件であり、特定状況下で偶然生じさせた損害のみならず、一般的な同様の結果の発生に対しても有利な条件である。行為と結果に因果関係が有るか無いかの確定は、行為時の一般社会経験及び知識レベルを判断基準とし、当該行為が当該損害結果を生じさせた可能性があると認められ、実際に当該行為が確実に当該損害結果をもたらしていた場合、当該行為と当該結果の間に因果関係があるとする。適用する公式は、以下の通り。

「大前提——一般的な社会知識・経験に基づくと、その行為がその損害結果を生じさせるとすることができる。

小前提——現実においてその行為が確かにその損害結果をもたらした。

結論——その行為はその損害事実発生における適当条件であり、よって両者の間には相当因果関係がある。」

⑶　推定因果関係規則。法律が規定する状況下及びその他特別な必要がある場合、推定因果関係規則を適用する。蓋然性因果関係説、疫学因果関係説はみな推定因果関係の規則とすることができる。被害者の挙証が劣勢であり、完全に因果関係要件を証明できない時、被害者は一定程度証明しさえすれば、推定行為と損害の間に因果関係が存在するとすることができ、その後、被告が自身の行為と損害発生の間に因果関係がないことを証明する証明責任を負う。『権利侵害責任法』第六十六条は環境汚染責任における因果関係の推定を規定している。医療損害責任においては因果関係推定を規定していないため、被害患者による証明が一般的な証明基準に達することができない時、因果関係推定規則を適用することができる。ある特定の場合においても条件付きで因果関係推定規則を適用することができる。

因果関係推定の適用公式は、以下の通り。

「大前提――一般状況下において、ある行為がある損害をもたらすことができる。

小前提――この結論と関連する科学原理は矛盾しない。

結論――この損害事実はこの行為によりもたらされたものである。」

㈣　共同原因における原因力

権利侵害が多因一果を成立する状況において、同一損害事実の発生に対し複数の原因がある場合は共同原因とする。共同原因におけるそれぞれの原因行為が、損害事実の発生に対し異なる作用を発揮し、異なる原因力を形成する。

原因力は、損害結果を成立する共同原因において、それぞれの原因が損害結果の発生又は拡大に対して発揮する作用力である。単一原因の結果発生に対する原因力は一〇〇％である。よって原因力の考察は実際的意味を持たず、共同原因においてのみ原因力の考察は現実的意味を持つ。

原因力の大きさはそれぞれの共同原因の性質、原因事実と損害結果の距離及び原因事実の強度を決定する。直接原因の原因力は間接原因より優先される。原因事実が損害結果に近い原因力は、原因事実が損害結果に遠い原因力より優先される。原因事実の強度が大きい原因は原因事実の強度が小さい原因より優先される。これらの要因に従い、共同原因におけるそれぞれの原因の損害事実発生に対する具体原因力の大きさを判断することができる。

原因力の大きさは、共同権利侵害行為、過失相殺及び権利侵害行為を区別する責任分担において重要な決定作用を持つ。共同権利侵害行為において、原因行為の原因力が大きければ、行為者は比較的大きな責任を負わなければならない。原因行為の原因力が小さければ、行為者は小さな責任を負う。過失相殺においては、加害者と被害者の双方の行為は損害発生における共同原因であり、各行為者の行為原因力の大きさは、各自の責任確定に対して上記のような作用をきたす。責任者に基づき各自の責任割合を確定する場合、各行為者による行為の原因力の大きさを考慮した上で各自の責任割合を確定しなければならない。権利侵害行為の按分責任は基本的に原因力の大きさに基づき分担する。

五　過錯

(一)　概念及び性質

過錯とは、権利侵害責任成立要件において行為者が権利侵害行為を実施する際の主観心理状態であり、故意と過失を含む。

過錯の本質属性を確定する際、過錯の本質上から示さなければならない。理論上における「主観過錯説」及び「客観過錯説」では、過錯の本質属性は主観的又は客観的だと言うことではなく、過錯を判断する基準から言うと、主観基準又は客観基準であるかということである。過錯基準検証の客観化は権利侵害法理論発展において必然的であるが、過錯基準検証の客観化は過錯を生じさせる本質属性に質的改変を与えることができず、過錯自体を客観化させてしまう。過錯検証に客観基準を用いるとは、過錯を判断する際に客観基準を用いこれを秤にかけ、この客観基準に基づき違反している場合は過錯があるとし、一致している場合は無過錯とすることを指す。過錯は行為者の主観世界を離れ客観形態になってはいけず、過錯は永遠に行為者の主観心理状態であり主観概念に属する。

㈡　故意

過錯は二つの基本形態に分けられる。故意と過失である。

故意とは、行為者が自己の行為における結果を予見し、なおその発生を希望する又はその発生に従う主観心理状態である。

故意の確定に関し、権利侵害法理論においては意思主義と観念主義の争いがある。意思主義は、故意には必ず行為者が損害結果に対する「希望」又は「意欲」がなければならないと強調し、観念主義は、行為者は行為の結果を認識又は予見していることを強調する。通説は折衷主義主張を採用し、行為者は行為の結果を認識又は予見していなければならず、同時にその発生を希望する又はその発生に従うものとするとしている。

権利侵害責任法においては、故意は直接故意と間接故意に分けられる。しかし特に必要があるわけではなく、一般状況において過失は権利侵害責任を成立できるので、間接故意は当然権利侵害責任を成立できる。しかし、ある場合においては確かに間接故意の状況が存在するため、間接故意もしくは直接故意の区別にはやはり一定の意味があるのである。例えば過失相殺、連帯責任及び分相応の責任割合確定において、直接故意と間接故意の程度が異なると、行為者が負わなければならない責任も区別される。

㈢　過失

過失とは行為者が被害者に対し負わなければならない注意義務の不注意心理状態であり、注意不足と怠慢を含む。行為者が自己の行為の結果に対し予見し又は予見することができる状態において予見をしていないことを注意不足という。行為者が自己の行為の結果に対し予見したがそれを回避できると軽信することを怠慢という。

過失は一種の不注意心理状態であり、自己が負わなければならない注意義務に対する違反である。行為者が負う注意義務は以下の三つがある。

⑴　一般人の注意。これは通常の状況において、軽微な注意をすれば予見できる注意義務であり、一般人が通常の状況において注意できることを基準とする。通常の状況において一般人が注意することが難しい場合、行為者が損害を回避できなくても注意義務を尽くしたのであれば、行為者の過失とすることができない。反対に、一般人が通常の状況において注意できることに対し注意をしなければこれは過失となる。

⑵　自己事務の処理と等しくの注意をしなければならない。自己事務とは、法律上・経済上・身分上

の全ての自己利益範囲に属する事務を含む。自己事務の処理と等しく注意をするとは、行為者が平時において自己事務の処理をする際に用いる注意を基準に注意をしなければならないことを言う。この注意義務の判断は、行為者が主観上注意義務を尽くしたか否かが基準となる主観基準である。行為者が自己の主観上すでに注意義務を尽くしたと証明した場合はそれを無過失と認める。反対に、証明できない場合は過失を認める。

⑶　善良管理人の注意。この注意義務は交易上の一般概念である。相当知識経験を持つと思われる人に対しては、一定の事柄において用いる注意を基準とし、客観的に認定する。行為者が注意を尽くせる知識及び経験を有しているか、及び行為者がこれまで事務に対し用いてきた注意程度は一切問わず、ただその職業に基づいて用いなければならない注意程度だけを考慮し、一般人の注意及び自己事務の処理より更に高い要求をしなければならない。この注意を判断する基準は客観基準である。

上述の三つの注意義務は程度上三つの段階に分けられ、一般人の注意を最低とし、自己事務の処理と等しい注意を中とし、善良管理人の注意を最高とする。これに応じ、この三種類の注意義務を違反した場合は三種類の過失を成立する。一、重大過失。一般人の注意義務の違反を重大過失とし、重大過失とも呼ぶ。行為者が一般人の注意を用いるだけで予見ができるにも関わらず、注意を怠り相応しい備えをしなかった場合、重大過失が存在するとする。二、具体過失。自己事務の処理に等しく注意をしなければならない義務を違反した場合の過失。行為者が自己の主観上においてこの注意を尽くしたと証明できない場合、これを具体過失という。三、抽象過失。善良管理人の注意義務を違反した場合の過失である。この過失は抽象的であり、行為者の主観意思を基準とせず、客観上払わなければいけない注意を基準とする。よってこの注意の義務を最高とし、この注意義務を尽くしていない過失を抽象過失という。

㈣　共同責任の過錯程度

共同責任とは共同権利侵害の連帯責任、分別権利侵害の按分責任及び過失相殺責任において、複数人が権利侵害責任を負う状況の場合、その責任は連帯責任者、分相応の責任者及び過失相殺の加害者及び被害者が分担することである。

共同責任の分担における基準は、一、過錯の軽重、二、原因力の大小である。その内過錯の軽重は共同責任の分担に対し重要な作用を持つ。

共同責任の過錯の軽重は四つの等級に分けられる。

第一等級、故意。最も重い過錯程度で、負わなければならない権利侵害責任は最も重い。その内直接故意と間接故意に対する過錯程度もわずかに異なり、直接故意は間接故意より重い。

第二等級、重大過失。最も重い過失である。分担しなければならない責任は故意より軽く、過失より重い。

第三等級、主観過失と客観過失。善良管理人の注意義務違反及び自己事務の処理に等しく注意する義務の違反は全て過失を成立する。これらは中等程度の過失に属し、重大過失より重く、一般過失より重い。

第四等級、一般過失。一般過失は比較的軽い過失であり、比較的軽い責任分担をする。具体過失と中小過失の責任割合より低い。

以上の過錯等級の違い、さらに原因力の大小の要因に従い、共同責任の分担を総合的に判断し、これにより公平・合理・正確な価値判断基準の要求に達することができる。

第三節　権利侵害責任方式

一　権利侵害責任方式の概念及び特徴

㈠　概念

権利侵害責任を成立する権利侵害者は、その実施した権利侵害行為及び権利侵害行為の被害者救済に適応する権利侵害責任方式を負わなければならない。権利侵害責任方式とは、権利侵害者が権利侵害責任法に基づき負わなければならない民事責任の具体方式であり、権利侵害責任法が規定する権利侵害者が実施した権利侵害行為が負わなければならない具体的な法律結果でもある。

『権利侵害責任法』第十五条は八種の権利侵害責任方式を規定する——侵害の停止、妨害の排除、危険除去、財産の返還、原状回復、損失賠償、謝罪、影響消去、名誉回復。これら権利侵害責任方式は財産型の民事責任及び精神型の責任に分けられる。

㈡　特徴

⑴　権利侵害責任方式は権利侵害責任を実行する具体形式である。権利侵害者が負う法律結果は必ず具体的な形式にする必要がある。権利侵害責任は権利侵害責任方式の抽象的な、権利侵害責任方式は権利侵害責任の具体的な表現である。

⑵　権利侵害責任方式は、責任と義務、法律に対し責任を負うこと及び被害者に対し責任を負うこと

の組み合わせである。権利侵害責任方式は人民法院が審判権を用いて判決した権利侵害者が負う責任方式であり、権利侵害者が被害者に対し履行する義務でもある。権利侵害者が国家の法律に対し責任を負うこと及び相手方当事者に対し責任を負うことの結合であり、主な要素は相手方当事者に対し責任を負うことである。

(3) 損失賠償は権利侵害責任の主な方式である。権利侵害責任方式は八種類と多いが最も基本的な方式は損失賠償である。これは権利侵害法の基本機能が被害者の損失補償ということからきている。権利侵害行為は一般的に被害者に損失を生じさせる。財産損失、人身損害及び精神損害に関わらず、法律の規定に基づき損失賠償の責任方式を適用し補償を与えることができる。『権利侵害責任法』第十六条、第十九条、第二十条及び第二十二条が規定しているのは全て損害賠償責任である。

二　権利侵害責任方式の類型及び適用規則

(一)　類型

八種類の権利侵害責任方式の内、財産責任類型が主な方式であり、非財産責任は主な方式ではない。前者は損害賠償、原状回復、財産返還などである。後者は侵害停止、影響削除、名誉回復、謝罪などである。その他、妨害排除及び危険削除は財産性質の責任方式である可能性もあるが、非財産責任方式である可能性もある。権利侵害責任方式の異なる特徴により、権利侵害責任方式を三種類に概括することができる——財産型責任方式、精神型責任方式及び総合型責任方式である。

㈡　適用規則

⑴　損害救済の要求。権利侵害責任方式を確定する最も重要な原則は、被害者の権利損害救済の要求に従うことである。侵害を受けた権利を回復するという目的において、適用が必要な民事責任方式があればそれを適用する。単純な財産権利に対する損害は、単独で損害賠償方式を適用し損害の救済をすることができる。生命健康権に対する損害は、財産損失の補償ができ、同時に精神損害の賠償もできる。精神性人格権に対する損害は、精神型責任方式を単独で適用でき、要求に基づき財産型責任方式を適用することもできる。要求がある場合は総合型責任方式を適用することもできる。

⑵　併用可能。権利侵害責任の各種方式はそれぞれ特徴を持つ。権利侵害行為が生じさせた損害に対する救済は、一つの責任方式を単独で適用することもできるが、複数の責任方式を適用することもできる。権利侵害責任方式併用の基準は、各種責任方式が保護する被害者利益により異なる。一つの責任方式の適用では被害者の保護が充分にできない場合、同時にその他責任方式を適用しなければならない。

⑶　適当処分。権利侵害責任方式は、被害者から見ると被害者自身が有する請求権の内容である。民法の基本原則に基づき権利者は自己の権利を処置することができる。

⑷　必要な先予執行。権利侵害責任方式を適用するにおいて確実に必要な場合、事件受理時に先予執行をすることができる。『権利侵害責任法』第二十一条規定の「権利侵害行為が他人の人身、財産の安全に危険を及ぼす場合には、被権利侵害者は、権利侵害者に対して、侵害の停止、妨害の排除、危険の除去等の権利侵害責任を負うよう請求することができる」に対しても権利侵害行為を禁令と見做すことができる。

三　財産型権利侵害責任方式の適用

㈠　財産返還

財産返還は普遍的に適用する権利侵害責任方式であり、権利侵害者が不法に占有した財産に対し原物を以て返還することを指す。

適用する条件は財産を横領し且つ原物がまだ存在する場合である。原物がすでに消滅し、財産の返還が客観的にできない場合、所有者は損失賠償を要求することしかできない。原物は存在するが、すでに損壊状態にある場合、財産返還請求を基に損失賠償も提出できる。財産返還は性質上物的占有の転移であり、所有権の転移ではない。占有者は所有物を所有者の支配下に転移させることで財産は返還されたとすることができる。

原物返還は原物から生じる副産物の返還もしなければならない。悪意の占有において、占有者は悪意の占有期間に獲得した全ての副産物を返還する責任を負い、所有者に対し支出の補償を請求する権利はない。

㈡　原状回復

原状回復とは権利が侵される前の元々の状態に回復することを指す。一般的には損壊させた財産を修復することである。所有者の財産が他人の非法侵害によって損壊した場合、修理ができるのであれば、所有者は加害者に対し修理によって財産を元の状態に回復させることを要求する権利がある。権利侵害責任法において、原状回復と修理、再生産、交換の責任形式の関係は非常に密接であり、修理、再生産、交換はただ広義の原状回復手段でしかなく、目的は権利者が侵害された権利の回復であるが、[1] 修理、再生産、交換は権利侵害責任法の権利侵害責任方式ではなく、原状回復における具体形式ではない。

このような責任方式を適用する場合に必要な条件は、一、修復が可能である、二、修復が必要である。

㈢　損失賠償

損失賠償は最も重要且つ最も基本的な権利侵害責任方式であり、権利侵害責任法の損失賠償は財産損害賠償、人身損害賠償と精神損害賠償三つの形式を含む。

四　精神型権利侵害責任方式の適用

㈠　侵害停止

行為者が実施した権利侵害行為が継続中である場合、被害者は法に従い侵害停止責任方式を権利侵害者に負わせるよう法院に対し請求することができ、権利侵害行為を実施中の不法行為者は即刻その権利侵害行為を停止しなければならない。侵害停止の責任形式は各種権利侵害行為において適用することができる。侵害停止の主な作用は、侵害行為を適時に制止することができる、損害結果の拡大を防止できる、である。侵害停止は権利侵害行為が現在進行中又は継続中を適用条件とし、未発生の又は既に終了

1　王利明、楊立新『侵権行為法』、法律出版社一九九六年版、第一〇四頁。

した権利侵害行為に対しては適用できない。侵害停止の命令は実質上権利侵害者に対しある権利侵害行為を実施しないことを要求することである。

侵害停止責任方式を適用する際注意しなければならないことは、第一、先予執行できる。第二、侵害停止請求時に担保を提供しなければならない、である。

㈡ 謝罪

謝罪とは権利侵害者が被害者に対し過ちを認め、遺憾の意を表し、被害者の許しを求めることである。謝罪には二つの方式がある。一、口頭謝罪、二、書面謝罪。口頭謝罪は加害者が直接被害者に対して表し、書面謝罪は文字形式でこれを表わす。権利侵害者が謝罪による責任方式の執行を拒否した場合、法院は判決により確定した方式に基づきこれを行い、費用は権利侵害者が負担する。[1]

㈢ 影響削除、名誉回復

行為者が権利侵害行為を実施し自然人又は法人の人格権を侵害した場合、生じさせた影響に対してその影響の及ぶ範囲における良好ではない結果を削除しなければならない。これが影響削除である。行為者が権利侵害行為を実施し自然人又は法人の名誉を侵害した場合、被害者の名誉棄損に対し影響の及ぶ範囲における被害者の名誉を、侵害を受ける前の状態に回復しなければならない。これが名誉回復である。影響削除、名誉回復は自然人、法人の精神性人格権を侵害した場合に負う責任方式である。影響削

1　強制的な謝罪に対し、言論の自由原則に違反していると考える学者もおり、それを研究する価値はある。

除、名誉回復の具体的適用は、権利侵害行為並びに生じさせた影響が及ぶ範囲及び名誉棄損の結果に基づき決定する。

五　総合型権利侵害責任方式と適用

㈠　妨害排除

妨害排除とは権利侵害者が実施した行為により被害者が自己の人身権利並びに財産権利を行使できなくなった又は正常な行使ができなくなった場合に、被害者が加害者対し権利を妨害している障害を排除するよう請求することである。

㈡　危険削除

危険削除とは行為者の行為及びその管理下の物が他人の人身、財産安全に対し脅威をもたらす、又は他人の人身、財産権益を侵害する可能性が存在する場合に、具体的危険要素を有する行為又は物を削除するために行為者に対して有効な措置を講じるよう要求することである。

危険削除を適用する責任方式は必ず危険の存在・損害結果をもたらす可能性・他人に対する脅威がなければならないが、実際にまだ損害は発生しておらず、他人の民事権利の行使を妨害していない場合でなければならない。このような責任方式の適用は有効的に損害の発生を防止することができ、充分に民事主体の民事権利を保護することができる。

第四節　権利侵害責任形態

一　権利侵害責任形態概述

㈠　概念及び特徴

権利侵害責任形態とは、権利侵害法律関係の当事者が負う権利侵害責任の様々な表現形式である。即ち、権利侵害責任は権利侵害法律関係における当事者が、権利侵害責任の規則に基づき責任を負う際の様々な表現形式を指す。

権利侵害責任形態には以下の法律特徴がある。

⑴　権利侵害責任形態が着目するのは行為の表現ではなく行為の法律結果である。権利侵害行為が発生し成立要件の要求に一致すると、責任を負うべき当事者が行為の法律結果を負う。権利侵害責任形態と権利侵害行為類型の区別は、権利侵害行為類型が追及するものは行為自体であるが、権利侵害責任形態が追及するものは権利侵害行為の結果にあり、権利侵害行為が生じさせる法律結果は誰が負担するのかというところにある。権利侵害責任形態も権利侵害責任成立と異なり、権利侵害責任成立が追及するのは、どのような準則に基づいてどのような条件に一致すると権利侵害責任が成立されるのかであり、権利侵害責任形態は権利侵害責任が成立された後に誰が責任を負うかという問題を解決するのである。

⑵　権利侵害責任形態が表すのは、権利侵害法律関係当事者が負担する様々な形式による権利侵害行為結果であり、よって権利侵害責任方式とは異なる。権利侵害責任方式が追及するのも権利侵害行為の

法律結果であるが、それが追及するのは複数の当事者の誰が権利侵害責任を負担するかといった形式ではなく、権利侵害行為結果の具体的表現方式であり、つまり損害賠償、侵害停止、謝罪等責任の様々な方式である。権利侵害責任形態が追及するのは責任の具体的な方式ではなく、誰がこれらの責任形式を負うのかである。よって権利侵害責任形態は権利侵害責任方式の当事者間における配給である。

(3)　権利侵害責任形態は法律から認められ、法律規定に一致する権利侵害責任の基本形式である。権利侵害責任形態は必ず法律の確認を得なければならず随意的・任意的な形式ではない。また権利侵害責任を負う基本形式でもあり、具体的責任形式ではない。権利侵害責任形態が解決するのは、権利侵害責任は当事者自身が負うのか、或いは他人が負うのか、連帯負担であるのか按分負担であるのか等々である。当事者が具体的にどのような責任を負うのか、負担する責任の程度はどのくらいであるのかに至っては、権利侵害責任方式及び権利侵害責任の具体内容が解決する問題である。

㈡　地位

権利侵害責任法理論の骨格は五つの部分により構成される。一、権利侵害行為及び権利侵害責任法の概述。権利侵害行為概念及び特徴、権利侵害責任法の基本問題を追及する。二、権利侵害責任成立。これが解決するのは権利侵害責任帰責原則及び権利侵害責任成立要件である。三、権利侵害行為類型。権利侵害行為の各種表現形式が追及するのは、権利侵害帰責原則を基礎とし権利侵害行為の各種表現形式を確定することである。四、権利侵害責任形態。権利侵害責任を追及した後、権利侵害責任をそれぞれの当事者の間で分配する。五、権利侵害責任方式。権利侵害責任の具体形式、権利侵害損害賠償責任の具体的な負担を追及する。

権利侵害責任法の厳格な理論体系において、問題の中心は権利侵害責任成立であり、それは権利侵害責任帰責原則及び成立要件を含む。ただし権利侵害責任は誰が負担すべきであるかも重要な問題となる。よって権利侵害責任形態は権利侵害法体系のキーポイントである。権利侵害責任形態は行為、責任と具体的責任方式及び負担を繋ぎ合わす。権利侵害責任形態がなければ、たとえ権利侵害責任を成立したとしても、責任を負うべき当事者に対し具体的な実行に移せず、よって具体的な権利侵害責任方式及び内容を実現させることができず、権利侵害責任法の救済、補償機能も実現することができなくなる。

㈢　作用及び意義

⑴　権利侵害責任成立と権利侵害責任方式を繋ぐ。権利侵害責任成立及び権利侵害責任方式はどちらも権利侵害責任法の基本概念であり、権利侵害責任形態はこの二つの基本概念を繋げる基本概念である。権利侵害責任成立、権利侵害責任形態及び権利侵害責任方式は権利侵害法の最も基本的な概念である。

⑵　権利侵害責任の帰属を決める。権利侵害責任成立が解決する問題はある人物の行為が権利侵害責任を成立するか否かである。権利侵害責任が成立された後、責任を負うべき者に対してその責任を決めなければならない。権利侵害責任形態は権利侵害責任を具体的な責任者に帰属させ、その具体的な責任者に権利侵害責任を負わせるのである。権利侵害責任形態がなければ、すでに成立されている権利侵害責任を責任者に帰属させることができず、権利侵害責任は帰属できない。

⑶　補償及び制裁の機能を実現させる。権利侵害責任の基本機能は補償及び制裁である。権利侵害責任形態がなければ権利侵害責任を明確にすることができず、権利侵害責任の補償機能及び制裁機能を実現することができない。

㈣　体系

権利侵害責任形態が追及する内容は、異なる当事者間における権利侵害責任の分配である。主なものとしては権利侵害責任の一般表現形態があり、それは以下三つの序列に分けられる。

⑴　自己責任及び代位責任。権利侵害責任の自己責任及び代位責任が表すのは、権利侵害責任は行為者が負うのか、それとも行為者と特定関係がある責任者、及び物に対し管理関係がある人物が負うのかということである。これは権利侵害責任形態における最も一般的な表現形式である。行為者自身が自己の行為に対し責任を負う場合これは自己責任であり、直接責任とも呼ぶ。責任者が行為者の行為に対し責任を負う、又は自己管理下の物件が他人に与えた損害に対し責任を負う場合これを代位責任と呼び、対人の代位責任と対物の代位責任に分けられる。[1]

⑵　一方責任と双方責任。権利侵害責任における一方責任形態と双方責任形態とは、権利侵害責任は権利侵害法律関係の一方が負うのかそれとも双方が負うのかということである。一方が負う権利侵害責任形態とは、例えば加害者側が負う場合又は被害者の過錯が損害を生じさせた際に被害者側が負う場合などである。双方が負う責任形態とは加害者と被害者どちらも責任を負わなければならない場合である。その内、権利侵害責任の双方形態が重点である、とは権利侵害行為により発生した結果に対し権利侵害者は責任を負わなければならず、被害者も責任を負わなければならないことを指し、完全な権利侵害責任は加害者と被害者の双方が分担するのである。双方責任は過失相殺及び公平分担損失責任を含む。[2]

1　自己責任は比較的簡単であり一般権利侵害責任である。本書ではこれに対し専門的な説明を行わない。

2　この二つの責任形態は第三章の免責事由と第二章の権利侵害損害賠償責任規則にて専門的に説明をする。

(3)　単独責任と共同責任。権利侵害責任を被告側が負う場合、単独加害者と複数加害者の問題が存在する。前者は単独権利侵害行為であり、後者は複数人の権利侵害行為である。権利侵害責任形態は加害者の数によって変化が生じる。単独の加害者は自己が責任を負う場合の又は代位人が責任を負う場合の単独責任である。[1]複数人の権利侵害行為は複数人によって権利侵害責任を負担する共同責任である。権利侵害責任の共同責任は、複数の権利侵害行為者が権利侵害行為を実施した時に権利侵害責任を複数の行為者間で分配することである。共同責任は連帯責任、按分責任及び不真正連帯責任を含む。その権利侵害行為形態と権利侵害責任形態の関係は、共同権利侵害行為は連帯責任を負う。単独権利侵害行為は按分責任又は連帯責任を負う。競合権利侵害行為は不真正連帯責任を負う。

(五)　権利侵害責任形態の相互関係

自己責任と代位責任、一方責任と双方責任、単独責任と共同責任の三種の権利侵害責任形態は並列関係ではなく、交差又は包容関係を成立している。

まず、自己責任と代位責任は権利侵害責任形態の最も基本的な形態であり、如何なる権利侵害行為においても直面する責任形態である。如何なる権利侵害行為が負う責任も、自己責任又は代位責任に他ならなく、その他の選択はない。

次に、一方形態と双方形態も完全に区別でき、全ての権利侵害行為が直面する選択であり、一方責任でなければ双方責任である。一方責任もしくは双方責任に関わらず、自己責任か代位責任かの選択が存

1　単独責任も比較的簡単なため専門的な説明は行わない。

在する。一方責任時、一方責任当事者が負う責任は自己責任又は代位責任である。行為者と被害者が皆責任を負う双方責任において、加害者側の責任は自己責任の可能性もあり、代位責任の可能性もある。もし行為者側が複数であれば、権利侵害責任の共同形態を生じる可能性もある。即ち連帯責任、按分責任、不真正連帯責任である。双方責任形態と相対応するのは一方責任形態である。ある場合では加害者側が権利侵害責任を負い別の場合では被害者側が責任を負う、双方責任に相対応する権利侵害責任形態である。

さらに、単独責任と共同責任は完全に区別できず、行為者が権利侵害責任を負う場合においてのみこの責任形態に対し区別をする。単独責任は加害者が一人であり、その人自身が責任を負う。ある場合は自己責任、ある場合は代位責任である。共同責任は複数行為者の時に生じる責任形態であり、必ず自己責任又は代位責任である。自己責任の共同責任又は代位責任の共同責任である。共同責任形態が直接対応するのは単独責任形態であり、権利侵害責任の加害者が一人だけの時、その人自身が一人で責任を負う。

二　特殊権利侵害行為と代位責任

㈠　特殊権利侵害行為

1　概念

特殊権利侵害行為は一般権利侵害行為に相対する言葉である。特殊権利侵害行為はその帰責原則、法規形式、成立要件などが特殊であるということではなく、自己行為としての一般権利侵害行為と相対的な、間接行為を特徴とする権利侵害行為である。即ち他人の行為の為に責任を負う間接行為及び物の管理不当の責任を負う間接行為である。『フランス民法典』第一三八四条が説明する、行為者は「自己が責任を負うべき他人の行為又は自己が保管する物から生じる損害に対しても賠償の責任を負う」とは特殊権利侵害行為に対する経典的定義である。

特殊権利侵害行為の責任形態は代位責任である。一般権利侵害行為において、責任者は自己の行為に対し賠償責任を負う。よって責任者と行為者は同一である。代位責任はこれと異なり、責任者は自己の行為に対し賠償責任を負わず、責任者と損害を生じさせた行為者は分離し、責任者は行為者に代って責任を負う。責任者の本意から言うと自己は損害を生じさせる意図はない。しかし自己と行為者及びその保管する物の特定関係が自己を賠償責任主体とし、よって賠償責任を負うのである。被害者は直接責任者に賠償請求をしなければならず、行為者に対し賠償請求するのではない。当然、対物代位責任において責任者は一人である。

2 特殊権利侵害行為の種類

(1) 他人の行為に対し責任を負う特殊権利侵害行為。これは最も典型的な特殊権利侵害行為であり、その最も顕著な特徴は行為者と責任者の分離であり、責任者は行為者が生じさせた損害に対し賠償責任を負う。この特殊権利侵害行為において学者同士の見解は一致している。権利侵害法学が説明する代位責任は主にこの特殊権利侵害行為を指す。

(2) 自己が保管する物が生じさせた他人の損害に対し責任を負う特殊権利侵害行為。これは責任者が、自己が保管する物件が生じさせた損害に対し賠償責任を負う特殊権利侵害行為である。この特殊権利侵害行為に対し、学者の意見はわずかに異なり、本書はそれに対し肯定的態度を持つ。ただある学者はこの特殊権利侵害責任は代位責任にはならず、行為者と責任者が分離する特徴を持たないと考える。ある学者はこのような特殊権利侵害行為に対し、ある場合においてはまだ自己が保管する物の損害に対し責任を負う責任と言うことができないと考える。例えば、高度危険責任と環境汚染責任である。

㈡　代位責任

1　代位責任の概念と特徴

特殊権利侵害行為が負う権利侵害責任形態は代位責任である。代位責任とは責任者が他人の行為及び人の行為以外の自己が保管する物が生じさせた損害に対し負う権利侵害賠償責任形態である。

代位責任は以下三つの法律特徴がある。

⑴　責任者と損害を生じさせる行為者又は損害を生じさせる物は分離する。一般権利侵害行為は責任者と行為者は同一人物であり、たとえ行為者が動物を扇動し他人を傷つけても、動物の行為も行為者の加害行為の延長であり、責任者と行為者は同一とみなす。代位責任の前提は責任者と行為者が同一人物ではなく、損害を生じさせた物（及び事実）と直接関係がなく、損害が生じた直接原因は責任者以外の加害者の行為、及び人の行為以外の物である。責任者と行為者、損害を生じさせた物の分離は代位責任を構成する上での客観基礎である。

⑵　責任者が行為者又は害を与えた物に対し責任を負う場合には必ずそれらの間に特定関係が存在することを前提とする。この特定関係とは、責任者と行為者の間の隷属、雇用、代理等の身分関係を表す。責任者と害を与えた物の間とは、所有、占有、管理等物権関係を表す。これらの関係は決して直接的な結びつきがあるわけではないが、特定の間接的結びつきがある。このような特定の間接的結びつきがな

い又はこのような特定の間接的結びつきを超えた場合、責任者が代位責任を負う前提は消える。

(3) 責任者は賠償責任主体でありそれが賠償責任を負担する。一般権利侵害行為において権利者の請求権が加害者に向っている場合、加害者が責任主体となる。代位責任においては損害を生じさせたのが人であれ物であれ、権利者の請求権が指すものはみな直接損害を生じさせていないが行為者又は害を与えた物と特定関係を持つ責任者であり、責任者に対して賠償を請求することしかできず、行為者に対し賠償を請求することはできない。

2 代位責任法律関係の構成

代位責任賠償法律関係の成立は権利侵害特殊行為成立の要件意外に以下の要件を備えていなければならない。

(1) 代位責任者と加害者又は害を与えた物の間には必ず特定関係がなければならない。この特定関係は責任者と加害者の間において隷属、雇用、代理等の身分関係として表される。例えば、使用者責任において使用者とその労働者の関係は労務関係であり隷属関係に属する。代理人責任において加害者は実際には未成年又は精神病患者等の被代理人であり、よって代理人が責任を負う。これはそれらの間に親権関係及び代理関係が存在するからである。責任者と害を与えた物においては、保管又は支配の関係がなければならない。即ち害を与えた物が責任者の支配下になければならない。これらの関係は決して害が生じた結果と直接関係があるわけではなく、これら特定関係が存在することによって代位責任者と損害結果の間に関係を発生させるのである。

(2) 代位責任者は特定の立場にいなければならない。代位責任者がいる特定の立場は、代位責任者が行為者又は害を与えた物との特定関係において有する支配性として表され、代位責任者が加害者と害を与えた物の損害結果に対して負う責任の発生を決める。例えば、対人代位責任において責任者は行為者に対し支配的、管理的、又は拘束的権力を持ち、立場は明らかに行為者を優越する。行為者が生じさせた損害結果に対して責任を負う責任者立場の考察は、主に以下を参考する。①双方が特定関係の事実又は契約を認めているか②加害者は責任者の報酬又は扶養を受けているか③加害者の活動は責任者の指示、監督又は監護等拘束を受けているか④加害者は責任者に対し労務又は公務の提供をしているか。責任者が組織の場合、加害者が責任者事業又は組織の構成部分か否かは、責任者の特定立場を確定する簡単な基準である。責任者がそのような特定立場にいる時、責任者は加害者又は害を与えた物の損害結果に対し責任を負わなければならない。害を与えた物に至っては、責任者は所有者、占有者、管理者の立場でなければならず、責任者はその物に対し支配権を有し、事実上その物を支配する権利を有する。

(3)　行為者と害を与えた物は特定の状態にいなければならない。行為者がいる特定の状態は三つの状況に分けられる。一、行為者が責任者事業又は組織の人員に属する時、その特定状態は職務の執行である。責任者に明確な指示がある場合を除いて、行為者の行為が客観上責任者の指示に基づく要求と一致する場合、職務執行に属すと考えられる。二、行為者が注文者の要求した加工を完成させた時、加害者の特定状態は注文者の指示執行となる。三、行為者が被代理人の時、その特定状態は代理人の代理下となる。害を与えた物の特定状態については、その物は責任者の保管下ということになる。害を与えた物が所有権者の所有にあるが、所有権者の保管下になく、使用者の支配下にある場合、所有権者は損害行為の責任者にはならず、使用者が損害行為の責任者になる。

3　代位責任関係の当事者

代位責任関係の当事者における顕著な特徴は、行為者と責任者がお互い離れた状態におり、害を与えた物が責任者の意志支配下にない場合、賠償責任主体は責任者であり行為者ではないということである。

対人代位責任は典型的な代位責任である。このような賠償法律関係において賠償権利主体は被害者である。賠償責任主体は代位責任者であり行為者ではない。賠償権利者の賠償請求権行使は責任者に対し提出することしかできず、責任者は資格のある当事者であり、行為者に対し賠償請求を提出することはできない。

対物代位責任は非典型的代位責任である。損害を生じさせたのが物であり代位責任の行為者がいない。よって責任者は直接損害に対し責任を負う。賠償法律関係の当事者が賠償責任を負うのである。被害者は直接責任者に対し損害賠償を請求する。

4　賠償責任関係

(1)　求償できる代位責任。これは責任者が賠償責任を負った後、一定の条件がある時に行為者に対し求償権が発生し、責任者は行為者に自己が賠償責任を負ったことによる損失を負うよう請求できる。求償権発生の条件は、行為者が損害行為を実施する時に過錯があることである。求償ができる代位責任賠償法律関係の訴訟において、前の訴訟法律関係の原告・被告を被害者及び責任者として、過錯行為者は当事者とならない。後の損害賠償法律関係にもし異論がある場合に法院に対し訴えることができ、原告・被告は責任者と過錯行為者となる。

(2)　求償できない代位責任。これは責任者が賠償責任を負った後、損害賠償によって生じた損失を求償する対象がいない時、責任は完全に責任者自身が負うといった代位責任である。物の損害に対する責任を負うため責任者が賠償責任を負った後、求償する対象がいない場合、自己が損失結果の賠償を負うしかない。行為者が他人に損害を生じさせた時に過錯がなければ、責任者は賠償責任を負った後も、行為者に対し求償をすることができない。例えば、代理人が被代理人に対し生じさせた損害の賠償責任を負っても、求償を行う理由は成り立たない。

三　共同権利侵害行為と連帯責任

(一)　共同権利侵害行為

1　概念及び特徴

共同権利侵害行為とは、複数人が主観的又は客観的な関連共同に基づき権利侵害行為を実施し、他人の人身、財産に損害を生じさせた場合に連帯責任を負う権利侵害行為である。『権利侵害責任法』第八条は共同権利侵害行為並びに責任を規定している。

共同権利侵害行為は以下の法律特徴を持つ。

(1)　共同権利侵害行為の主体は複数人でなければならない。共同権利侵害行為の主体は共同加害者であり、二人以上から構成されなければならない、自然人でもよく、法人でもよい。これは共同権利侵害行為の量的規定である。

(2)　共同権利侵害行為者の間に関連共同がある。複数の共同権利侵害行為者の関連共同は共同権利侵害行為を成立する基本要素である。関連共同は主観共同関連と客観共同関連に分けられる。主観共同関連とは複数人が違法行為に対し共謀又は共同認識をすることである。客観共同関連とは複数人の違法行為によって同一損害が生じることで、行為者同士が無意識のつながりであっても、共同権利侵害行為を成立し、その共同関連性は複数人が不法に他人の権利を侵害する行為にあり、客観上被害者が受けた損害の共同原因となる。[1]

(3)　共同権利侵害行為者の共同行為が生じさせた損害は同一で、切り離すことができない。共同加害者の行為は相互関連する共同行為であり、その行為はたとえ分業であっても、一つの統一的損害結果を招き、それぞれの加害者個人の独立行為が引き起こした結果の機械的相加ではない。共通の損害結果がなければ共同権利侵害行為は成立しない。

(4)　複数の共同加害者の行為と損害結果の間に因果関係がある。それぞれの共同権利侵害行為者の行為は、共同の損害結果に対し発生した原因力が共通していなくても損害結果の間に因果関係は存在し、行為は原因力を持つ。

2　共同権利侵害行為の法理基礎

(1)　被害者をより有利な法律立場に置く。現代民法は権利を本位とする。権利侵害法の立法基礎は損害賠償を主な手段とし損害を受けた民事権利を救済し、社会の危険要素を取り除き、民事主体権益が侵害を受けないよう保障することである。複数人が共同で他人の権利を侵害した場合、加害者の数量又は権利侵害行為の危害性に関わらず、社会危険要素は明らかに単独の権利侵害行為を上回り損害はより重大である。法律は全ての共同権利侵害行為者はみな被害者に対し連帯責任を負わなければならないとし、よって被害者を有利な立場に置くことでその損害賠償請求権は連帯責任によってより保障を得ることができる。これが共同権利侵害行為制度を確立した立法主旨である。

1　孫森焱『新版民法債編総論（上冊）』、中国台湾地区三民書局二〇〇四年版、第二七六―二七八頁。

(2)　共同権利侵害者の責任を重くし、民事違法を懲戒し、社会危険要素を減少する。通常の状況において行為者は自己の行為に対してのみ責任を負い、且つ責任と行為はお互いに適応しなければならなく、「罰は罪に当たらず」は適切な制裁効果を達成することができない。しかし共同権利侵害行為において、共同加害者に連帯責任を負わせることは対外においては完全な責任であり、ある共同加害者の行為と結果がどれほど大きな原因力を発生しようとも、自己が負う責任の一部のみを負うといったことはできず、全ての責任を負わなければならない。被害者も全体の加害者に対して賠償を要求することしかできないといったことではなく、如何なる共同加害者に対しても賠償を請求することができる。これら規則は全て共同権利侵害者の責任を重くするためであり、被害者の一般権利保障を保護する目的を達成するだけでなく、一般予防の角度からは、民事違法行為を懲戒し、社会を警戒し、社会危険要素を最大限に減少・予防し、民事主体の権利が普遍的意味において保障が得られるようにするためである。

３　本質

共同権利侵害行為の本質に対し、意思連絡説は、共同加害者の間には必ず意思連絡がありこれにより始めて共同故意が成立できると考える。共同過錯説は、共同権利侵害行為の本質的特徴は複数行為者が損害結果に対し共同故意又は共同過失がある点であると考える。[1] 共同行為説は、共同行為は共同加害者が連帯責任を負う基礎であり、共同加害結果の発生は常に共同加害行為と緊密な結びつきがあり、切り

1　王利明、楊立新等『民法・侵権行為法』、中国人民大学出版社一九九三年版、第三五四ページ。楊立新『侵権損害賠償』、吉林人民出版社一九九〇年版、第一三五―一三七頁。

離すことはできないと考える。[1] 関連共同説は、共同権利侵害行為はそれぞれの権利侵害行為が引き起こした結果であり、客観的関連共同があれば十分で、それぞれの行為者の間に意思の連絡がある必要はないと考える。[2] 中国権利侵害法学説は長期にわたり共同過錯立場を堅持している。[3] 近年では共同権利侵害行為を意思連絡の共同権利侵害行為と非意思連絡の共同権利侵害行為に分ける傾向がある。[4]

私は関連共同説を採用し共同権利侵害行為の本質を解説することを主張し、共同権利侵害行為を主観的関連共同と客観的関連共同に分ける。複数人が共同で他人の権利を不法侵害した場合、被害者が受けた損害に対し連帯責任を負うのは、複数人の権利侵害行為が共同関連性を持つからである。共同関連性は即ち複数人の行為が共同で違法行為を成立する原因であり、よって同一の損害を発生し、共同加害者は連帯責任を負わなければならない。

4 類型

(1) 主観的共同権利侵害行為。これは意思連絡がある共同権利侵害行為であり、複数人の共同故意に基づいて生じた他人の権利の共同侵害が損害をもたらす行為であり、その加害者は実行行為者、教唆者、幇助者を含む。主観的共同権利侵害行為の条件は、一、行為者は二人以上である。二、行為者は共同の主観故意を持つ。三、行為の共同性。分業という違いはある可能性があるが、どの人の行為も全て共同権利侵害行為の成立要素である。四、共同の損害結果の発生には、因果関係がある。

1 鄧大榜『共同侵権人的民事責任初探』、『法学季刊』一九八二年第三期。
2 欧陽宇経『民法債編通則実用』、中国台湾地区漢林出版社一九七八年版、第七八頁。
3 中央政法幹部学校民法教研室編著『中華人民共和国民法基本問題』、法律出版社一九五八年版、第三三〇頁。
4 張新宝『侵権責任法原理』、中国人民大学出版社二〇〇五年版、第八一頁。

(2)　客観的共同権利侵害行為。この基礎は客観的関連共同であり、複数人に共同の意思連絡がなくとも複数の行為者が実施した行為が損害発生の共同原因であり同一の損害結果をもたらす場合、損害結果は切り離すことができない複数人の権利侵害行為である。このような共同権利侵害行為は主観上の特徴を持たないが、行為者間の行為に関連性があり且つ同一の切り離せない損害結果をもたらす場合、一つの権利侵害行為を成立し行為者は連帯責任を負わなければならない。客観的共同権利侵害行為を成立する条件は、一、行為者の共同性、即ち権利侵害者は二人以上でなければならない。二、過失の共同性、即ち複数人はみな過失があり、共同過失が成立するか否かに至ってはこれを論じない。三、結果の共同性、即ち複数人の行為はすでに同一損害結果をもたらし、分けることができない。四、原因の共同性、即ち複数人の行為は損害の発生に対し全て欠かすことのできない原因であり、これら行為が一つに結合して初めて同一の損害結果を生じさせなければならず、如何なる一つの行為が欠けてもその結果を成立することができない。

(3)　共同危険行為。共同危険行為とは二人又は二人以上が共同で他人の権利を侵害する危険がある行為を実施し損害結果を生じさせたが、その内誰が加害者の準共同権利侵害行為類型か判明することができないことである。[1]

5　共同加害者

共同加害者は共同権利侵害行為の行為主体であり、主観的又は客観的関連共同に基づき共同で加害行為を実施し、他人に損害をもたらす複数の行為者のことである。共同権利侵害行為の行為主体として、

1　共同危険行為という類型に対しては、下文において詳細な説明を行う。

共同加害者は二人又は二人以上でなければならず、単一人により成立することはできない。共同加害者は自然人でもよく法人でもよく、自然人及び法人でもよい。

主観的共同権利侵害行為は簡単型と複雑型の二つに分かれる。

簡単型の主観共同権利侵害行為は、それぞれの共同加害者がみな実行行為者であり、それぞれの共同加害者がみな他人に損害をもたらす行為を実施する。共同加害者は分業し異なる役割を担い異なる任務を執行する可能性があるが、彼らの行為はみな共同目的の為であり、よって全て実行行為者となる。

複雑型の主観共同権利侵害行為は、共同加害者は実行行為者、教唆人、幇助人に分けられる。実行行為者は人に損害をもたらす具体的な行為を実施する人である。教唆人は共同権利侵害行為の発案者であり、計画を立て、そそのかし、教唆効果をもたらし、その主観意志の支配下で、実行行為者は具体的に権利侵害行為を実施し、教唆者の意思を実現させる。幇助者は実行行為者に対し幇助を与え、それにより権利侵害行為は実施をする人物を得る。例えば、損害道具の提供、権利侵害条件作成の幇助等である。教唆者と幇助者は主観上必ず実行行為者と共同の意思連絡がなければならない。具体的な侵害行為の実施に直接参与していないが、ただ彼らと実行行為者間の共同意思連絡により、彼らの行為に共同的、不可分的な総体を形成させる。教唆者と幇助者が直接権利侵害行為の実施に参与している場合、実行行為者となる。

共同加害者は全て連帯責任を負わなければならない。連帯責任の基礎に、それぞれの共同加害者は自身の過錯と原因力に対し相応の賠償責任割合を負う。教唆者と幇助者の内部責任割合を確定する際、その身分の違いにはよらず過錯程度と行為の原因力により確定する。

(二)　共同危険行為

1　概念

共同危険行為は準共同権利侵害行為とも呼び、二人以上が共同で他人の権利を侵害する危険のある行為を実施し損害結果を生じさせた時に、その内の誰が加害者か判明できない権利侵害行為類型である。『権利侵害責任法』第十条にこのような共同権利侵害行為並びに規則を規定している。

2　法律特徴

(1)　行為は複数人により実施。共同危険行為の行為主体は二人以上でなければならず、一人で実施した行為が他人に損害をもたらした場合は単独権利侵害行為である。

(2)　行為の性質に危険性がある。共同危険行為の危険性とは他人の人身権利、財産権利を侵害する比較的大きい可能性である。共同危険行為者は人に損害を生じさせる故意がなく、ただ客観上実施した行為に他人に損害を与える比較的大きな可能性があり、それは行為自身、周囲の環境及び行為者が害をもたらす可能性の制御条件から判断することができる。複数人の行為に人為の侵害方向がない場合、如何なる特定の人にも焦点を合わせない。

(3)　危険性のある共同行為が他人に損害を与える原因である。共同危険行為の危険性の可能性が、現実的、客観的な損害結果に転化した場合、危険性を持つ行為と損害事実の間には客観的因果関係が生じる。

(4)　損害結果は共同危険行為者全体が生じさせたわけではないがその具体的な権利侵害者を確定することが困難である。すでに誰が加害者か判明しているのであれば判明している加害者が賠償責任を負う。損害結果が共同危険行為により生じ、行為者全体が生じさせたのではないと確定したが、具体的な権利侵害者を判明することができない場合に共同危険行為は成立できる。

3　共同危険行為者

共同危険行為者は共同危険行為の行為主体であり、共同危険行為を実施し他人に損害をもたらす複数の行為者である。共同危険行為者は一般的に自然人により成立されるが、ある状況においては、法人により成立することもできる。

共同危険行為者は一つの総体であり、分けることができず、実行行為者、教唆者及び幇助者の区別はない。共同危険行為者の不可分離性は、共同危険行為者の共同過失より生じる。行為者を一つに結びつけるのは共同過失、即ち共同で他人の権利保護に対する注意義務を疎かにすることである。具体的な表現としては、共同危険行為者が共同で危険性のある行為を実施した時、他人に損害を与えることを注意して防止しなければならないが、不注意又は怠慢によりこの注意義務に背いた場合は共同過失が構成される。このような過失は全ての共同危険行為者の主観意識にあり、損害をもたらす主観要素になる。共同危険行為者がこのような具体的危険性行為自体に参与すると、彼らが注意を疎かにしたというような共同過失があると証明される。まさにこのような共同過失が共同危険行為者を繋ぎ合わせ共同的・不可分的総体にすることで共同的行為主体となるため、連帯責任を負わなければならないのである。

㈢　連帯責任

1　概念及び意義

共同権利侵害行為の法律結果は、共同行為者による連帯責任の負担である。

権利侵害連帯責任とは、被害者が共同権利侵害者又は共同危険行為者の内の一人或いは複数人に対し全ての損失の賠償を請求する権利を持ち、如何なる共同権利侵害者又は共同危険行為者も被害者に対し全ての賠償責任を負う義務を持つことである。共同加害者の内一人又は数人がすでに被害者の損失を賠償した場合、その他共同加害者が被害者に対して負う賠償責任は免除される。『権利侵害責任法』第十三条と第十四条に連帯責任の規則が規定されている。

共同加害者と共同危険行為者が連帯責任を負う根拠は、数人の行為が主観的関連共同又は客観的関連共同を有し、数人の行為を一つの統一的、不可分的な全体と見做し、それぞれの行為者の行為がみな損害発生の原因を構成することにある。よってそれぞれの行為者はみな損害結果に対し連帯責任を負わなければならないのである。このような連帯責任の確定は、被害者の損害賠償請求権を簡易化させ、証明の負担を軽くし、請求権の実現を保障し、共同加害者の内の一人又は数人の確定が難しい或いは共同加害者の内の一人又は数人が賠償するに足る財産を持たないと言った理由のために被害者が全ての賠償金額を得られないということがないようにするのである。

2　特徴

(1)　連帯責任は被疑者に対する全体責任である。それぞれの連帯責任者はみな被害者に対し連帯責任を負う。これは、それらはみな被害者に対し全ての賠償責任を負う義務があることを意味している。たとえそれぞれの連帯責任者が共同権利侵害行為、共同危険行為を実施する中で作用する効果が違っていても、連帯責任の全体性に影響はなく、全ての連帯責任者が被害者の賠償請求に対し責任を負う。

(2)　被害者は連帯責任者の内の如何なる一人に対しても連帯責任を負うよう請求する権利を持つ。被害者は連帯責任者の中から責任主体を選び、連帯責任者の内の一人又は数人に損失の賠償を請求できる権利があり、全ての連帯責任者に損失の賠償を請求できる権利もある。

(3)　それぞれの連帯責任者の責任割合。連帯責任者は対外全体責任を負う場合割合は分けない。対内においてはその過錯程度と行為原因力に基づき、自己の責任割合に対し責任を負う。それぞれの連帯責任者は自己の責任割合を自己が負う、これは連帯責任の最終的な帰属である。一部の連帯責任者が自己の責任割合を超過して責任を負った場合、負うべき責任を負っていないその他の連帯責任者に対し求償する権利を持つ。

(4)　連帯責任は変えてはならない法定責任である。連帯責任は連帯責任者における内部責任割合又は内部約束によってその連帯責任性質が変わることはなく、その内部の共同協議に基づきある連帯責任者の責任を免除又は減刑しても、それは被害者に対し効力を発揮せず連帯責任の適用には影響しない。

3　適用範囲

『権利侵害責任法』は、共同権利侵害行為だけが連帯責任を負うのではなく、共同権利侵害行為以外にも法律が連帯責任を負うべきと規定している場合は連帯責任を負わなければならないと明確に指摘している。『権利侵害責任法』は八種類の連帯責任を規定している。一、共同権利侵害行為の連帯責任は『≪権利侵害責任法』第八条が規定する。二、教唆・幇助者の連帯責任は『権利侵害責任法』第九条が規定する。三、共同危険行為の連帯責任は『権利侵害責任法』第十条が規定する。四、インターネットサービス提供者が通知を受けたにも関わらず必要な措置を取らなかった場合の連帯責任は『権利侵害責任法』第三十六条第二項が規定する。五、インターネットサービス提供者が権利を侵害する内容と知りながら必要な措置を講じなかった場合の連帯責任は『権利侵害責任法』第三十六条第三項が規定する。六、組立車又は廃車の非法売買における連帯責任は『権利侵害責任法』第五十一条が規定する。七、高度危険物の遺失・廃棄の連帯責任は『権利侵害責任法』第七十四条が規定する。八、高度危険物の違法占有の連帯責任は『権利侵害責任法』第七十五条が規定する。

4 責任負担規則

(1) 全体責任の確定。共同権利侵害行為と共同危険行為並びにその他法律が連帯責任の負担を規定する権利侵害行為が発生した後、最初に全体責任を確定しなければならない。

(2) 対外的連帯責任。全体責任が確定した後、それぞれの連帯責任者は当該全体責任に対し連帯して責任を負わなければならない。賠償権利者が連帯責任者の内の一人・数人に対し賠償請求を提出しようが、もしくは全員に対し賠償請求を提出しようが、請求された連帯責任者はみな賠償権利者に対し全体責任を負わなければならない。このような責任の性質は、連帯責任の中間責任である。

(3) 各連帯責任者の責任割合の確定。連帯責任の全体責任を確定した後、連帯責任内部で各自の責任割合を確定する。これは連帯責任の全体性を否定しているのではなく、各連帯責任者が公平に自己の負う責任割合を確定するためである。連帯責任者が負う各自責任割合は、連帯責任の最終責任である。

(4) 連帯責任者は求償を通して最終責任を実現させる。自己の賠償責任割合を超過して負担した連帯責任者は、その他連帯責任者に対し求償する権利を持つ。これは連帯責任者が中間責任を負った後に求償関係を通して最終責任を実現することである。求償の訴えは連帯責任者の間で発生し、発生の原因は主に、①一人又は数人の連帯責任者が履行能力の欠如により被権利侵害者に賠償を要求されていない、或いは賠償を要求されたが賠償する力がなく賠償責任を完全に負担していない②一人又は数人の連帯責任者が訴訟時に高飛び、行方不明等の原因により起訴されず、よって賠償責任を完全に負っていない③一人又は数人の連帯責任者が自己の負うべき責任割合を全て負っていない、などである。連帯責任者間の求償の訴えは自己協議もできるが、裁判所に訴訟提起することもできる。

㈣　教唆者及び幇助者の責任

『権利侵害責任法』第九条の規定に依ると、教唆責任と幇助責任を確定する基本規則は、以下の通り。

(1)　教唆者と幇助者は共同権利侵害者であり、行為者と連帯責任を負う。教唆者と幇助者は行為者と共同で連帯責任を負わなければならず、対外的には全体責任、対内的には過錯程度と原因力に従って最終責任割合を確定する。

(2)　教唆者と幇助者の責任割合は、その過錯程度と行為の原因力に従い確定する。通常の状況では、教唆者の過錯程度は比較的重く、主な行為者と同等な責任割合を負わなければならない。幇助者が行為の実施に対しきたすのは補助作用であり、よってその責任割合は教唆者と実行行為者の責任割合より軽くなる。

㈤　無民事行為能力者・制限民事行為能力者を教唆・幇助し実施する権利侵害行為と単方向連帯責任

1　無民事行為能力者・制限民事行為能力者を教唆・幇助し実施する権利侵害行為

同じような教唆・幇助行為でも、無民事行為能力者・制限民事行為能力者を教唆・幇助し権利侵害行為を実施した場合は少し異なる。『権利侵害責任法』第九条第二項はこれに対し特別規定を作成した。

無民事行為能力者又は制限民事行為能力者を教唆・幇助し権利侵害行為を実施した場合、無民事行為能力者及び制限民事行為能力者は識別能力を持たない又は識別能力が限られており、権利侵害責任を負わせることができないため、教唆者又は幇助者が権利侵害責任を負わなければならない。これは全体責任でもよく部分責任割合でもよい。教唆者は全ての責任を負わなければならず、全ての損害に対する賠償責任を負う。教唆者又は幇助者は部分責任を負わなければならず、対外的には全ての責任に対し連帯で負い、対内的には自己が負うべき賠償責任割合を負う。代理人が代理責任を果たしていない場合、過錯があるならば、教唆者・幇助者と共同権利侵害行為を成立することになる。このような共同権利侵害行為において、無民事行為能力者・制限民事行為能力者の代理人に代理過失がある場合、『権利侵害責任法』第九条第二項は代理人が負う責任は「相応の責任」と規定しており、その過錯程度及び原因力に基づき負うべき責任割合を確定しなければならない。

実際の状況では無民事行為能力者・制限民事行為能力者を教唆・幇助し実施した権利侵害行為に対して負担する責任の形式は以下の四つがある。①無民事行為能力者を教唆し権利侵害行為を実施し、他人に損害を与えた場合、無民事行為能力者は教唆者が権利侵害行為を実施するための道具であり、単独権利侵害行為となるため、教唆者自身が権利侵害責任を負わなければならなく、代理人は責任を負わない。②無民事行為能力者を幇助し権利侵害行為を実施し他人に損害をもたらした場合、代理人に過錯があれば共同権利侵害行為を成立し、幇助人は主な責任を負い代理人は副次的な責任を負う。③制限民事行為能力者を教唆し権利侵害行為を実施し他人に損害をもたらした場合、代理人に過錯があれば共同権利侵害行為を成立し、教唆人はおもな責任を負い代理人は副次的な責任を負う。④制限民事行為能力者を幇助し権利侵害行為を実施し他人に損害をもたらした場合、代理人に過錯があれば共同権利侵害行為を成立し、幇助人と代理人は同等の責任を負う。

2　単方向連帯責任

上述の後三つの状況において、教唆者・幇助者と代理人が共同で負担する権利侵害責任形態は、連帯責任における単方向連帯責任に属し、教唆者又は幇助者は全ての責任を負い、最終的に代理人に対し求償することができる。しかし代理人は相応の責任を負うことしかできず、代理人が全ての責任を負うよう請求することはできない。

単方向の連帯責任とは、連帯責任において被権利侵害者が権利侵害責任を負う責任者に対し全ての賠償責任を負い且つその他責任者に対し求償を主張する権利を持ち、しかし相応の賠償責任を負う責任者に対しては全ての責任を負い且つその他連帯責任者に対し求償を主張することができない特殊連帯責任形態である。[1] 簡単に言えば、単方向の連帯責任は連帯責任者の中のある責任者は連帯責任を負い、ある責任者は分相応に責任を負うだけであるといった特殊連帯責任形式である。

単方向の連帯責任において、二人以上の責任者は同一権利侵害行為がもたらした損害に対し賠償責任を負うが、その内のある責任者は連帯責任を負い、ある責任者は分相応に責任を負い、連帯責任を負う一方は全ての責任に対し負担をし、分相応に責任を負う一方は自己が負う相応割合に対してのみ負担する。被権利侵害者は連帯責任者に対し連帯責任の負担により全ての賠償責任を負担するよう主張することができる。連帯責任者は全ての賠償責任を負った後に分相応に責任を負う責任者に対し求償を主張することができる。被権利侵害者は分相応に責任を負う責任者に対し連帯責任を主張することができない。

単方向の連帯責任の適用規則は、①単方向の連帯責任はやはり連帯責任であるが、このような連帯責任においてはある責任者は全ての権利侵害責任に対し連帯責任を負い、ある責任者は分相応に責任を負うだけで自己の責任割合を超過した部分の連帯責任は負わない。②連帯責任を負う責任者は最終責任の賠償割合があり、全ての賠償責任を負った後にその最終責任割合を超過した賠償部分に対して、分相応

1　米国権利侵害行為法に混合責任というこれと近い概念がある。これは複数人権利侵害において、ある者は連帯責任を負担し、ある者は単独責任を負担するというものである。『米国侵権法重述（第三次）』「責任分担」第十一節参照。

に責任を負う者に求償を行う権利を持つ。③分相応に責任を負う責任者は自己が負わなければならない責任割合だけを負う。④被権利侵害者は連帯責任者に対し連帯責任を負うことを請求することしかできず、分相応に責任を負う責任者に対し連帯責任を負うことを請求することはできない。

四　分別権利侵害行為と連帯責任及び分相応の責任

㈠　分別権利侵害行為

１　概念及び特徴

分別権利侵害行為とは複数の行為者が分別して権利侵害行為を実施し、共同故意でもなく共同過失でもなく、それぞれの行為が客観上の繋がりがある故に同一の損害結果を引き起こす多人数権利侵害行為である。[1]

分別権利侵害行為は以下の法律特徴を持つ。

⑴　二人以上の行為者が別々に権利侵害行為を実施する。分別権利侵害行為は複数人の権利侵害行為に属し、さらに二人以上の行為者が実施した行為は別々に行われるものである。「分別」の意味は、複数の行為者が各自で行為を行い、主観上における意思の繋がりもなく、客観上における関連共同もないことを言う。

⑵　複数の行為者が実施した行為が客観上同一の権利侵害目標に焦点が定まる。分別権利侵害行為の

1　楊立新、陶盈「論分別侵権行為」、『晉陽学刊』二〇一四年第一期記載参照。

複数行為者が権利侵害行為を実施した時、たとえ主観上の繋がりがなくても、客観上全ての行為者が実施した権利侵害行為は実際には同一の侵害目標に焦点が定まっている。同一の侵害目標とは、被害者は一つの主体で、損害を受けたのは当該主体の民事権益であるということである。

(3) 全ての人の行為は損害発生の共同原因又は個別原因である。共同原因は複数の行為者の行為が繋がり一つになり、共同で被害者の権利に作用し、集中的に被害者の同一損害を生じることである。個別原因は複数の行為者の行為が被害者の権利にそれぞれ作用し、被害者に同一権利の損害結果をもたらすことである。

(4) 同一損害結果をもたらし且つその結果を分割できる。分別権利侵害行為の本質的特徴は、一つの損害結果を生じさせたとしても、その結果を分割できることである。対物損害において、このような状況はことさら明確である。もし自動車で輸送する現金が事故によって飛散し、数名で取り合いになった場合、全ての人が被害者に対しもたらした損害は分けることができ、分別権利侵害行為を成立する。

2 分別権利侵害行為と共同権利侵害行為の区別

分別権利侵害行為と共同権利侵害行為の主な区別は、第一、行為者が実施する権利侵害行為の性質の違い。前者は個別に実施し、後者は共同で実施する。「分別」は各自で実施することを言い、行為者間に主観上の相互連絡はない。「共同」は共同で実施することを言い、複数の行為者、又は主観上繋がりがあり主観的意思連絡を持つ、又は客観上繋がりのある複数の行為が結合し一つの権利侵害行為を成すことである。第二、もたらした同一損害結果が分けられるか否か。損害結果が分けられるものは一般的に分別権利侵害行為になる。損害結果を分けることができないものは一般的に共同権利侵害行為となり、さらに通常は客観的共同権利侵害行為となる。

3　分別権利侵害行為の類型

『権利侵害責任法』は分別権利侵害行為を第十一条及び第十二条に規定しており、これによると分別権利侵害行為は三種類に分けられる。①第十二条規定の分別権利侵害行為は典型的分別権利侵害行為である。②第十一条規定の分別権利侵害行為は重畳的分別権利侵害行為である。③第十一条及び第十二条にはさらに半重畳的分別権利侵害行為が存在する。

この三種類の分別権利侵害行為の表現を簡単に原因力の相加で概括するならば、典型的分別権利侵害行為の原因力は五〇％＋五〇％＝一〇〇％、重畳的分別権利侵害行為の原因力は一〇〇％＋一〇〇％＝一〇〇％、半重畳的分別権利侵害行為の原因力は一〇〇％＋五〇％＝一〇〇％となる。これが三種の分別権利侵害行為の区別である。

(二)　典型的分別権利侵害行為と連帯責任

1　典型的分別権利侵害行為の概念及び成立

典型的分別権利侵害行為とは、複数の行為者が別々に権利侵害行為を実施し、共同の故意・過失はないが、行為者各自の行為が客観上の繋がりにより同一の損害結果を生じるため按分責任を負わなければならない分別権利侵害行為である。

典型的分別権利侵害行為と共同権利侵害行為の区別は、第一、主観上では分別権利侵害行為者は共同過錯がなく、主観上の意思連絡が存在しないだけでなく、自己の行為が他人の行為と結合し被害者に同一損害をもたらすことに対し事前に予見をすることも可能ではない。第二、客観上、分別権利侵害行為における複数の行為者の行為は別々に実施されており、たとえ同一損害結果をもたらしても、その損害結果は分割することができる。第三、行為の表現形式上、分別権利侵害行為の全ての行為者が実施する行為は、単独の行為であり、客観上同一損害結果をもたらしているだけである。第四、法律結果において、分別権利侵害行為が負う法律結果は按分責任であり、全ての行為者は自己の行為が引き起こした損害結果に対してのみ分相応に責任を負うのであり、全体の行為結果に対して連帯責任を負うのではない。

典型的分別権利侵害行為の成立要件は、第一、行為者は二人以上である。第二、複数の行為者は別々に権利侵害行為を実施した。第三、複数の行為者の行為は損害発生を引き起こした同一原因を構成するのではなく、それぞれの行為が損害結果の発生に対し、別々の作用を生み、原因力を持つのである。[1] 第四、複数の行為が同一損害結果をもたらした場合、損害結果は同一性を持つ。結論は、複数人が権利侵害を実施し行為者に共同故意がある場合、損害結果に対し可分不可分問題は存在せず、この場合は全て共同権利侵害行為に属する。客観的共同権利侵害行為と典型的分別権利侵害行為に対しては、主観上の関連がないため、通常は同一損害結果が不可分であれば客観共同権利侵害行為となり、同一損害結果が可分であれば典型的分別権利侵害行為となると考えられる。[2]

2　分相応に責任を負う

典型的分別権利侵害行為が分相応に責任を負う具体的な規則は、以下の通り。

(1)　それぞれの分別権利侵害行為者は各自の行為がもたらした結果に対し責任を負う。典型的分別権利侵害行為は単独権利侵害に属し共同権利侵害ではない。各行為者の行為は単独行為であり、その行為

1　張新宝『侵権責任法原理』、中国人民大学出版社二〇〇五年版、第八二頁。

2　米国権利侵害法の単独責任に関する規則においてこの基準を採用している。

がもたらした損害結果に対して責任を負うだけでよく、分相応に賠償責任を負う。

(2)　分別権利侵害行為者における各自の行為の原因力に基づき責任割合を確定する。各行為者は共同損害に対し、各行為者が実施した行為の原因力に基づき、その割合に従いそれぞれが責任を負う。分別権利侵害行為の複数の状況は一つの共同の損害という結果があり、賠償責任を一つの総体責任としなければならず、各行為者の行為の侵害結果に対する原因力に基づき責任割合を区別し、各行為者は自己の割合に照らして責任を負う。原因力を区分できない場合は平均的に責任を負うことによりそれぞれが負うべき責任割合が確定できる。

(3)　連帯責任を実行しない場合、それぞれの行為者は自己の割合に対してのみ責任を負い、他人の行為結果に対して賠償責任を負わない。

㈢　重畳的分別権利侵害行為と連帯責任

1　重畳的分別権利侵害行為

重畳的分別権利侵害行為とは複数の行為者が別々に権利侵害行為を実施し、共同の故意・過失はないが、全ての行為は損害結果を生じさせるのに十分な効果があり、その行為の重畳により同一の損害結果が生じるため、連帯責任を負わなければならない分別権利侵害行為である。

重畳的分別権利侵害行為と共同権利侵害行為を比較すると、最も飛びぬけている特徴は、行為者が実施した権利侵害行為は別々に実施されており、複数の権利侵害行為が結合した結果というだけで一つの権利侵害行為ではないことにある。共同権利侵害行為は主観的共同権利侵害行為又は客観的共同権利侵害行為を問わず、どちらも行為者の主観的意思連絡或いは客観的関連共同により、複数人が実施した行為が一つの権利侵害行為と成り、よって一つの完全な連帯責任になるのである。例えば、二人の行為者が同時にナイフで他人の内蔵を刺し、二か所の傷どちらも致命傷となり死亡結果を招いた場合に重畳的分別権利侵害行為が構成されるのであり、これは共同権利侵害行為ではない。

典型的分別権利侵害行為は全ての行為者が実施した権利侵害行為の原因力が加わり、ちょうど一〇〇%の原因力に等しくなる。重畳的分別権利侵害行為における全ての行為者が実施した権利侵害行為の原因力はみな一〇〇%であるが、被害者の損害結果から言うと、二つの一〇〇%の原因力が加わろうとも、やはり一〇〇%なのであり、損害は一つだけであり二つの損害にはならないのである。

2 連帯責任

重畳的分別権利侵害行為において行為者は連帯責任を負う。その基本的規則は、以下の通り。

(1) 対外的中間責任。被権利侵害者は複数の行為者の中の如何なる行為者に対しても全ての賠償責任を負うことを請求でき、全ての分別権利侵害者は全ての損害において賠償責任を負わなければならない。

(2) 対内的最終責任。連帯責任の内部効力は、複数の連帯責任者に対し最終責任を確定する際に割合に基づき確定をしなければならない。全ての人の行為原因力が一〇〇%の時、一〇〇%の損害結果から言うと、全ての人の責任割合は五〇%であり、それが最終責任となる。

(3) 中間責任の負担が自己賠償額を超過した連帯責任者は、その他連帯責任者に対し求償をし、最終責任を実現する権利を持つ。

(四) 半重畳的権利侵害行為と部分連帯責任

半重畳的分別権利侵害行為は別々に権利侵害行為を実施した複数人の中で、一部の行為者の行為が全ての損害をもたらし、その他行為者の行為は全ての損害をもたらすに足りない時、部分連帯責任を負わなければならない分別権利侵害行為である。

半加重的権利侵害行為の法律結果はやはり連帯責任の負担であるが、この連帯責任の性質は部分連帯責任である。計算方法は二つある。

⑴　もし二人の行為者の内、一人の行為の原因力が五〇％で、もう一人の行為の原因力が一〇〇％の場合、原因力が重なる部分を連帯責任とし、重ならない部分を分相応の責任とする。即ち重なる五〇％の部分は二人の行為者により連帯責任を負い、最終割合は各自二五％となる。重ならない部分の五〇％はその行為をした行為者が分相応に責任を負う。総合すると、一〇〇％の原因力を持つ行為者が負う責任は七五％（その内分相応の責任五〇％、連帯責任最終割合二五％）で、五〇％の原因力を持つ行為者が負う責任は二五％（最終責任）となり、連帯責任の最高割合は五〇％である。

⑵　二人の原因力を足し、行為者の人数で割ると、得られる責任割合は三三・三％と六六・七％であり、これが、各自が負わなければならない責任割合となる。

以上二つの計算方法はどちらも根拠があるが、前者の方法が優先である。最高人民法院二〇一五年六月三日『環境権利侵害責任紛争事件の審理における法律適用に関する若干問題の解釈』第三条第三項の「二人以上の汚染者が別々に汚染行為を実施し同一損害をもたらし、一部の汚染者の汚染行為が全ての損害をもたらすのに十分であり、一部の汚染者の汚染行為は部分的損害しかもたらさない場合、被権利侵害者は権利侵害責任法第十一条の規定に従い全ての損害をもたらすのに十分な汚染者とその他汚染者が共同でもたらした損害部分について連帯責任を負うことを請求し、全ての損害に対し責任を負うことを、人民法院は支持する」という規定が明確に採用しているのは第一の規則である。

五　競合権利侵害行為と不真正連帯責任

(一)　競合権利侵害行為

1　概念及び特徴

競合権利侵害行為とは二人以上の民事主体を権利侵害者とし、あるものは直接権利侵害行為を実施し、損害結果と直接因果関係があり、あるものは間接的に権利侵害行為を実施し、同一損害結果の発生と間接因果関係がある場合に、行為者が不真正連帯責任を負担する権利侵害行為形態である。[1]

競合権利侵害行為の法律特徴は、以下の通り。

(1)　行為主体は二人以上である。競合権利侵害行為の二人以上の行為主体は、自然人でも法人でも、自然人と法人でもよい。通常の状況において、競合権利侵害行為の主体は二人である。

(2)　行為者が実施した権利侵害行為の性質が異なる。競合権利侵害行為の二人以上の行為者は、あるものは被害者に対し直接権利侵害行為を実施し（主行為）、あるものは直接権利侵害行為の実施に対し条件又は便宜を提供するが、決して幇助行為を成立しない間接権利侵害行為（従行為）である。

(3)　競合が発生する二つ以上の行為に対し通常は一つの行為と見なす。競合権利侵害行為において、二人以上の行為者が実施した行為が競合し一緒になると、通常はそれを一つの行為とする。競合権利侵害行為とは直接権利侵害行為と間接権利侵害行為の競合を指し、共同権利侵害行為と分別権利侵害行為の中間に存在する、二つ以上の権利侵害行為が競合し一つとなった多人数権利侵害行為である。

1　楊立新「論競合侵権行為」、『清華法学』二〇一三年第一期。

(4)　それぞれの行為者は被害者に対し不真正連帯責任を負う。競合権利侵害行為の行為者は被害者に対し共同責任を負い、その性質は不真正連帯責任である。行為者同士の責任の関係は、形式上は連帯だが実質上は連帯ではない。

2　性質及び地位

競合権利侵害行為の性質は複数人権利侵害行為内の一つである。複数人権利侵害行為において、競合権利侵害行為は重要な地位を占める。

競合権利侵害行為成立の特徴は、直接権利侵害者は生じさせた他人の損害に対して権利侵害責任を成立するが、間接権利侵害者が実施した行為は直接権利侵害者の行為に対し客観上間接作用をもたらし、直接権利侵害者が権利侵害行為を実施する際にスムーズにさせる又は直接権利侵害者の権利侵害行為実施に対し便宜を提供する等によって、直接権利侵害行為に被害者の損害を生じさせる。この二つの行為が競合し共に競合権利侵害行為を構成し、複数人権利侵害行為における新たな形となり、共同権利侵害行為並びに分別権利侵害行為と同様に共同で複数人権利侵害行為体系を成立する。

3　類型及び責任

行為が競合する様々な原因に基づいて基準とし、競合権利侵害行為を以下に分類する。①必要条件の競合権利侵害行為②政策考量の競合権利侵害行為③機会提供の競合権利侵害行為④プラットフォーム提供の競合権利侵害行為。

競合権利侵害行為は不真正連帯責任に相応する。不真正連帯責任とは複数の行為者が法定義務に違反し同一被害者に対し加害行為を実施し、又は異なる行為者が異なる行為によって同一被害者の民事権益に損害を生じさせた場合、それぞれの行為者が生じさせる同一内容の権利侵害責任は、それぞれが全ての賠償責任を負い、同時に行為者の一人の責任履行により全体責任者の責任が消滅する、又は特別な規定に従い複数責任者がみな部分的な又は全ての責任を負わなければならない権利責任形態である。

中国権利侵害責任法において、不真正連帯責任は一種類だけではない。[1]『権利侵害責任法』『消費者権益保護法』及び最高人民法院司法解釈によると合わせて四種類ある。①典型的不真正連帯責任、これは狭義の不真正連帯責任である。②『権利侵害責任法』第四十四条、第八十五条後段、第八十六条第一項後段規定の先付責任。③『権利侵害責任法』第三十二条第一項後段、第三十四条第二項後段、第三十七条第二項及び第四十条規定の補充責任。④『消費者権益保護法』第四十三条及び第四十四条規定の条件付き不真正連帯責任。

四種類の異なる競合権利侵害行為類型はそれぞれ異なる不真正連帯責任類型に対応している。

①必要条件の競合権利侵害行為→典型的不真正連帯責任

②政策考量の競合権利侵害行為→先付責任

③機会提供の競合権利侵害行為→補充責任

④プラットフォーム提供の競合権利侵害行為→条件付き不真正連帯責任。

㈡　必要条件の競合権利侵害行為と典型的不真正連帯責任

1　必要条件の競合権利侵害行為

必要条件の競合権利侵害行為とは二つの行為の中の従行為（間接権利侵害行為）と主行為（直接権利

1　通常使われる不真正連帯責任とは典型的不真正連帯責任である。

侵害行為）の競合方式であり、従行為は主行為の実施に必要条件を提供し、従行為の実施がなければ主行為は損害結果を成立させることができない競合権利侵害行為である。言い換えると、間接権利侵害者の従行為は直接権利侵害者の主行為の完成に必要な条件であり、このような競合権利侵害行為を必要条件の競合権利侵害行為という。

『権利侵害責任法』第四十一条から第四十三条が規定する製造物責任、第六十八条が規定する第三者過錯の環境汚染責任、第八十三条が規定する第三者の過錯により動物が生じた損害責任、並びに『物権法』第二十一条が規定する物権の錯誤登記による賠償責任等はすべて必要条件の共競合権利侵害行為である。

2　不真正連帯責任及び規則

典型的不真正連帯責任とは複数の行為者が法定義務を違反し被害者に対し加害行為を実施し、又は異なる行為者の異なる行為により被害者の権利に損害が生じ、それぞれの行為者が生じる同一内容の権利侵害責任をそれぞれの行為者が全ての賠償責任を負い、且つ行為者の内の一人の履行により全体の責任者の責任を消化することができる権利侵害共同責任形態である。[1]

不真正連帯責任の効力は対外的効力と対内的効力の二つに分けられる。対外的効力とは責任者の一人が起こした事項に対し、その効力がその他行為者に及ぶか否か、即ちそれぞれの行為者は対外的に連帯責任を負うか否かである。対内的効力とは全ての権利侵害責任を負った人が、最終責任者に対し求償できるか否か、並びにどのようにして求償するかということである。[2]

1　鄧玉波『民法債編総論』（修訂二版）、陳栄隆修訂、中国政法大学出版社二〇〇四年版、第四二五頁。
2　同第四二八頁。

不真正連帯責任と連帯責任の根本的な違いは、連帯責任は形式上もしくは実質上を問わず連帯を実行し、不真正連帯責任は形式上のみ連帯となり、実質上は連帯ではない。即ち中間責任は連帯し最終責任は連帯しない。不真正連帯責任の具体的実行規則は、以下の通り。

(1) 複数の行為者が同一被害者の損害に対し形式上の連帯責任を負い、被害者は直接責任者又は間接責任者に対し全ての賠償責任を負担するよう主張することができ、それぞれの自然人はみなこの中間責任を負う義務がある。

(2) 責任者の一人が全ての賠償責任つまり中間責任を負った後、被害者の賠償請求権は消滅する。

(3) 責任者の中で、最終責任を負わなければならない責任者が全ての最終責任を負う。中間責任者が中間責任を負った場合、最終責任者に対し全ての責任の求償をする権利を持つ。最終責任者は中間責任者に対し最終責任を負わなければならない。

㈢ 政策考量の競合権利侵害行為と先付責任

1 政策考量の競合権利侵害行為

政策考量の競合権利侵害行為とは必要条件の競合権利侵害行為の要求に一致するが、政策考量に従い法律は間接権利侵害者が先に中間責任を負うと規定し、その後直接権利侵害者に対し求償をすることにより最終責任を実現する競合権利侵害行為である。『権利侵害責任法』第四十四条が規定する第三者の過錯によって製品に欠陥が生じ他人に損害を生じさせた場合は、最終責任が無い生産者、販売者がまず権利侵害責任を負い、その後で過錯がある第三者に対して求償をする。この競合権利侵害行為は、本来必要条件の競合権利侵害行為と全く一緒であるが、ただし立法者は被害者保護の需要に基づき、中間責任を負うべき間接権利侵害者がまず責任を負うと定め、被害者権利の保障を出来るだけ早く実現できるようにしたのである。間接権利侵害者の従行為は直接権利侵害者の主行為が損害結果をもたらす必要条件である。しかし政策考量により、法律規定は間接権利侵害者に先付責任を負わせ、直接権利侵害者は求償を受ける最終責任者となり、被害者に対し直接賠償責任を負うのではない。

２　先付責任及び規則

先付責任とは不真正連帯責任において、中間責任者がまず直接責任を負い、請求権者はただ中間責任者に対して賠償を請求することしかできず、中間責任者は中間責任を負った後、最終責任者に対し求償する権利を持つという不真正連帯責任の特殊形態である。

『権利侵害責任法』第四十四条、第八十五条後段及び第八十六条第一項後段の規定に依ると、先付責任を実行する基本規則は、以下の通り。

⑴　権利侵害行為が不真正連帯責任の基本要求に一致している。不真正連帯責任の基本構成要求は、二人以上の行為者の行為が損害発生に対して責任を負わなければならないが、一方が負う責任は中間責任で、最終的に責任を負う最終責任者はもう一方となる。

⑵　公共政策の考量に基づき、不真正連帯責任の責任者はある者は直接責任を負い（先付）、ある者は間接責任を負う（求償）と定める。

⑶　直接責任を負う不真正連帯責任者（中間責任者）は、被権利侵害者に対し直接責任を負い、被権利侵害者は直接中間責任者に対し賠償請求権を行使するのであり、被権利侵害者から距離が遠く、求償も容易ではない最終責任者に対し賠償権利を主張するのではない。中間責任者が賠償責任を負った後に、最終責任者から中間責任者に対し求償を行い、中間責任を最終責任者に転換することで最終責任を実現

する。

(4) 先付責任の求償膠着状態並びに解決方法。先付責任規則は求償膠着状態が存在する。即ち中間責任者が賠償責任を負うことができない時、第三者に対し求償をすることができず、また法律には被害者が最終責任者に対し直接賠償を請求できると規定していない。求償膠着状態とはこのように被害者の適法権益が有効な保障を得られず、その損害を適時に救済することができないことである。解決方法は、中間責任を負うべき行為者が賠償責任を負うことができず最終責任に対し求償できない場合、被権利侵害者は直接『権利侵害責任法』第六条第一項の規定に基づき第三者を起訴し、第三者が賠償責任を負うよう要求することができる。

(四) 機会提供の競合権利侵害行為

1 機会提供の競合権利侵害行為

機会提供の競合権利侵害行為とは二つの競合する行為において、従行為が主行為の実施に対し機会を提供し、主行為の実施が順調に完遂できるようにする競合権利侵害行為である。発揮する作用から考えると、機会提供の競合権利侵害行為と必要条件の競合権利侵害行為はわずかに異なる。即ち間接権利侵害者の従行為は直接権利侵害者の主行為が損害結果を生じさせるために機会を提供するが、それは決して必要条件ではない。『権利侵害責任法』第三十四条第二項が規定する労務派遣の権利侵害行為、第三十七条第二項が規定する安全保障義務違反の権利侵害行為、第四十条が規定する第三者が学生に傷害を与えた場合の権利侵害行為は全てこのような競合権利侵害行為である。

2　相応の補充責任及び規則

権利侵害法の補充責任とは二人以上の行為者が法定義務を違反し同一の被害者に対し加害行為を実施し、被害者の権利に同一損害をもたらした時、それぞれの行為者に生じる賠償責任は、被害者が持つ複数の請求権により順序の区別があり、優先順位の高い請求権を先に行使し、実現できない又は完全に実現できない場合に、再び優先順位の低い請求権を行使し補充を与えるという権利侵害責任形態である。

相応する補充責任の規則は、以下の通り。

⑴　直接責任と補充責任の競合を成立する場合、被害者は先ず直接責任者に対し賠償請求し、直接責任者は権利侵害責任を負わなければならない。直接責任者が全ての賠償責任を負ったあと、補充責任者の賠償責任は最終的に消滅し、被害者は補充責任者に対し求償ができず、直接責任者も補充責任者に対し求償することができない。

⑵　被害者は、直接責任者が賠償できず又は賠償不足であり又は行方不明になり、第一優先順位の賠償請求権を行使できない時又は請求権の要求を満たすことができない時、補充責任者に対し賠償請求ができる。補充責任者が補充責任を負う範囲は「相応する」つまりその過錯程度及び行為の原因力と相応する範囲内である。

⑶　補充責任者が負う相応の補充責任が未だ負っていない賠償責任より大きい場合、未だ負っていない賠償責任を限度とする。補充責任がまだ負っていない賠償責任より小さい場合、相応する責任を限度とし、相応する責任の範囲を超えて補充賠償してはいけない。

⑷　補充責任者が有限の補充賠償責任を負った後、直接責任者に対する求償権は生じない。補充責任者が負う責任がその過錯程度及び行為の原因力と相応する責任であるならば、自己が責任を負わなければ

ばならなく求償はできない。

(五) プラットフォーム提供の競合権利侵害行為と条件付きの不真正連帯責任

1 プラットフォーム提供の競合権利侵害行為

プラットフォーム提供の競合権利侵害行為は同一損害をもたらす二つの行為において、一つは直接権利侵害行為で、もう一つは直接権利侵害行為者が違法行為を実施する為にプラットフォームを提供する間接行為であり、違法行為をプラットフォーム上で実施することができるようにし、それにより他人に同一損害を生じさせる競合権利侵害行為である。

プラットフォーム提供の競合権利侵害行為は競合権利侵害行為の中の一種の特殊表現形式である。『消費者権益保護法』第四十三条及び第四十四条が規定する権利侵害行為は、プラットフォーム提供の競合権利侵害行為であり、典型的不真正連帯責任並びに先付責任、補充責任の規則と異なるものである。

2 条件付きの不真正連帯責任

プラットフォーム提供の競合権利侵害行為における法律結果は条件付き不真正連帯責任である。条件付き不真正連帯責任の基本特徴は、プラットフォームを提供する側が、展示即売会開催者、売り場提供者並びにインターネット交易プラットフォーム提供者がそのプラットフォームにおいて消費者と交易を行い消費者権益の損害をもたらした場合に対し、プラットフォーム提供者側が必要条件を備えた時にだけ負う不真正連帯責任である。たとえプラットフォーム提供者の行為が必要条件を備えたとしても、それは損害をもたらした直接原因ではないため、よってプラットフォーム提供者が賠償責任を負った後、直接損害をもたらした行為者に対し求償する権利を持つ。

条件付き不真正連帯責任の本質はやはり不真正連帯責任であるが、典型的不真正連帯責任と少し異なる。典型的不真正連帯責任においては、競合権利侵害行為を構成する主行為者だろうが従行為者がろうが、被権利侵害者は任意に一方を選びこれを被告とし、求償権行使の権利を実現することができる。誰が最終責任を負うのかに対し被権利侵害者が意見をする必要はない。しかし条件付き不真正連帯責任においては法定的であろうが約定的であろうが、被権利侵害者は従行為者が賠償責任を負う際必ず法定的或いは約定的条件を備えていることを主張しなければならず、この条件がなければ、主行為者に対し賠償請求をすることしかできず、従行為者に対し権利を主張することができない。

条件付き不真正連帯責任の規則は、以下の通り。

⑴　直接行為者が賠償責任を負わなければならない。直接行為者は被害者に損害をもたらした権利侵害者であり、条件付き競合権利侵害行為においてだろうが権利侵害責任を負わなければならない。被権利侵害者の適法権益が侵害を受けた場合、直接行為者に対し直接賠償を請求する。

⑵　法律の規定又は当事者が約定する必要条件を備えている場合、被権利侵害者はプラットフォーム提供者に対し賠償責任の負担を請求することができる。付随する必要条件は、あるものは法定条件（例えば『消費者権益保護法』第四十四条が規定する「正式名称、住所及び連絡方法を提供できない」）、あるものは約定条件（条文が規定する「消費者に更に有利な承諾をするもの」即ち先行賠付承諾）である。必要条件を備えさえすれば不真正連帯責任は構成され、被権利侵害者はプラットフォーム提供行為に権利侵害責任を負うよう請求することができる。

⑶　プラットフォーム提供者は賠償責任を負った後に求償権を持つ。プラットフォーム提供者は直接行為者ではないため負担する賠償責任は中間責任であり、これによって賠償責任を負った後、直接行為

者つまり最終責任者に対し求償を行う権利を持つ。

第五節　権利侵害損害賠償

一　権利侵害損害賠償概述

(一)　概念及び特徴

権利侵害損害賠償とは権利侵害者が権利侵害行為を実施し被権利侵害者に対し損害をもたらした場合に、権利侵害者と被権利侵害者の間に賠償請求の権利及び賠償給付の責任の法律関係が生じることである。

権利侵害損害賠償の法律特徴は、以下の通り。

(1)　権利侵害損害賠償の根本目的は損害の救済である。権利侵害損害賠償の根本目的は損失の補償であり、損害を受けた権利に救済を与え、権利を恢復し、同時に民事違法を制裁し並びに被害者を慰撫する作用を持つ。

(2)　権利侵害損害賠償は財産性の責任方式である。損害の三つの形式、つまり人身損害、財産損害及び精神損害において、財産損失に対しては財産をもって賠償し、人身損害に対しても財産による形式で被害者の財産損失を賠償し、精神損害に対してでも財産方式でのみ賠償を行うことができる。

(3)　権利侵害損害賠償は相対性を持つ。損害賠償は相対する人の間で発生する。即ち権利主体と責任主体が特定であり、且つ相対的な特定主体の間でのみ発生する。被害者は特定の行為者に対してのみ賠償を請求することができ、賠償責任主体も特定の被害者に対してのみ賠償責任を負う。

(二)　賠償範囲

権利侵害損害賠償の範囲に対しては、『権利侵害責任法』第十六条、第十七条、第十九条、第二十条及び第二十二条が規定している。この五条は四種類の権利侵害損害賠償方式を規定し、内容は比較的原則的で操作性が強くない。最高人民法院は関連する司法解釈を通しこれを具体化している。

(1)　人身損害賠償。人身損害賠償は生命権、健康権及び身体権に対し人身損害即ち死亡、身体障害、一般傷害等を生じさせる損害賠償責任である。最高人民法院二〇〇三『人身損害賠償事件の審理における法律適用の若干問題に関する解釈』は、人身損害賠償責任を処理する専門司法解釈であり、詳細な人身損害賠償規則を規定している。

(2)　人格権財産利益損害賠償。他人の氏名権、名称権、肖像権、プライバシー権等人身権益を侵害し財産利益損失を生じさせる賠償責任に対し『権利侵害責任法』第二十条は具体的方法を規定している。その基本原則は、被権利侵害者がそれにより受けた損失に基づき賠償をする、である。このような損害賠償は通常、公開権が受けた損害の賠償と理解される。

(3)　精神損害賠償。生命権等物質性人格権、名誉権等精神性人格権の侵害など、精神苦痛又は精神利益損害賠償に対して負担する賠償責任を、精神損害賠償という。『権利侵害責任法』第二十二条が原則規定を作っている。最高人民法院二〇〇一年『民事権利侵害の精神損害賠償責任の確定にける若干問題に関する解釈』は、人格権の司法保護並びに精神損害賠償に対して詳細規則を規定している。

⑷財産損害賠償。物権、債権並びに知識産権を侵害し財産利益に損失をもたらした場合、負担する損害賠償責任は財産損害賠償である。財産損害賠償に対して最高人民法院も具体的解釈をしているが全面的な規則はない。

㈢　損害賠償関係の当事者

1　賠償権利主体

権利侵害損害賠償法律関係において被害者は賠償権利主体であり、訴訟を行った場合、原告即ち訴訟請求の提出者となる。被害者以外にも被害者の利害関係者、死亡者の近親も賠償権利主体である。

⑴　直接被害者。これは権利侵害行為損害結果の直接引受人であり、権利侵害行為により民事権利が侵害を受け損失をもたらされた人である。

おおよそ民事権利能力を備え、権利侵害行為により民事権利が侵害を受け損失をもたらされた人は、被害者となる資格を持つ。完全民事行為能力を持つ直接被害者は、自身で権利侵害賠償請求権を行使し、賠償責任主体に対し賠償を請求することができる。直接被害者が無民事行為能力又は制限民事行為能力であり自身で賠償請求権を行使できない場合、代理人によりその権利侵害賠償請求権を行使しなければならない。

一つの権利侵害行為に対し複数の直接被害者がいる場合、全ての直接被害者は賠償請求権をもち、権利侵害賠償訴訟を提起することができる。その人数により、二—九人の直接被害者が必要な共同訴訟は、一般的に合同で審理し、それぞれの直接被害者が起訴しなくても、その他直接被害者が賠償請求を提出するのに影響しない。十人以上の直接被害者がいる事件の場合は集団訴訟又は代表訴訟を行うことができる。その区別は、代表訴訟は直接被害者の人数がすでに確定している。集団訴訟における直接被害者の人数はまだ確定しておらず、判決はまだ訴訟に参加していない直接被害者に対しても拘束力が発生し、集団訴訟未参加の直接被害者は訴訟時効期間に起訴し、当判決を適用することができる。集団訴訟及び代表訴訟の共同特徴は代表を選出して訴訟を行い、代表者の訴訟行為はその代表する直接被害者に対して効力が発生するが、代表者が訴訟請求の放棄・変更又は相手方当事者の訴訟請求を承認し和解を行う場合、必ず被代表の直接被害者の同意を得なければならない。

生命権侵害の損害賠償法律関係は、二重直接被害者、即ち死に至らされた被害者と死亡者の治療・会葬のため財産損失及び精神損害を受けた近親である。前者は生命権が侵害された者であり、すでに死亡しており賠償権利を行使できない。後者は財産利益及び精神苦痛が損害を受けた者であり、法に依り財産損失と精神損害の賠償請求をする権利を行使できる。よって被権利侵害者が死亡した場合、その近親は権利者となる。被権利侵害者の医療費・葬式代等合理費用を支払った人も直接被害者であり、権利侵害者に費用賠償を請求する権利がある。

⑵　間接被害者。これは権利侵害行為が直接被害者に人身損害を生じさせ、それにより人身権益が間接損害を受けた被害者である。間接被害者は三種類ある。

一、直接被害者が死亡し又は労働能力を喪失したことにより扶養元を失った被害者。権利侵害行為が直接被害者を侵害し、死亡又は労働能力喪失をもたらし、その収入を断絶又は減少させたことにより、その扶養している人の扶養元が断絶又は減少した場合、その被扶養人は間接被害者である。

二、配偶者間の一方が権利侵害行為の侵害を受けたことによりその性利益を喪失したもう一方の配偶者。行為者が実施した健康権を侵害する行為が被害者に性能力喪失をもたらした場合に間接的に性利益の減損又は喪失を受けた直接被害者の相手方配偶者も間接被害者である。

三、権利侵害行為を目撃したことによりショックを受け健康権を損失した被害者。発生中の権利侵害行為の残酷な現場を目撃したことによりショックを受け健康権が損害を受けた近親も間接被害者となり、人身損害賠償請求権を有する。

(3)胎児及び死亡者の近親。胎児及び死亡者の近親は権利侵害損害賠償責任法律関係において、損害賠償権利主体又は準主体の立場を有する。胎児がその妊娠過程において損害を受けた時、民事権利能力はないが制限民事権利能力があり、準損害賠償権利主体の立場を持つ。その出生により民事権利能力を取得した後に賠償請求権を行使することが許される。死亡者の名誉、プライバシー、肖像、栄誉及び死亡者の遺体、遺骨等法益が侵害を受けた場合、それが既に民事権利能力及び民事行為能力を喪失しているため、その賠償請求権は近親が有し、死亡者の利益保護者の身分で法院に損害賠償訴訟を提出し、死亡者の合法利益を保護することができる。

2　賠償責任主体

権利侵害損害賠償法律関係において、加害者は賠償責任主体であり訴訟においては被告となる。加害者の他にも、直接加害者の責任引受人即ち代位責任の責任者も賠償責任主体である。

(1)　直接加害者。これは直接権利侵害行為を実施し被害者に損害をもたらした人であり、以下二種類の状況に分けられる。一、単独の直接加害者。直接加害者は一人であり、その個人により賠償責任を負担する。二、多数の加害者。共同権利侵害行為の加害者を共同加害者とし、連帯賠償責任を負う。分別権利侵害行為の加害者は分別権利侵害行為者であり、分相応に責任を負う又は連帯責任を負う。競合権利侵害行為の加害者は競合権利侵害行為者であり、不真正連帯責任を負う。
⑵　代位責任者。対人的代位責任は、代位責任形式の特殊権利侵害責任において、直接損害をもたらした行為者は賠償責任主体ではなく、賠償責任主体は直接損害をもたらした行為者のために賠償責任を負う代位責任者である。対物的代位責任者は、物が人に損害を与えた場合、物の所有者・占有者が賠償責任を負う。

㈣　損害賠償規則

1　完全賠償原則

完全賠償原則は権利侵害損害賠償の基本規則である。権利侵害行為加害者が賠償責任を負う大きさは、行為がもたらした実際の財産損失の大きさを根拠とし、全てに賠償を与えなければならない。即ち、生じさせた実際的な損害を限度とし損失の分だけ賠償をする。

完全賠償原則は損害賠償の機能より決定する。損害賠償の基本機能が財産損失の補償である以上、完全賠償を損害賠償責任の大きさを確定する基本原則とするのが公平且つ合理的である。

完全賠償原則を適用する要点は、第一、損害賠償割合つまり賠償責任の大きさの確定は実際の損害だけを基準とし全てに賠償を与える。加害者の過錯程度の度合いを損害賠償割合の根拠とすることも、行為の社会危険性の大きさを根拠とすることもできない。第二、完全賠償は直接損失と間接損失を含み、間接損失は当事者がすでに予見した又は予見することができた利益であり、且つその獲得を期待・確信できたものは賠償しなければならない。第三、完全賠償は被害者に対する権利回復を含み、損害を減らすため支払った必要費用の損失賠償、これも権利侵害行為がもたらした損害であり、賠償範囲に組み込まれ賠償をしなければならない。第四、完全賠償が賠償するのは合理的損失だけであり、不合理な損失は賠償を与えられない。

2　財産賠償原則

財産賠償原則とは権利侵害行為がたとえ財産損害、人身損害もしくは精神損害をもたらそうとも全て財産賠償を唯一の方法とし、その他の方法をもって賠償をすることはできないことである。

財産賠償原則を確立する根本目的は、第一、財産損害に対しては財産をもって賠償する。労務の提供、人身の拘束等の方法をもって財産損失又はその他損害に対する返済はできない。[1] 第二、人身損害に対しては財産をもって賠償する。やられたらやり返す方法を用いて償うことを禁止し、財産をもって治療のために生じた財産損失を補償し、損失した財産の分だけ賠償をしなければならない。第三、精神損害に対しては、経済損失をもたらしたか否かに関わらず財産をもって賠償をしなければならない。

財産賠償規則を確認すると、権利侵害行為がもたらした一切の損害はすべて財産の方法をもって賠償しなければならないことが明確である。一切の権利侵害損害賠償事件の処理は、公平且つ合理的でなければならず、被害者が損害により得た賠償はちょうど実際の損害を補充することができる程度でなければならない。

3　損益相殺

(1)　損益相殺の概念及び特徴。損益相殺は損益同銷とも呼ぶ。これは賠償権利者が同一の損害発生原因を基に利益を受けた場合に、損害額の中から利益を差し引き、賠償義務者が差額に基づき賠償を与え

1　損害投役はローマ法の権利侵害方法である。動物が他人に損害を生じさせた場合、その動物の所有権を被害者に移転させる。人が他人に損害を生じさせた場合は加害者を被害者の強制労働者として引き渡す。

るという賠償責任範囲確定規則である。[1]

損益相殺の法律特徴は、一、損害賠償の債務原則。全ての損害賠償責任を確定する場合にて適用する。二、権利侵害損害賠償責任範囲の大きさ及び如何に負担するかを確定する原則。損害賠償責任は加害者が負担すると既に確定している前提で、加害者がどのように民事責任を負うのか、どれくらいの賠償責任を負うのか、を確定する規則である。三、損益相殺確定の賠償標的。これは損害額から同一原因により生じた利益額を差し引いた差額であり、全ての損害額ではない。四、損益相殺は裁判官がその職権に基づき注意深く行使し、当事者の主張を待たず、確定している根拠に基づき直接職権をもってこの原則を適用することができる。

(2)　損益相殺の成立。権利侵害責任を成立する損益相殺は以下の要件を備えていなければならない。第一、権利侵害損害賠償の債務の成立。権利侵害損害賠償の債務の成立がなければ、損害賠償の債務の要件も欠け、権利侵害損害賠償の債務を成立するに至らずこの要件が備わらなくなる。第二、被害者は利益を受けなければならない。被害者が損害を受けたことで利益を受けていなければ、損益相殺を適用する余地はない。この利益は積極利益と消極利益を含む。積極利益は被害者の現有財産の増加であり、消極利益は減少するはずの財産の未損失である。差し引かれる利益は以下を含む。①物の損壊により発生する新しい利益②実物賠償の新旧相殺の利益③損害事実の発生により支払いを免れた元々支払うべき費用④損害の発生により獲得した元々獲得することができない利益⑤将来の数回の賠償給付が現在の一回の給付に変わることによる中間利息。[2]第三、損害賠償責任を構成する損害事実と獲得利益に因果関係

1　二〇〇八年九月二十三日『権利侵害責任法』草案は損益相殺規則を規定していた。第二十二条「同一権利侵害行為により損害が生じたと当時に、被害者が利益を受けた場合は、賠償額の中から獲得した利益を差し引かなければならない。」

2　将来の数回の賠償給付が一括の賠償に変わることによる中間利息は、理論上は新生利益と考えられ、損益相殺を与え

がなければならない。同一賠償原因が基で生じる直接結果の利益は、分けられない又は一つの関係になる。同一賠償原因が基で生じた間接結果はお互いの間に、又は直接結果と分けられない或いは一つの関係に、全て相当因果関係がある。通常相当因果関係を持たないと思われるものは損害と利益に適当な関係が無いとされる。よって損益相殺原則を適用することができない。以上三つの要件を備えると損益相殺が成立され、損害額の中から獲得利益を差し引かなければならなくなる。

(3) 損益相殺の実行。損益相殺の計算と相殺方法は主に以下の四種類あり、異なる状況に基づき選択・適用をする。第一、損害がもたらした損失と利益は金銭計算時に直接削減す、利益を差引き、直接差額の賠償をする。第二、損害がもたらした損失に対しすでに金銭を賠償した場合、賠償権利者により新生の利益を賠償義務者に返還し、損益相殺を実行しなければならない。第三、実物賠償。新旧物の差額は賠償権利者が賠償責任者に返還する。さもなければ権利者は差額に対する不当利益となる。第四、原物返還。獲得した消極利益に対しては返還責任者に返さなければならない。

4 過失相殺[1]

過失相殺とは損害賠償の債務において、与有過失の成立により加害者の賠償責任を軽減する規則である。権利侵害行為の与有過失も同様に過失相殺原則を適用する。

過失相殺原則の実行は、過失の比較と原因力の比較を通しこれを基礎に、比率により双方の当事者各自の責任比率を確定し、その結果に従い加害者の責任を減軽する。

---

1 過失相殺問題に関して、本書は第三章の過失相殺部分にて論述をする。損害賠償原則体系の完全性を維持する為にここでは簡単にこの規則の基本内容を紹介する程度にしておく。

る。しかし最高人民法院はそれが新生利益であり過失相殺ができるとの規定はないと解釈をした。

５　平衡原則

賠償原則としての平衡原則とは、権利侵害損害賠償範囲を確定する時、当事者の経済状況など諸要素を考慮し賠償責任の確定を更に公正にすることである。例えば加害者の経済状況が悪く、完全賠償をするとその本人並びに家族の生活が極度の困難に陥ってしまう場合、具体的状況に基づきその賠償額を適当に減少させることができる。

平衡原則適用の要点は、第一、平衡原則適用の前提は、賠償責任成立は既に確定し、それを基にこの原則を使用し賠償責任の大きさを確定する。第二、平衡原則の適用順序については、完全賠償、財産賠償、損益相殺及び過失相殺等の規則を適用した後で最後に考慮する原則である。第三、平衡原則適用は総合的に各種要素を考慮する。主に当事者の経済収入、必要な経済支出並びに裕福程度、社会風俗、習慣、与論、当事者立場、特殊な需要等を考察し総合的に判断し、賠償責任の減少を酌量する。第四、加害者並びにその家族のために残す必要な生活費用。その賠償責任の負担により生活を極度の貧困に陥れることはあってはならない。

二　人身損害賠償

㈠　類型及び賠償範囲

人身損害賠償とは自然人の生命権、健康権、身体権が不法侵害を受け、致傷、障害、致死の結果並びにその他損害を生じさせた時、権利侵害者に財産賠償等の方法を以て救済及び保護を行うことを要求する権利侵害責任制度である。人身損害賠償を確定する法律根拠は『権利侵害責任法』第十六条及び第十七条である。

人身傷害が概括する内容は、一、身体権の侵害が生じさせる損害。この損害は被害者が身体上の苦痛を感じることを必要としておらず、肉体上の実際の損傷も必要としない。二、人体致傷。人体に傷害を与えることを起点とし、傷害の治癒を以て終点とする。人体に障害を残すことと区別する。三、人体に障害を残す。人体に傷害を与えることを前提とし、治療を経てなお障害が残ることが必要条件である。致傷、致死と区別する。四、人を死亡に至らす。被害者の生命を喪失させることを必要条件とする。五、身体権、健康権、生命権の侵害による精神損害。その内の身体権、健康権が損害を受けた被害者の精神損害は自己の損害であり、生命権の侵害は生命権を喪失した人の近親が受ける精神損害である。

人身傷害に対する以上の内容は最高人民法院『人身損害賠償事件の審理における法律適用の若干問題に関する解釈』の規定に基づき、その賠償範囲は以下を含む。①人身傷害の常規賠償②労働能力喪失の賠償③人を死亡させた賠償④間接被害者の扶養損害賠償⑤慰問金賠償。

㈡　常規賠償

⑴　医療費賠償。医療費は医療機構が発行する医薬費や入院費等の支払い証明に基づき、それらと病歴や診断証明等の関連証拠を合わせることで確定させる。賠償責任者の治療に対する必要性と合理性には異論があり、相応の証明責任を負う。医療費の賠償額は、一審の法廷弁論が終わる前に実際に発生した額に基づき確定する。器官機能回復訓練に必要なリハビリ費、適当な整形費並びにその他の後続治療費については、賠償権利者は実際に発生してから別に起訴することができる。しかし医療証明又は鑑定結果に基づき必然的に発生する費用だと確定した場合、すでに発生した医療費と合わせ賠償をすること

ができる。

⑵　休職により減少した収入の賠償。被害者の休職時間と収入状況に従い確定する。休職時間は被害者が治療を受けた医療機構が発行した証明に従い確定する。被害者が傷病により障害が残り休職を持続した場合、休職時間は司法鑑定日の前日までと計算できる。被害者に固定収入がある場合、休職時間の収入は実際に減少した収入に従い計算する。被害者に固定収入が無い場合、その最近三年の平均収入に従い計算する。被害者がその最近三年の平均収入状況を証明できない場合、訴訟を受けた裁判所所在地における同じ又は近い職種の従業員の年度平均収入を参照し計算することができる。

⑶　介護費の賠償。介護人員の収入状況及び介護人数、介護期間に基づき確定する。介護人員に収入がある場合、休職費規定に基づき計算する。介護人員に収入がない又は雇用介護師の場合、現地で働く同程度の介護労働報酬基準を参照し計算する。介護人員は原則として一人である、しかし医療機構又は鑑定機構に明確な意見がある場合、介護人員の人数を参照し確定できる。介護期間は被害者が自身で身の回りのことができるまで回復するまでを計算する。被害者が障害を残し生活能力の回復が出来ない場合、その年齢、健康状態等の要素に基づき合理的な介護期限を確定することができるが、最長でも20年を超えてはいけない。被害者が障害者認定された後の介護は、その介護依存程度並びに障害者補助器具製造状況と照らし合わせ介護等級を確定しなければならない。

⑷　転院治療の交通費、宿泊費の賠償。交通費は被害者並びにその必要な介護人員が介護により又は転院治療により実際に発生する費用に基づき計算する。交通費は正式な証明書を根拠としなければならず、関連する証明書は医療に就く場所、時間、人数、回数と一致していなければならない。

⑸　食事補助費と栄養費の賠償。入院中の食事補助費は現地の国家機関一般従業員の出張時の食事補

助基準を参照し確定する。被害者が確かによその土地で治療する必要があり、客観的原因により入院出来ない場合、実際に発生する被害者本人並びにその介護人員の宿泊費及び食費に対して、その合理部分を賠償しなければならない。栄養費を賠償するか否かは、被害者の障害状況に基づき、医療機構の意見も参照し確定しなければならない。

㈢　労働能力喪失の賠償

労働能力喪失は被害者の健康権が侵害を受けたことで生じた重い結果であり、労働による生計維持を継続できなくさせるためその賠償をしなければならない。

労働能力喪失に対する賠償理論の基礎は、最高人民法院の人身損害賠償司法解釈に従い、「収入喪失説」を採用し、賠償するのは被害者が人身損害により減少した収入である。具体的な賠償範囲は、①障害賠償金。被害者の喪失した労働能力程度又は障害等級に基づき、訴訟を受けた裁判所所在地の都市住民の前年度年間平均可処分所得又は農村住民の前年度平均純収入を基準に、障害認定日から二十年として計算する。しかし六十歳以上の場合、年齢が一歳増加する毎に一年減少する。七十五歳以上の場合、五年として計算する。被害者が傷病により障害を残したが実際の収入は減少していない場合、又は障害等級が比較的軽いが職業妨害が生じその労働職業に厳重な影響を与えた場合、障害賠償金に対し相応の調整をすることができる。②障害補助器具費賠償。障害補助器具費は通常適用する器具の合理的費用を基準に計算する。特殊な処置の必要がある傷病状態の場合、補助器具製作機構の意見を参照し相応の合理的費用基準を確定することができる。補助器具の交換周期及び賠償期限は、制作機構の意見を参照し確定する。

㈣　死亡の賠償

生命権侵害により被害者を死亡させた場合、葬儀費、常規賠償費用、及び死亡賠償金の賠償をしなければならない。その内の葬儀費と死亡賠償金の賠償は他人を死亡に至らせた特有の賠償項目に属する。

⑴　葬儀費賠償。葬儀費は訴訟を受けた裁判所所在地における一年分の従業員平均月収を基準に、六か月間の総額を以て計算する。

⑵　死亡賠償金。最高人民法院司法解釈において規定している方法「死亡賠償金は訴訟を受けた裁判所所在地の前年度の都市住民平均可処分所得又は農村住民平均純収入に基づき二十年として計算する。しかし六十歳以上の場合、その期間は年齢が一つ増加する毎に一年減少する。七十五歳以上の場合、五年として計算する」は非難を受けている。しかし『権利侵害責任法』第十六条にも明確な方法が規定されておらず、ただ第十七条は大規模権利侵害行為が多くの人の死亡を招いた場合、同一の金額を以て死亡賠償金を確定することができると規定している。同様の金額を適用し死亡賠償金を確定する際の規則は、第一、同一権利侵害行為により被害者を死亡させた場合、大規模権利侵害となる。第二、死亡人数は二人以上である。第三、ここで規定している「できる」は、一定の強制力を持ち、特殊な状況下でなくても同一の金額即ち最高賠償額を以て死亡賠償金を確定しなければならない。

㈤　慰謝料賠償

最高人民法院の人身損害賠償における司法解釈第十八条の規定では、被害者又は死亡した者の近親が精神損害を受け、賠償権利者が人民法院に精神損害慰謝料の請求をした場合、最高人民法院『民事権利侵害による精神損害賠償責任の確定に関する若干問題の解釈』を適用しこれを確定する。同時に、精神損害慰謝料の請求権は譲渡又は相続できないが、賠償義務者がすでに書面により金銭賠償を与えることを承諾している場合、或いは賠償権利者がすでに人民法院に対し起訴をしている場合はこれに拘束されないと規定している。『権利侵害責任法』第二十二条は精神損害賠償責任を規定しているが、具体的な方法は規定しておらず、依然として上述の司法解釈の規定を参照し人身損害慰謝料賠償責任を確定しなければならない。

人身損害慰謝料賠償の範囲。一、身体権侵害。慰謝料賠償救済の主な方法として財産損失賠償方法を以てこれを補う。二、健康権侵害。一般傷害結果又は障害を生じさせた場合、精神損害慰謝料を賠償しなければならない。三、生命権侵害。死亡という結果を招いた場合、精神損害を受けた死亡者の近親に対して精神損害慰謝料を賠償しなければならない。

㈥　被扶養人の生活費賠償

『権利侵害責任法』の人身損害賠償に関する規定には被扶養人の生活費賠償問題は規定していない。これは当該法起草において元々この賠償項目を削除しようとしていたためである。死亡賠償金と障害賠償金が賠償するのは収入の損失であり、更に被扶養人の生活費を賠償するとなると賠償が重複する疑いがあったためである。しかし、死亡賠償金と障害賠償金が補償するのは決して全ての損失ではなく、被扶養人の生活費を賠償しないのは合理的ではない。そのため、最高人民法院二〇一〇年『〈権利侵害責任法〉適用に関する若干問題の通知』第四条は「人民法院が権利侵害責任法を適用し民事紛争事件を審理する時、被害者に被扶養人がいる場合、『最高人民法院人身損害賠償事件の審理における法律適用に関する若干問題の解釈』第二十八条の規定に基づき、被扶養人の生活費を障害賠償金又は死亡賠償金に組み入れなければならない」と規定している。この解釈は法律の問題を調和する重要な作用があり、司法実践において適用されている。

三　人格権財産利益損害賠償

㈠　概念

人格権財産利益損害賠償とは、他人の人格権益を侵害し財産損失をもたらした場合、被権利侵害者が受けた損失に対し賠償を与える権利侵害損害賠償責任である。例えば他人の氏名権、肖像権、名誉権、名称権、信用権、プライバシー権等の人格権並びにその他人格利益を侵害し被権利侵害者の財産利益に損失を与えた場合、人格権の財産利益損害となる。この財産利益に対する損害賠償が人格権財産利益損害賠償である。

この損害賠償責任は学理上において通常は公開権侵害の損害賠償と呼ばれる。公開権とは自然人、法人及びその他組織がそれに対し一定の名声・吸引力を持つ人格標識利益を商品化することで利益を利用且つ享受する権利を含む民事主体であり、抽象人格権の範囲に属する。

公開権が保護するのは被商品化開発できる人格利益であり、人格利益の中の一つに属する。民事主体は自己の氏名、名称、肖像、信用、名誉、プライバシー、音声、イメージ等人格標識に対し支配・利用を行い、主体の人格的独立性、完全性と不可侵犯性を基礎とし、同時に自身の価値を十分に発揮させるためでもある。人物の氏名、肖像等人格利益の商業化使用の保護に対し、最初は人格利益に対する保護において化学反応的に生じた。自然人はその氏名又は肖像が商業使用に使われたことに羞恥と窮迫を感じるため、或いは氏名又は肖像が商業使用に使われたが何ら報酬を得ていないことに憤怒を感じるため、よって一人が制御するその氏名又は肖像の商業化利用の権利を公開権と呼ぶことになった[1]。同時に、商品化利用された人格標識と人格の社会評価は切り離すことができず、例えば著名人の音声、形体、習慣的動作等、それが商品化の対象になる可能性があるのは、上述のイメージ要素自体の芸術感に基づくものではなく、消費者のその著名人に対する社会影響力により生まれる信頼を利用しているのである。このような人格利益に対する損害は必然的に被権利侵害者の財産利益の損害を生じるので、権利侵害責任法の保護を得て財産損害賠償を獲得しなければならない。これが『権利侵害責任法』第二十条規定の理論基礎である。

㈡　方法

人格権財産利益損害賠償の方法に対する『権利侵害責任法』第二十条規定の基本賠償方法は、以下の通り。

⑴　被権利侵害者が受けた損失に基づき賠償する。他人の人格権益を侵害し財産利益損害をもたらし、その財産利益損害が計算できるのであれば、被権利侵害者がこれにより受けた損失に基づき賠償を行う。例えば名称権の侵害は権利侵害を受けた法人又はその他組織の財産利益損失を生じ、その損失は直接損失と間接損失を含む。これら損失に対し賠償を与えなければならない。被権利侵害者が権利侵害を受けていた期間に被権利侵害が受けた損失は、人格利益が受けた侵害が生じさせた財産利益の直接損失、並びに被権利侵害者が権利侵害行為を停止させるために支払った合理的支出を含む。その計算方法は財産

1　董炳和「論形象権」、『法律科学』一九九三年第四期参照。

損害賠償の一般方法を参照し行う。

⑵　権利侵害者が獲得した利益に基づき賠償を行う。他人の人格権益を侵害することで生じさせた財産損失を確定することが難しく、財産利益の損失額が計算できない場合、権利侵害者がこれにより獲得した利益に基づき賠償を行う。例えば氏名権、肖像権、プライバシー権及び形象利益等を侵害し、これにより生じた被権利侵害者の損失は計算できないが、権利侵害者が違法に他人の氏名、肖像、プライバシー、イメージ等を利用し広告を作り、これにより財産上の利益を獲得した場合、被権利侵害者が獲得した財産収益に基づき賠償責任を確定し賠償を行わなければならない。

⑶　実際の損害状況に基づき賠償を行う。他人の人格権益を侵害することで生じさせた財産損失を確定することが難しいのみならず前述の二つの方法に基づき損失額を計算し賠償を行うことができず、被権利侵害者と権利侵害者が損害額の協議において一致しない場合は、人民法院に対し提訴をし、人民法院が実際の状況に基づき賠償額を確定する。この酌量的賠償方法は、被権利侵害者の人格権益における実際損害及び権利侵害者が実施した権利侵害行為の実際状況に基づき人民法院が酌量を行い適当な損失額を確定し賠償を行うのである。

四　財産損害賠償

㈠　概念及び種類

財産損害とは権利侵害行為が財産権を侵害し、財産権の客体を破壊することによってその使用価値と価格を低下、減少又は完全に喪失させ、或いは財産権者の財産権客体に対する支配関係を壊し、財産権者の財産利益に損失を与え、これにより権利者が持つ財産価値の減少と可得財産利益を喪失させることである。『権利侵害責任法』第十九条は基本的な財産損害賠償方法を規定している。

財産損害はその物理的形態から分析すると、物のそれ自体の損害、即ち物の損壊及び被占有である。しかし財産権の客体とは有形物のみならず、他物権、占有権、債権、知識産権における無形財産利益を含み、これら無形財産の権利者に対する重要性は有形物に劣らない。広義の財産権利は、自物権、他物権並びに債権と知識産権を含む。よって、財産損害における財産とは有形物だけではなく、他物権、債権と知識産権及びその財産利益を含むのである。

権利侵害法の救済手段から財産損害を考えると以下の三つを含む——財産占有、財産損壊及びその他財産利益の損害である。これらは財産損害の基本的表現形態である。財産損害賠償の研究はこの三つの具体的形態から出発し、そこから具体的救済手段を研究しなければならないのである。

(二) 賠償範囲

財産損害の賠償範囲確定は完全賠償を原則とする。財産損害賠償額の確定は客観的財産及び財産利益が損失した価値を基準とし損失した分を賠償しなければならないとする。

財産損害に対する完全賠償は直接損失と間接損失を含む。直接損失は行為者の加害行為が直接生じさせる被害者の財産減少である。例えば財産権の侵害により生じる財物損壊又は消滅は直接損失に属し、完全賠償しなければならない。間接損失原則においても完全賠償しなければならない。通常状況では被害者は元々これら利益を得られるのである。加害者の侵害によりこれら可得利益が得られなかっただけなのである。

㈢　具体的賠償方法

⑴　財産損害に対する程度が比較的軽い場合の賠償。損害程度が比較的軽いとは、財物の主要部分は損壊しておらず基本機能に大きな影響がない、修理又は部品交換によりすぐに正常な効果を発揮できるような損害である。このような損害に対し、損害を受けた物品に修復を加え原状回復する場合、修理及び部品交換の費用は加害者が支払わなければならない。このように被害者の適法財産権利を保護するだけでなく、過錯した相手側に対し民事責任を追及し、同時に被害者が不合理な要求を提出するのを防ぎ、被害者に更に重い経済負担を与えることを避けることもできる。また加害者が出資をし、被害者自ら損害を受けた財物を原状回復させる方法を採用することもできる。加害者の出資額は財物の損失価値に修理費用を足したものである。

⑵　比較的重い財産損害に対する賠償。財産損害程度が比較的重いとは、物品の損壊が重大で且つ物品の主要な部品が損壊を受け、基本機能は喪失していないが重大な影響があり、修理後も正常に使用できるがその質と価値において比較的大きな影響を受け使用寿命が短縮されることをいう。この損害に対する賠償は、加害者が事実に即し実際に損失した価値に基づき補償を与え、被害者の財産損失を補わなければならない。

⑶　原物が損壊し原状回復が難しい場合に対する賠償。方法は二つある。一、種類と質が同じ実物を用いる賠償。二、損壊した物資の実際の価値に基づき現金に換算して賠償する方法。同種類の物品を買い実物を用い賠償ができる状況において、この二つの方法から一つを選ぶことができる。同種類の物品を買うことができず、実物を用い賠償することができない状況においては、二つ目の方法で処理するしかない。

『権利侵害責任法』第十九条は財産損害賠償の具体的計算方法、即ち損失発生時の市場価格に基づく計算を一つ規定しているだけであり、これは被害者保護に最も不利な方法である。財産損失賠償の賠償額計算における最も基本的な考えは、被害者保護に対して最も有利な方法を選んで計算することであるべきである。つまり裁判時の市場価格を用い計算しなければならない。第十九条の最後には「その他の方法で計算する」とある。この規定に従うと、財産損失は損失発生時の市場価格に基づき計算することもその他の方法を用い計算することもできる。「その他の方法」は起訴時の市場価格、裁判時の市場価格又は権利侵害行為発生地の市場価格を用いての計算、並びに財産権利及び財産利益損失の計算方法を含む。財産賠償の基本規則は、財産に対し損害を与えた場合は、被害者の実際の損失を賠償し、それは現有財産に対する損害並びに権利侵害行為発生時に予見していた又は予見することができた可得利益の損失を含む。

㈣　財産損害額の具体計算

(1)　直接損失賠償。財産権侵害の直接損失とは、加害者の権利侵害行為が被害者の財産を占有又は損壊し、被害者が現在有する財産価値量を実際に減少させることである。直接損失賠償範囲の計算はまず原物の価値を確定しなければならない。原物価値の確定は、原物の現有価格に基づかなければならず、使用可能時間、使用済時間等の要素を総合的に判断する。その公式は、次の通り。

原物価値＝現物価格 －現物価格／使用可能時間×使用済時間

(2)　間接損失賠償。財物損害の間接損失とは、加害者が被害者の所有財物を侵害し、被害者が一定範囲内の未来における財産利益を損失させることで、「その他重大な損失」の範囲に属する。

財産損害間接損失の賠償範囲の計算は、同様に間接損失の価値を計算し、間接損失価値の額を間接損失に対する賠償額とする。間接損失価値を計算する公式は、次の通り。

間接損失価値＝単位時間／増殖公益×影響公益／発揮した時間

(3)　その他財産利益損失の推算。その他財産利益の損害賠償における大部分は間接損失の賠償であり、主なものは予期利益損失である。予期利益損失に対する計算はまず正確に予期利益の額を確定しなければならず、これを基礎にすでに得た利益額及び必要支出費を引き、その余額が予期利益の賠償額となる。

㈤　財産損失に対する精神損害賠償

(1)　財産損失の精神損害賠償の必要性。財産侵害の場合においては精神損害賠償を適用しないというのが通例であった。しかし日本は戦後に民法を修訂し、人に対する権利の保護により注目し、財産権が損害を受けた際に精神損害賠償を請求できることに同意した。この制度は実際の応用においてまだ沢山の制限を受け、財産権が損害を受けた場合に対し慰謝料賠償請求を認めた判例は決して多くない[1]。しかしこれは財産権が損害された場合に対しても精神損害賠償の適用を完全に排斥することは不適当であることを訴えているのである。

中国権利侵害法はこの方法を参考し、二〇〇一年最高人民法院『民事権利侵害の精神損害賠償責任の確定に関する若干問題の解釈』は財産権侵害の精神損害賠償制度を確定し、ある財産権侵害の権利侵害行為に対し適当な精神損害賠償を行うと認め、これにより被害者の人格利益を更に保護することができ

1　于敏著『日本侵権行為法』、法律出版社一九九八年版、第三五五頁参照。

るのである。

(2)　財産権侵害の精神損害賠償責任の成立要件。財産権侵害の精神損害賠償責任を成立する条件は、前提条件と特別条件を含む。前提条件はある違法行為が財産権侵害の権利侵害責任を成立することである。特別要件は、その権利侵害行為が侵害する財産は人格利益要素を持つ特定記念物品であることであり、具体的な要求は、第一、権利侵害行為が侵害する財産は普通財産ではなく、人格象徴意義を持つ特定記念物品でなければならない。特定記念物品は、まず特定の物品であり、物品が特定である理由は、全ての人にとって特定物というだけではなく、全ての人にとって特別な意味を持っていなければならない。次に、その特定物品はさらに記念物品でなければならず、全ての人にとって相当な記念的意味を持つ。第二、侵害を受けた特定記念物品に人格利益要素がなければならない。特定の人格象徴意味を持つ物品は人格利益要素を持ち、この記念物品が侵害に遭うと被害者の人格利益も損害を受けるのである。この人格利益要素が特定の物品の中に精神利益と人格価値を浸透させ、普通とは異なる意志又は品格を持たせ、人の精神・人格の拠り所又は人格の化身となるのである。このような財物が損害を受けた場合に限り当該物品の所有者に精神損害を与えることができ、精神損害賠償の方法を用い救済を行う必要があるのである。第三、財産が持つこのような人格利益要素はそれに対応する人との特定関係を源とし、双方の当事者はこの特定関係において特定物の人格利益要素を与えるのである。人と人との間にこの特定関係があり、且つこの関係をある具体的な記念物品に託した時、具体的な記念物品は人格利益要素を持つのである。

(3)　賠償額の計算。一般的精神性人格権侵害における精神利益損害賠償額の確定方法に基づき行わなければならず、裁判官が事件の具体状況を斟酌し、具体的賠償額を確定する。これに対し最高人民法院『民事権利侵害の精神損害賠償責任の確定に関する若干問題の解釈』第十条で原則規定を作っており、この規定に基づき、裁判官は具体的賠償額を決定することができる。精神損害賠償額の確定に斟酌する原則とは、第一、被害者の精神損害に対し慰謝作用をもたらすことができる。第二、加害者の違法行為に制裁作用をもたらすことができる。第三、社会に対し警告作用をもたらすことができる。この三つの原則に一致する賠償額が最適な賠償額であり、具体的な賠償額の大きさではない。

五　精神損害賠償

㈠　概念及び成立

精神損害賠償は民事主体がその人身権益が不法侵害を受けたことにより、その人格利益と身分利益が損害又は精神苦痛を生じた場合に、権利侵害者に財産賠償等の方法を通し救済及び保護を行うよう要求する民事法律制度である。『権利侵害責任法』第二十二条にこの損害賠償責任を規定している。

精神損害とは民事主体の精神活動に対する損害である。権利侵害行為が自然人、法人の民事権利を侵害し、自然人の生理・心理上の精神活動及び自然人、法人がその精神利益を守る精神活動を破壊することにより最終的に引き起こす精神苦痛及び精神利益の喪失又は減損である。精神損害の最終表現形式は、精神苦痛と精神利益の喪失又は減損である。

これに対応し、精神損害賠償は二つに分けられる。一、精神利益損失の賠償。二、精神苦痛の損害賠償。精神利益の損害賠償とは、主に精神性人格権及び身分権の損害に対する民事救済手段であり、保護の対象は名誉権、人身自由権、肖像権、氏名権、プライバシー権、性自主権並びに一般人格権等人格権及び身分権である。精神苦痛の慰謝料賠償は人格権、身分権に対する損害が精神苦痛を生じさせた際の民事救済手段であり、保護の対象は自然人が精神創傷を受けない権利である。よって自然人に対して適用することしかできず、法人に対して適用することができない。自然人の人格権、身分権が損害を受けた時、その財産上の損失を賠償する以外に、その本人又は親族に生じさせた精神苦痛に対しても一定金額の慰謝を与えなければならない。慰謝料制度は精神性人格権が侵害を受けた際の救済を含み、物質性人格権が侵害を受けた際の救済及び身分権が侵害を受けた際の救済も同時に含む。

(二) 賠償範囲

精神損害賠償の適用範囲は、一、物質性人格権の侵害。精神損害慰謝料を請求することができる。二、精神性人格権の侵害。精神損害賠償を請求することができる。三、一般人格権又はその他人格利益の侵害。精神損害賠償を請求することができる。四、身分権並びに身分利益の侵害。精神損害賠償を請求することができる。五、人格利益要素を持つ特定記念物品の侵害。精神損害賠償を請求することができる。

精神利益損害は客観上以下三つの形式で表現される。

(1) 精神利益損害が引き起こす直接財産損失。精神性人格権及び身分権が侵害された後、人格利益及び身分利益の損害を生じさせると直接的な財産損失を引き起こす可能性がある。この直接的な財産損失は主に二つある。一、身分権が侵害され、被扶養人の扶養請求権が喪失する。主に直接被害者の健康権及び生命権を侵害し、間接被害者の扶養請求権を喪失させることである。これは扶養義務人の扶養費提供拒否や、第三者が扶養義務人と扶養権利人の関係を断絶し扶養費等の提供を止めることを含む。二、精神性人格権と身分権が侵害された際に権利恢復のために支出する必要費用。例えば、名誉恢復、影響削除の為に支払った広告宣伝費、侵害結果の除去の為に支払ったその他費用等である。

(2)　精神利益における財産利益要素の損失。人格利益と身分利益において、扶養請求権が明確な財産権利である他、その他権利の基本利益も全て精神利益である。これら精神利益において一定の財産利益要素を持っており、あるものは表現が明確である。例えば名称権、肖像権、信用権等。あるものは表現が比較的明確である。例えば氏名権、名誉権、プライバシー権、栄誉権、婚姻自主権等。あるものは表現が明確ではない。例えば人身自由権、性自主権、一般人格権等。権利侵害行為が発生した後、財産利益要素における明確な権利が侵害を受けると、その内の財産利益は必ず損失を受け明確な財産損失を形成する。例えば肖像権、名称権又は信用権が侵害されると、その中の財産利益の損失を生じさせる。財産利益の比較的明確な権利が侵害を受けた時も財産利益の損失を生じさせる可能性があり、精神利益の中の財産利益を損失する。財産利益が明確ではない権利が侵害されても財産利益の損失を生じさせる可能性がある。例えば人身自由権が侵害を受けた場合に損失する労働収入及び労働報酬等である。

(3)　純粋な精神利益の損害。純粋な精神利益の損害とは、人格利益と身分利益の非財産要素の損害である。この損害は無形損害であり純粋な精神利益の損害で表現され、金銭をもって考えることはできない。

(三)　精神損害賠償金を計算する基本的方法

精神損害賠償金を確定する原則は三つあり、その内の一つは基本原則であり、あとの二つは補助的原則である。

(1)　裁判官の自由酌量原則。これは精神損害賠償金を確定する基本原則であり、裁判官は精神損害賠償事件を処理する時、自由裁量権に基づき精神損害賠償金の具体金額を確定する。自由裁量権は無制限の権利ではない。これは裁判官が精神損害賠償金額を確定する時に完全に主観により判断することを意味しているのではなく、やはり一定の規則と方法を守らなければならない。

(2) 区別対応原則。裁判官自由酌量原則の基礎の下に精神損害賠償金を具体的に確定する時、精神損害における異なる利益要素の損害に対し区別対応をしなければならなく、異なる特徴及び異なる算定規則に基づきそれぞれ賠償する金額を算出し、最後に総的賠償金額を斟酌して決定する。

(3) 適当制限原則。裁判官自由酌量原則を実行する上で適当制限原則を実行する。その目的は自由酌量原則の不利な要素を克服し、人々が盲目的に高額賠償を追求する傾向へと誤導することを防ぐためである。

(四) 精神損害賠償金を算定する具体的規則

(1) 概算規則。純精神利益損害賠償と精神苦痛慰謝料の算定に対しては概算規則を適用する。裁判官は事件状況を、加害者の過失程度の度合い、被害者の侵害された精神利益損害結果並びに受けた精神苦痛程度、双方の経済負担能力、被害者の財力の四つの要素に分け、適当な斟酌をし、具体的な額を確定する。

(2) 比較原則。現行立法が精神損害賠償金算定に対し明確に規定している場合は、その規定を比較・対照し賠償額を算定しなければならない。現在の立法においては『国家賠償法』のみが国家の行政権利侵害及び司法権利侵害行為が生じる人身自由権侵害、生命権侵害及び扶養請求権侵害に対し具体的賠償を規定しており、これと比較・対照し確定することができる。

(3)　参照規則。精神利益における財産利益損失額を確定する時、その他基準を参照し賠償金額を確定することができる。例えば『権利侵害責任法』第二十条が規定する「被権利侵害者の損害を確定することが難しく、権利侵害者がこれにより利益を得ている場合には、その得た利益に従って賠償する」とはまさに参照規則である。

第六節　権利侵害損害賠償責任に関する特別規則

一　権利侵害行為の禁令

『権利侵害責任法』第二十一条は権利侵害行為が他人の人身、財産の安全に危険を及ぼす場合には、被権利侵害者は権利侵害者に対して権利の停止、妨害の排除、危険の除去等の権利侵害責任を負うよう請求することができると規定している。これは第十五条規定の権利侵害責任方式に対する具体的応用であり、侵害の停止、妨害の排除及び危険除去等の権利侵害行為を禁止している。権利侵害行為が自己の人身財産安全に対し危険を及ぼすと被害者が感じた場合、権利侵害者に対し侵害の停止、妨害の排除、危険の除去を請求することができる。

これは実質上権利侵害行為の禁令を規定している。当事者が権利侵害行為禁令の適用を請求する際、訴訟中に提出することも訴訟前に提出することもできる。

二　侵害行為の防止

『権利侵害責任法』第二十三条は、他人の民事権益が侵害されるのを防止、制止するために自己が損害を被った場合には権利侵害者がその責任を負うと規定している。権利侵害者が逃亡し又は責任を負うことができない場合に被権利侵害者が補償を請求したときは、受益者が適当な補償を与えなければならないと規定している。その規則は、第一、他人の民事権益が侵害されるのを防止、制止するために自己が損害を被った場合には、権利侵害者がいるのであれば権利侵害者が責任を負い、正しいことを敢行した人に対し賠償をしなければならない。第二、権利侵害者が逃亡し又は責任を負うことができない、或いは責任を負う権利侵害者が見つけられない場合は、正しいことを敢行した人の権益が損害を受けながらも受益者の適法権益を保護したため、受益者はそれに対し一定の補償を与えなければならない。

特殊な状況は、他人が損害を受けたがその責任者がいない時である。これに対しても受益者は適当な補償を与えなければならない。『権利侵害責任法』にこのような規定はなく、この規定を参照し適当な補償責任を確定することが可能である。

三　公平分担損失責任

㈠　公平分担損失責任の概念及び意義

公平分担損失責任は衡平責任とも呼び[1]、損害事実がすでに発生し、加害者と被害者のどちらにも過錯

1　例えば『スペイン民法典』及び中国『マカオ民法典』は公平分担損失責任を衡平責任と呼ぶ。

がなく状況において、公平な考慮を基準とし実際の状況と可能性に基づいて公平に双方の当事者に損失を分担させる権利侵害責任形態である。

『権利侵害責任法』は、公平分担損害責任は社会利益に一致し有効的に当事者の合法利益を保護すること及び適時に権利侵害損害賠償紛争を解決することができ、事態の拡大と矛盾の激化を防ぎ且つ団結の安定を促進させるものと考えている。

公平分担損失責任は特定の場合に人と人との共同生活規則の需要に基づき過錯責任原則と無過錯責任原則を適用するほか、裁判官が公平な要求に従い双方の財産状況及びその他状況を斟酌し情理に合った責任分担を確定する。

㈡　公平分担損失責任の適用

⑴　適用範囲。公平分担損失責任の適用範囲は、当事者双方が無過錯且つ過錯責任原則、過錯推定原則及び無過錯責任原則が調整する部分に属さない権利侵害損害賠償法律関係に制限している。この範囲を超えた場合、『権利侵害責任法』第二十四条の規定を適用することができない。例えば、高度危険作業人がその損害は被害者が故意に生じさせたことを証明した場合、被告は証明責任が完成したことにより権利侵害責任を免除される。しかし原告に故意があることの証明を被告が出来ない場合には被告も無過失であるため一転して公平分担損失責任を適用することはできず、双方の当事者が損失を分担する。

公平分担損失責任の具体的適用範囲を如何にして確定するかは意見が分かれている。あるものは普遍的に適用できるとし、おおよそ双方の当事者が損害の発生に対し無過錯の場合に適用することができると考える。あるものはその適用範囲は主に法律が明文規定した範囲であるとし、例えば『権利侵害責任法』第三十二条が規定する未成年と精神病患者が人に損害を与えた場合、及び第三十三条が規定する一時的精神喪失及び第八十七条の建築物の放擲物・墜落物の損害責任等である。多くの人が二つ目の意見に賛成しており、たとえ適用範囲を拡大する必要があろうとも、これらが規定する状況に一致していなければならない。

(2) 公平に考慮する要素。公平分担損失責任を適用する際に公平に考慮する要素は「実際の状況に基づく」ことであり、それは以下二つの内容を含む。第一、被害者の損害程度。損害程度は当事者が損失を分担する必要性を直接決定する。損害事実とは財産上の損失である。損害が相当な適度に達した場合、損失を分担しなければ被害者は重大な損害を受けることになり、民法の公平・正義観念に反することになる。したがって被害者の損失に対し分担の方法を取り救済を与える必要がある。第二、当事者の経済状況。これは公平分担損失責任を確定する際に考慮する基本的要素である。当事者の経済状況とは主に当事者双方の経済状況を指し、加害者の経済負担能力が強ければ弁償を多くし、能力が弱ければ弁償を少なくできる。被害者の経済耐久能力が強ければ少ない賠償でよく、経済耐久能力が弱ければ加害者に多く弁償をさせることが可能である。その他考慮が必要な要素には社会の与論及び同情等がある。

(3) 双方分担責任。公平分担損失責任の適用結果は損害程度と双方の当事者の経済状況並びにその他相関要素に基づき判断をする。損害程度が損失を分担しなければならない程に達した状況で双方当事者の経済状況が同じ又は近い場合、平均して分担することができる。一方の状況が良くもう一方の状況が良くない場合、一方が大部分を負担しもう一方の負担を軽くすることもできる。双方の実際状況の差が非常に大きく離れている時、一方のみが責任を負担することもできる。

四　一時金賠償と定期金賠償

(一)　基本的意味

『権利侵害責任法』第二十五条は、損害が発生した後に当事者は賠償費用支払い方法を話し合うことができ、一致しない場合、賠償費用は一括支払となり、一括で支払うことが困難である場合は分割で支払うことができるが、その場合相応の担保を提供しなければならないと規定している。この規定の正確な意味は、判決確定前に発生した賠償費用は原則上一括支払いであり、必要な時は分割支払いができる。判決確定後に発生した賠償費用は一時金賠償でもよく定期金賠償でもよい。

(二)　判決確定前に発生した損害賠償

判決確定前に発生した損害に対する賠償は権利侵害損害賠償の正常な状態である。この損害賠償は定期金賠償問題が存在しない。判決確定前に発生した損害であるためその賠償は判決時には全て確定するからである。適用の規則は判決確定前に発生した損害賠償は一括払いを原則とし、一括払いが確かに困難である場合は分割払い（定期金賠償と異なる）もできるが、被告は相応の担保を提供しなければならない。

(三)　判決確定後に発生する未来の損害賠償

判決確定後に発生する損害賠償は、未来の損害賠償又は未来の多次性賠償と呼び、定期金賠償を適用することができる。

定期金賠償は将来の多次性給付に対し定めた定期的賠償の損害賠償責任制度である。定期金賠償の適用は未来の損害賠償を含む。一、障害賠償金、二、障害者の生活補助具費、三、被扶養人の生活費賠償。これらはみな定期金賠償ができ、一時金賠償もできる。

これらいくつかの賠償はみな判決確定日より後ろに向い伸展する賠償責任であり、判決確定後に後ろに向い効力が発生し且つ長時間継続する。このような賠償に対し権利侵害者は一括で賠償を完了させるか定期的に賠償するか、法律は二つの方法どちらを適用してもよいと確定しており、これが即ち一時金賠償と定期金賠償である。国外では未来に発生する賠償に対し通常は定期金賠償を原則としており一時金賠償は特例である。中国では一時金賠償を通常とし定期金賠償を特例とする。しかし定期金賠償に対しては担保の提供を必須とする。

第三章　免責事由と訴訟時効

【法律条文】

第二十六条　被権利侵害者にも損害の発生について過錯がある場合には、権利侵害者の責任を減軽することができる。

第二十七条　損害が被害者の故意により生じたものである場合には、行為者は、責任を負わない。

第二十八条　損害が第三者により生じた場合には、第三者は、権利侵害責任を負わなければならない。

第二十九条　不可抗力により他人に損害が生じた場合には、責任を負わない。法律に別途規定がある場合には、その規定に従う。

第三十条　正当防衛により損害を生じさせた場合には、責任を負わない。正当防衛が必要な限度を超え、あるべきでない損害を生じさせた場合には、正当防衛者は適当な責任を負わなければならない。

第三十一条　緊急避難により損害を生じさせた場合には、危険な状況を生じさせた者が責任を負う。

危険が自然の原因により生じた場合には、緊急避難者は責任を負わないか、又は適当な補償を行う。緊急避難によりとった措置が不当又は必要な限度を超え、あるべきでない損害を生じさせた場合には、緊急避難者は、適当な責任を負わなければならない。[1]

【典型的な事例】

王氏は従業員契約書にサインをし、判を押した。その従業員契約書には「使用者は労働災害に対し責任を負わない」との約定が含まれていた。王氏が業務を執行し建物の大梁を取り壊している時、折れた大梁が踝に落下し足に障害を残す結果となった。王氏は賠償責任の負担を請求したが、使用者は従業員契約書を取り出し賠償を拒否した。王氏は裁判所に提訴し、裁判所は従業員契約書の免責に関する約定は無効であるとし、王氏の訴訟請求を支持した。

1　訴訟時効に関する『民法通則』の関連条文はここに編入していない。

第一節　免責事由

一　免責事由概述

㈠　概念

免責事由とは、被告が原告の訴訟請求に対し提出する、原告の訴訟請求が不成立又は不完全成立であることを証明する事実のことである。権利侵害責任法において免責事由は民事責任負担の請求に対し提出するものであり、免責又は責任減軽の自由或いは抗辯事由とも呼ぶ[1]。

㈡　成立要件

⑴　対抗性要件。これは対抗権利侵害責任成立の具体要件であり、権利侵害責任成立の内在構造を破壊し、原告が訴訟請求した権利侵害責任を不成立する事実要件である。免責事由は相手側当事者の訴訟請求に対抗する事由であるが、それが具体的に対抗しているのは権利侵害責任成立であり、相手側当事者の請求権の成立を破壊し、相手の訴訟請求が法律上不成立にする。被告が提出する主張は自己の行為が被了解性を持つことの証明だけであるが、相手側当事者の請求に対抗するに足りない場合は免責事由

1　王利明、楊立新『侵権行為法』、法律出版社一九九六年版、第七六頁。

になることができない。[1]

⑵　客観性要件。免責事由は客観性を備えていなければならず、免責事由の要求は必ず客観的に存在し且つすでに発生した事実でなければならず、主観的憶測又は未だ発生していない状況であってはならない。ある損害が未発生であることの表明又は相手側の請求権は存在しないことを単純に否定するだけでは免責事由になることができない。

二　免責事由の分類

㈠　一般免責事由と特別免責事由

中国権利侵害責任法の免責事由は主に職務授権行為、正当防衛、緊急避難、被害者同意、自力救済行為、被害者の過錯、第三者の過錯、不可抗力及び意外等である。免責事由は一般免責事由と特別免責事由の二つに分けられる。

一般免責事由とは、損害は確かに被告の行為により生じたが、その行為が正当・合法であることを指す。この事由と違法行為の阻却は同じである。例えば、正当防衛、緊急避難、職務授権行為、自力救済行為等である。

特別免責事由とは損害が被告の行為により生じたものではなく外在行為の原因により単独で生じたことを指す。例えば意外、不可抗力、被害者の過錯及び第三者過錯等である。

1　佟柔主編『中国民法』、法律出版社一九九五年版、第五七一頁参照。

二つの免責事由の主な区別は、一般免責事由により他人に損害を生じさせた場合は、被告はある行為を実施したがその行為は正当・合法であり、行為者の行為の違法性を排除することができる。よって行為者に過錯がないことが表明でき、行為者はこれに基づき免責を得るのである。特別免責事由が存在する状況において、被告が他人に損害を生じさせるある行為を実施していない場合、又は外来原因が行為者対し作用したことにより防ぐことができない損害を行為者が生じさせた場合は、行為者は民事責任を負わなくてよい。一般免責事由と特別免責事由を具体的な事件に運用できるか否かは、具体的事件及び法律の具体的規定に基づき確定しなければならない。

㈡　法定免責事由と非法定免責事由

『権利侵害責任法』第三章は部分的な免責事由を規定しているのみであり、全ての免責事由は規定していない。よって免責事由を法定免責事由と非法定免責事由の二つに分けることができる。

第二節　法定免責事由

一　過失相殺[1]

(一)　与有過失（＝被害者の過失）

過失相殺の基礎は与有過失である。与有過失は一種の権利侵害行為形態であり、権利侵害行為がもたらす損害結果の発生又は拡大を指し、被害者にも過錯があり、被害者の行為と行為者の行為がどちらも損害の発生に対し原因力を持つ権利侵害行為形態である。言い換えると、損害結果の発生又は拡大に対し被害者にも過錯がありその行為も原因力を持つならば、権利侵害法の与有過失となる。

与有過失の法律特徴は、以下の通り。

(1)　被害者が損害の発生及び拡大に対し過錯がある。与有過失は加害者側が権利侵害責任を成立するだけでなく被害者側にも過錯があり、よって共同権利侵害行為の共同加害者が一律に有する過錯と異なる。

(2)　損害発生の原因事実の混同。与有過失の双方当事者の行為は損害結果発生の共同原因でありどち

1　過失相殺の性質は免責事由ではなく損害賠償規則である。しかし『権利侵害責任法』第二十六条はそれを免責事由体系に入れ、減責事由としている。これは正しい方法ではなく、免責事由と損害賠償規則の境界線を混同し、過失相殺における裁判官の職権主義と証明責任の特徴も混同している。中国司法はこのような立法錯誤を認識しているがそれにより過失相殺の適用規則が変化することはない。

らも損害事実の発生に対し原因力を持ち、その二つの行為が混同し一つになり損害結果の発生又は拡大をもたらすのである。

(3)　被害者側が損害を受ける。与有過失は双方の当事者の過錯行為又は不当行為が一方の当事者に損害を与えることであり、双方が損害を受け並びに双方の当事者が相互に損害を与えるのではない。

中国権利侵害法理論は与有過失とは過錯責任原則の発展及び延長だと考え、過錯責任が提示する過錯に基づき確定しなければならない責任の要求を体現している。被害者の過錯に基づき加害者の賠償責任を相応に減軽することは、加害者もしくは被害者に関わらず最終的に自己の過錯に対し責任を負い、他人の過錯に対し責任を負わないことを意味しており、これは公平正義要求・自己責任精神を体現している。与有過失を確認することは、当事者の合理的行為の催促及び教育に対し被害者が自身の財産及び人身安全の注意を合理的に措置することを促し、よって損害の発生を予防・減少する重要な作用を持つ。

㈡　過失相殺概述

与有過失の法律結果は過失相殺である。過失相殺は損害賠償の債務において、与有過失の成立により、加害者の賠償責任を減軽する規則である。過失相殺は義務者の過失と権利者の過失が相対立することで、責任の有無並びにその範囲を定めるのであり、両者が帳消しにし合うのではない。[1]

過失相殺は以下の法律特徴を持つ。

(1)　過失相殺は与有過失の法律結果である。過失相殺は損害賠償の債務の原則であり、損益相殺と横

1　史尚寛『債法総論』、中国台湾地区栄泰印書館一九七八年版、第二九二頁。

並びである。権利侵害法において損害の発生又は拡大に対し被害者にも過錯がある場合、過失相殺の法律結果が発生する。

⑵　過失相殺の内容は加害者の賠償責任減軽である。その根拠は被害者の過失程度の度合い並びに行為原因力の大きさであり、その本質は被害者自己の過錯により生じた一部損害を自己が負担し、加害者は負担しないことである。

⑶　過失相殺は一種の権利侵害責任形態である。加害者の権利侵害責任減軽とは実際には被害者が自己の過錯によって生じた一部損失を被害者自身に負担させることであり、損失賠償責任を双方の当事者により分担することに等しい。よって与有過失の法律結果であり、一種の権利侵害責任形態でもある。

⑷　過失相殺の実行は職権主義による。実務において、与有過失が成立し且つ過失相殺の成立要件に一致すれば裁判官は当事者の主張を待たず職権により加害者の賠償責任を減軽することができる。

㈢　過失相殺の成立

過失相殺の成立は二つの方向から考察しなければならない。加害者の責任に対しては権利侵害損害賠償責任成立要件の要求に従い確定する。被害者が負う責任に対し、その成立は以下三つの要件を備えている必要がある。

⑴　被害者の行為は損害の発生又は拡大の共同原因である。『権利侵害責任法』第二十六条は被害者が損害の発生に対し過錯がある場合の過失相殺適用について規定しているのみで、損害拡大に対し過錯がある場合も過失相殺を適用することについては規定していない。中国司法及び理論は、損害の発生と拡大はみな過失相殺の事由になると考える。共同原因とは被害者の行為と加害者の行為が共同で作用し、

一つの損害結果の発生又は拡大を促し、或いは被害者の行為が既に発生した損害結果に作用し、それを継続して拡大させることである。被害者の行為は損害発生又は拡大の共同原因であり、被害者の行為は損害結果原因事実が発生した原因を含む。損害発生の原因は損害自体の発生原因を含むだけでなく、損害原因事実の成立又は発生の補助もその内に含む。

⑵　被害者の行為は不当でなければならない。過失相殺の成立は、被害者の行為が違法でなくてもよく、不当であればそれでよい。不当行為は自己の利益の為の行為又は倫理観念上不当とされる行為であり、積極行為でもよく消極行為でもよい。消極的不作為は以下の場合に過失相殺を成立する。一、重大な損害に対し注意をしない。二、損害防止を怠る。三、損失減少を怠る。

⑶　被害者に過錯がなければならない。被害者の行為が損害を発生又は拡大させる共同原因であっても、主観上無過錯であるならば過失相殺を成立しない。被害者の過錯とは固有意味の過失ではなく、被害者の自己に対する過失である。『権利侵害責任法』第二十六条は与有過失における被害者の過錯は一般的故意及び過失という主観心理状態とし、自己に対する過失を含むと規定している。被害者の過錯を判断する基準は、被害者は自己が受けた危険に対して予見した又は予見することができた状態であり、その行為が権利侵害を生じる又は損害拡大を発生させることについて予見していなければならない。或いは自己の為の事務と同様の注意をし、予見しなければならない。被害者の代理人が損害の発生又は拡大に対し過失がある時、被害者の過失とすることができる。被害者が無行為能力者の場合、その過失の有無を確定することはできないが、その代理人がこれに対し過失があるかどうかは確定でき、代理人の過失でも過失相殺を成立することができる。

加害者が無過錯責任を負う場合、被害者に過錯があり過失相殺を成立するとしても『権利侵害責任法』

の特別規定に従わなければならない。その無過錯責任には過失相殺を適用できるか否か特別規定がない場合、司法実践における基準は、被害者に重大な過失があれば過失相殺できるとしている。

㈣　過失相殺の責任分担

過失相殺の責任分担とは、過失相殺がその要件を備えている時、裁判官が当事者の主張を待たず職権に従い加害者の賠償責任を減軽することができることである。権利侵害者に故意又は重大な過失があり被害者に軽微な過失しかない場合は、権利侵害者の賠償責任を減軽しないことも可能である。

㈤　過失相殺の実行

過失相殺の実行は二つの手順を含む。一、比較過錯。二、比較原因力。

⑴　比較過錯。比較過失とも呼び、与有過失において加害者と被害者の過錯程度の確定・比較を通し、負担する責任と責任範囲を決定することである。比較過錯の方法は双方当事者の過錯程度を具体的な一定の比率で表し、これにより責任範囲を決めるのである。

⑵　原因力比較。与有過失の責任範囲を確定する時に、原因力は過失相殺の責任範囲に対し重要な影響を持つ。与有過失における損害結果は加害者と被害者双方の行為により生じ、この二つの行為は同一の損害結果にとっては共同原因であり、共同原因としての行為は全て損害事実の発生又は拡大に対し自己の原因力を持っている。与有過失の責任範囲に対する原因力の影響は相対性があり、主な表現は以下の方面である。第一、当事者双方の過錯程度が確定できない時、各自行為の原因力の大きさにより各自の責任比例を確定する。無過錯責任原則帰責を適用する時、被害者行為の原因力の大きさに従い、加害

者の賠償責任の減軽を確定することができる。双方当事者の過錯程度の比率を確定することが難しい時、双方行為の原因力の大きさの比率に従い責任範囲を確定することもできる。第二、当事者双方の過錯程度が等しい時、各自行為の原因力の大きさは賠償責任に対し「微調整」の役割を持ち、責任範囲の調整を適用しなければならない。第三、加害者がその過錯に従い主要責任又は副次的な責任を負わなければならない時、双方当事者の行為の原因力は過失相殺責任の確定に対し「微調整」の役割を果たす――原因力が等しい場合、過錯比率に基づき賠償責任を確定する。原因力が等しくない場合、原因力の大きさに従い、主要責任又は副次的責任の責任比率を調整し、賠償責任を確定する。

(六)　過失相殺を確定する基本方法及び具体的問題

過失相殺を確定する基本方法は、有過錯決定説、原因力決定説及び総合説の三つの主張がある。通説は総合説を主張する。過錯と原因力を比較し、過錯比較を主な決定要素とし、原因力の大きさを相対的調整要素とすることで総合的に与有過失責任を確定する。

この基本方法を適用し過失相殺を確定するには以下の具体的問題の説明が必要である。

(1)　双方当事者の人数が等しくない時に如何にして過錯比率と原因力の大きさを確定するか。双方当事者の人数が等しくなく過錯比率の確定に対し影響を生じない場合、過錯比率を確定する比較過錯方法と同様に双方に等しく故意又は重大な過失があるならば同等の責任とし、それ以外は類推をする。

(2)　第三者の過錯が過失相殺に対し影響がある。第三者の過錯がもたらした損害は原則上第三者が賠償責任を負う。加害者、被害者及び第三者の過錯行為が共同原因を構成する場合、共同原因の各自原因力に基づき過失相殺を実行しなければならない。

(3)　無民事行為能力又は制限民事行為能力の被害者の過錯確定。加害者の行為と無民事行為能力又は制限民事行為能力の被害者の行為が共同原因を成立する時、与有過失を成立し過失相殺を実行するかについては、最高人民法院は肯定説を主張し、学者たちも賛成意見を持っている。『権利侵害責任法』第三十二条の基本意義は、被害者の代理人の過錯比率を決め加害者の賠償責任を減軽するということである。私は未成年被害者の合法権益を保護するためにもし代理人が被害者の代理に対し一般過失があるだければ、加害者の責任は減刑せず未成年被害者が更に全面的な救済を得ることができるようにすることを主張する。

二　被害者過錯

(一)　概念

被害者過錯とは、損害の発生又は拡大は加害者の過錯によるものではなく、被害者の過錯により発生することである。『権利侵害責任法』第二十七条は被害者の故意作為の免責事由のみを規定し、伝統的な権利侵害法規則並びに民法理論と異なり、過錯責任原則と過錯推定原則を適用する状況において、被害者が故意又は過失を有し且つその故意又は過失が自己に損害をもたらした全ての原因である時、免責事由を成立する。無過錯責任原則において被害者が故意に損害を引き起こした場合、免責事由となる。

(二)　類型

(1)　被害者故意。これは被害者が明らかに自己の行為が自己を損害するという結果を発生させると知りながら、その結果の発生を希望又は放任することである。被害者が損害の発生に対し故意を持ち、被害者の行為が損害発生の唯一の原因であることが明らかな場合、加害者は免責となる。過錯責任原則又は無過錯責任原則を適用する場合においても、被害者が故意に損害をもたらしたのであれば加害者を免責とすることができる。

⑵　被害者の重大過失。これは被害者が自己の人身及び財産の安全に対し全く注意を払わず、その結果自身の損害をもたらすことである。もし損害が完全に被害者の重大な過失によりもたらされたのであれば、加害者は損害の発生に対し無過錯であり、加害者は責任を負わない。

⑶　被害者過失。これは加害者が被害者に損害をもたらした時、被害者が損害の発生に対し過失があることである。被害者の過失が損害発生の全ての原因であり、これも免責事由を成立する。

三　第三者過錯

㈠　概念及び特徴

『権利侵害責任法』第二十八条は第三者過錯の一般規則を規定しており、損害が第三者によりもたらされた場合、第三者が権利侵害責任を負わなければならない。

第三者過錯とは被害者と加害者以外の第三者が被害者の損害発生又は拡大に対し過錯がある状況のことである。第三者過錯の主な特徴は主体上の特殊性であり、その過錯形式はその他の過錯と違いはなく故意と過失を含む。

第三者過錯の特徴は、以下の通り。

(1)　過錯主体は第三者である。第三者は損害の発生に対し過錯があり、損害をもたらした過錯は加害者又は被害者どちら側にも属さない。

(2)　第三者と当事者は過錯関係がない。もし第三者と被告の間に共同の意志連絡があり（第三者が被告の幇助人であるなど）原告に損害をもたらした場合、共同権利侵害行為者として被害者に対し連帯責任を負う。

(3)　加害者の責任を免除する根拠である。第三者過錯を成立する場合は、加害者の賠償責任を免除しなければならない。

(二)　一般規則

第三者過錯の法律結果は第三者が賠償責任を負い、加害者の賠償責任の免除である。その条件は、第三者過錯は損害発生の唯一の原因であり、被告はこれに対し過錯がなく、よって被告は免責となり第三者が責任を負担する。もし第三者過錯と権利侵害者の過錯が損害発生の共同原因を成立する場合、第三者過錯は権利侵害者の賠償責任を減軽し、第三者過錯における免責規則は適用しない。

(三)　特殊規則

『権利侵害責任法』第三十七条、第四十六条、第六十八条及び第八十三条並びに第四十四条、第八十五条及び第八十六条第一項はそれぞれ第三者過錯の特殊規則を規定している。これら第三者過錯の特殊規則に対しては優先適用しなければならず、『権利侵害責任法』第二十八条の規定を適用しない。

四　不可抗力

㈠　概念

不可抗力とは、人の力で抗うことができない力のことであり、自然原因（地震、台風、洪水、津波等）及び社会原因（戦争等）を含む。不可抗力は人の行為の外に在り、当事者の意志による支配を受けない現象である。よって普遍的に用いられる免責事由である。

不可抗力を免責事由とする根拠は、人にその行為と関係のない、制御することができない事故結果を負担させることは、責任を負う者にとって不公平であるだけでなく、人民の行為の教育及び制限という積極的結果をもたらすこともできないことにある。この価値観念に基づくと、不可抗力を免責事由とするには必ずそれが損害結果発生をもたらす全ての原因でなければならない。損害が完全に不可抗力によって引き起こされた状況でのみ、被告の行為と損害結果の間に因果関係は一切ないとすることができ、同時に被告に過錯がないと表明できる。これにより責任を免除されるのである。

㈡　確定

不可抗力の確定は三つの異なる学説がある。一、客観説。事件の性質と外部特徴を基準とすることを主張し、おおよそ一般人が防ぐことができない重大な外来力に属するものは全て不可抗力とする。二、主観説。当事者の予見力と予防能力を基準とすることを主張し、おおよそ当事者が最大の努力を尽くしてもその発生を防ぐことができないものを不可抗力とする。三、折衷説。主観・客観が結合した基準を採用し、おおよそ外来要素により発生し、当事者が最大の注意を払い最大の努力をしたが防ぐことができないものを不可抗力とする。[1]『権利侵害責任法』は三つ目の学説を採用している。不可抗力の確定は以下の要求に一致していなければならない。

(1) 予見不可。これは現有の技術レベルに基づき、一般人がある事件の発生に対し予測することができないことをいう。予見不可の基準は、特定個人の基準に従ってはいけない。一般人の予見能力によらなければならなく、当事者の予見能力を基準としてある現象に対し予見できるかどうかを判断するのではない。しかし予見不可は不可抗力の要件としては絶対的ではなく、例えばすでに地震を予見していたとしても回避することができない場合でも不可抗力は成立する。

(2) 回避不可且つ克服不能。これは当事者がすでに最大の努力を尽くし、採用できる全ての措置を採用したが、やはり発生を回避・克服することができなかった事件がもたらした損害結果である。回避不可及び克服不能は、事件の発生と事件がもたらした損害が必然性を持つことを表している。ある事件が回避不可且つ克服不能かどうかは、具体的状況を根拠に決定する。

(3) 客観状況に属する。これは人の行為外に在る事件の自然性を指す。不可抗力は独立した人の行為外の事件として、一個人の行為は含まない。

㈢ 適用

不可抗力によりもたらされた損害は、当事者は一般的に民事責任を負わない。不可抗力が免責をもたらすには不可抗力が損害発生の唯一の原因でなければならず、当事者は損害の発生及び拡大に対し如何

---

1 王利明、楊立新『侵権法』、法律出版社一九九六年版、第九三頁。

なる作用もあってはならない。

『権利侵害責任法』は不可抗力が免責事由となる除外条項を規定しており、それによると不可抗力は免責事由とならない。例えば、『郵政法』第四十八条は、金額を保証する給据郵便物の損失はたとえ不可抗力によりもたらされたものでも郵政企業は賠償責任の免除は得られない。法律が特別に規定している時のみ不可抗力は免責事由となる。さらにその他条件を付加しなければならない。例えば、環境保護法は不可抗力に「適時に合理的措置を採用してもやはり損害の回避が不可能である」と条件を付加することを規定しており、『海洋環境保護法』第九十二条、『水汚染防治法』第四十二条及び『大気汚染防治法』第六十三条の規定等がある。

五　正当防衛

(一)　概念及び成立

正当防衛は一般免責事由であり、公共利益、他人又は本人の人身或いはその他利益が不法侵害に遭った時に行為人が取る防衛措置のことを指す。正当防衛は保護性措置であり、一種の合法行為である。これによりもたらされた損害に対しては、防衛人は賠償責任を負わない。

正当防衛の成立には以下の要件を備えていなければならない。

(1)　侵害事実がなければならない。侵害の事実が先に在り、防衛行為が後である。侵害は防衛の前提であり、防衛は侵害がもたらした結果である。侵害事実がなければ、防衛を行ってはいけない。侵害事実に対する要求は現実の侵害でなければならず、特徴はすでに着手していることや現在進行中であること、まだ終結していないこと等である。想像における侵害やまだ発生していない侵害、実施完了した損害に対しては、防衛行為を行ってはいけない。

⑵　侵害は不法でなければならない。正当防衛の対象は必ず不法侵害でなければならず、職務執行などの「有権侵害」に対しては防衛を行ってはいけない。例えば逃亡犯は正当防衛を言い訳に逮捕を拒んではいけない。

⑶　合法防衛を目的としなければならない。防衛者が防衛する時、不法侵害が現実に存在していると意識するだけでなく、その防衛行為の目的を意識していなければならない。即ち公共の、他人の又は本人の権益が侵害を免れることを防衛の目的としなければならない。防衛を理由として報復行為又は防衛挑発行為を行うことは違法行為であり、権利侵害行為となる。

⑷　防衛は加害者本人に対し実行しなければならない。加害者に対する防衛反撃は不法侵害制止の需要に基づき、人身に対してでもよく財産に対してでもよい。しかし如何なる防衛行為も第三者に対して実施してはいけない。

⑸　防衛は必要限度を超えてはいけない。もたらした損害が必要限度を超えていない場合、防衛者は賠償責任を負わない。必要限度は不法侵害の制止の為に必ず必要であり、効率よく侵害行為の強度を制止することができる。侵害制止の為に必要であるならば、正当防衛の必要限度を超えたとは認められない。

㈡　適用規則

正当防衛を適用する基本規則は、第一、正当防衛を成立する場合は、防衛人は権利侵害責任を負わない。第二、正当防衛が必要限度を超えると過剰防衛となる。

過剰防衛の理解において重要なのは正当防衛の必要限度に対しての判断であり、民法上の正当防衛は不法侵害に対してのみ適応することができ、一般的に不法侵害の強さを超えてはいけない。

防衛が過剰かどうかの判断は、主に防衛が必要限度を超えているか否かを確認する。必要限度の判断は通常二つの面から考慮する。第一、不法侵害の手段と強さ。おおよそ侵害行為自体の強さが大きくなく、緩和な手段を用いればその侵害を制止又は排除できるにもかかわらず比較的強烈な手段を用いた場合、必要限度を超えたとする。例えば不法侵害者の窃盗を阻止する為に軽傷を負わせた場合は、正当防衛となる。窃盗者を重傷又は殺害してしまった場合は必要限度を超えたとする。第二、防衛する権益の性質。防衛する権益は防衛反撃行為の強度と適応しなければならず、侵害者を厳しく損害する反撃方法を使用して比較的小さな財産利益を守ること、又は比較的重い反撃行為を用いて小さな財産利益を守ることは、どちらも相互適応しておらず必要限度を超えるものである。

正当防衛が必要限度を超え、生じてはいけない損害を引き起こした場合、適当な民事責任を負わなければならず、それは以下三つの状況を含む。第一、過剰防衛は民事責任を免除できない。適当な民事責任を負うというのは責任を負うことであり、権利侵害者が免責になることではない。これは民事責任とは一種の財産責任であり、賠償は補償と制裁の二重の性質を持つからである。第二、過剰防衛がもたらした損害に対しては責任を減軽する。適当な責任を負う「適当」とは、賠償は過剰防衛の損害結果に対し適当であること、また事件の状況に対し適当であることが要求される。後者は更に重要であり、これにより防衛者の責任を適当に減軽することができる。第三、故意の加害行為の賠償責任。防衛者が防衛の過程で故意に不法侵害者に対し加害行為を取った場合、その必要限度を超える損害に対し賠償をしなければならない。これは、防衛者が明らかに必要限度を超えると分かっていながら故意にこれを行うため、故意の違法行為となり、全ての責任を負担しなければならない。

過剰防衛の賠償範囲は防衛限度を超えた部分の損害であり「あってはならない」損害である。

六　緊急避難

(一)　概念

社会の公共利益や自身又は他人の合法利益が大きな損害を受けるのを防ぐためにやむを得ない状況で講じる、他人に少量の損害を与える緊急の措置を緊急避難と呼ぶ。緊急避難は一種の合法行為であり、二つの合法利益を同時に保護することができない状況でやむを得ず講じる、軽い利益を犠牲にして大きな利益を保全する行為である。

(二)　成立要件

(1)　危険が現在発生しており且つ公共利益や本人又は他人の利益を脅かしている。未だ発生していない危険や想像の危険に対しては回避行為を実施してはいけない。危険が発生したがすでに消去された場合、又は危険が発生したが合法利益の損害をもたらしていない場合は、緊急避難を取ることはできない。

(2)　避難措置はやむを得ない状況でなければならない。やむを得ない状況とは、緊急避難措置を取らなければ更に大きな法益を保護することができない、避難が確実に必要な状況を指すのであり、避難人がある一つの行為を取ることしかできず、別の措置を講じて避難することができない状況を指すのではない。「やむを得ない」が強調しているのは避難人が選択する手段が唯一とれる手段でなければならないというわけではなく、様々な措置を講じ避難を行うことができることを指している。避難人の避難行為がもたらした損害が発生するかもしれない損害より小さければ、その避難措置は適当であるといえる。

⑶　避難行為は必要限度を超えてはいけない。緊急避難の必要限度とは、緊急な危険に面した時に避難人が取るべき適当な措置であり、可能な限り小さな損害で大きな法益を保護しなければならない。民法の要求では緊急避難行為が引き起こす損害は回避する損害より小さくなければならず、二つの利益を比較して前者は明らかに後者より軽くなければならない。避難行為が損害を減少していないばかりでなく、もたらす損害が発生するかもしれない損害よりかえって大きくなる又は等しくなる場合は、避難行為は意味を失い必要な限度を超えたことになる。

㈢　緊急避難と正当防衛の相違点及び共通点

緊急避難と正当防衛の共同点は、①両者はどちらも違法行為を阻止する。②両者が成立する前提はどちらも合法権利が厳重な危険を受けていることである。③両者の目的はどちらも公共利益や公民及び本人の合法利益を保護するためである。④両者はどちらも一定の損害を生じる。両者の区別は、①緊急避難の危険の源は多種多様で、正当防衛の危険の源は不法侵害者による違法侵害である。②緊急避難がもたらす損害は危険を排除する唯一の方法であり、正当防衛はこの限りではない。③緊急避難がもたらす損害は必ず危険がもたらす損害より小さくなければならなく、正当防衛は相互適応していれば可である。

正当防衛は不法侵害をする本人に対してのみ実施することができ、緊急避難は第三者に対して実施できる。

㈣ 適用規則

⑴ 緊急事態を引き起こした人の責任。一般的状況において緊急事態の発生を引き起こした人がいた場合、緊急事態の発生を引き起こした人が民事責任を負わなければならない。その内、緊急事態の発生が緊急回避人により引き起こされた場合は、緊急回避人が自己の過錯に対して責任を負う。緊急事態の発生が行為を避難する被害者により引き起こされた場合、避難被害者が自己の過錯に対して責任を負う。緊急事態の発生が第三者により引き起こされた場合、第三者は自己の過錯に対して責任を負う。自己の過錯に対して負う責任の範囲は緊急避難の必要限度又は避難措置がもたらす損害を基準としなければならず、超過部分はその他の人が負担する。

⑵ 自然による原因が緊急事態を引き起こした場合の責任。危険がもし自然の原因により生じた場合、緊急事態の発生を引き起こしていない人の民事責任の負担規則は、一、一般状況において、緊急避難人は民事責任を負わず、生じさせた零損失に対し賠償を与えない。二、特殊状況において避難人は適当な民事責任を負うことができ、『権利侵害責任法』第二十四条の公平分担損失責任の規定に従い当事者双方がどちらも過錯がない状況においては、実際の状況に基づき民事責任を分担する。実際の状況とは主に当事者双方の経済状況を指し、「適当」とは主に双方の経済状況に依り適当に確定することである。

⑶ 必要限度を超えた賠償。緊急避難で取った措置が不当又は必要限度を超え、あるべきではない損害をもたらした場合、避難人は適当な民事責任を負う。この適当な責任は、第一、責任の免除をしてはいけない。次に、責任を減軽することはでき過剰部分を全て負担することもできる。危険をもたらした行為者と被害者が同一人物の時、過剰避難人の責任を減軽しなければならない。避難損害を受けた人が無過錯で損害を受けた場合、避難行為人が全ての責任を負担し避難の必要限度内の損害に対しては危険

行為人が責任を負担する。
(4) 受益者の適当補償。もし第三者の過錯がなく緊急避難行為を実施した本人も無過錯で、損害を受けた人と受益者が同一人物の場合、受益者は被害者の損失に対し適当な補償をしなければならない。これは受益者の利益が守られた又は損失を減少できたのは、被害者の利益が犠牲になっていることを前提としているためである。

第三節　非法定免責事由

一　職務授権行為

(一)　概念及び性質

職務授権行為は依法執行職務とも呼び、法律授権又は法律規定に基づき必要な状況において職権を行使したことにより他人の財産及び人身に損害を生じさせる行為である。社会公共利益及び公民の合法権益を守るために、法律は従業員が必要な時に自己の職務を執行し他人の財産及び人身を「損害」することを認めている。職務授権行為は一種の合法行為であるので、もたらした損害に対して賠償責任を負わない。職務執行に正当性が無く損害をもたらした場合、賠償責任を負わなければならない。

㈡　成立

⑴　行為には合法授権がなければならない。職務授権行為が免責事由になりうるのは、この行為は合法的授権があるからであり、授権の目的は社会公共利益及び自然人の合法権益を保護するためである。合法授権がない行為は職務授権行為ではない。

⑵　執行する職務行為は合法でなければならない。合法授権だけでは免責事由を成立するに足りない場合、行為者は法律が規定する範囲内において職責を履行することで損害結果に対し責任を負わずに済む。法定授権行為を超過した又は行為の依拠となる法律及び法規がすでに無効である又は撤回されている、或いは行為自体が法律の要求に一致していない場合は、職務授権行為を成立しない。行為が合法であるとは、職務を執行する過程及び方法が合法であることを含み、過程が合法ではない又は方法が合法ではなく他人に損害を生じさせた場合、権利侵害行為を成立する。

⑶　執行する職務行為は必要でなければならない。職務授権行為の職務活動執行は必要であることを法律は要求しており、損害を生じなければ職務を執行できない場合においてのみ職務行為の執行は合理的となる。もたらした損害が回避できる又は減少できる場合、免責事由は成立されない或いは不完全成立となる。

二　被害者承諾

㈠　概念

被害者承諾とは他人が権利を侵害することを被害者が容認し自ら望んで損害結果を受けることであ

り、法律及び公共道徳に背かないことの意思表示である。

権利者は自己の権利を処分する権利がある。権利者が自ら自己の権利を侵害することは法律及び公序良俗に背かなければ権利を行使する行為である。他人が権利を損害することを権利者が許すのは、一般状況では法律は禁止していない。

㈡　成立要件

⑴　被害者はその権利を処分する能力と権限がなければならない。他人が権利を侵害することを許すには権利者はその権利に対して処分する能力と権限を持っていなければいけず、そうでなければ免責事由は成立しない。

⑵　一般的な意思表示規則を遵守しなければならない。被害者が承諾した意思表示は一般的意思表示の有効要件を備えていなければならない。一般状況において、自己の財産権利を侵害することの承諾は有効となる。自己の人身権利を侵害することの承諾は状況を具体的に分けなければならない。例えば、他人が自己の身体に軽微な障害を生じさせることの承諾は正当な意思表示に属する。他人に自殺の手助けを依頼する又は他人に自己を殺害或いは重傷を与えることを承諾するのは、事前免責条項効力規則の制限を受けるため正当な免責事由とはならない。

⑶　被害者がはっきりと承諾していなければならない。自己の権利を侵害することの承諾には一方的な声明の発表や免責条項の制定など明確な方法を用いらなければならない。権利者が明確にと自己の権利を侵害することを承諾していない場合、承諾の推定をすることはできない。被害者がその権利が損害をうける可能性があることを明確に認識している又は予見しているが、加害者に対しその行為の承諾を

していない場合、免責事由は成立されない。

(4) 被害者が前もって損害賠償請求権を放棄している。自己の権利を侵害することの承諾と損害賠償請求権の放棄は別の問題である。損害賠償請求権の放棄は明確な方法を取る必要はなく、自己の権利を侵害することの承諾をしてさえいればその請求権を放棄すると明示していなくてもそれを放棄したと推定することができる。但し損害賠償請求権を放棄しないことを明示している場合を除く。

㈢ 効力

被害者承諾を免責事由とする場合、被害者承諾と事前免責条項の関係を特に注意しなければならない。事前免責条項とは双方当事者が事前に達成させる協議であり、将来発生の可能性がある損害の賠償責任を免除する。違反合同の免責条項と権利侵害行為の免責条項に分けられる。

権利侵害行為の事前免責条項の形式は以下の四つがある。一、全部免責条項。未来の障害者が将来責任を負うはずの人に対して提出する全ての賠償請求を放棄する。二、部分免責条項。被害者は事前に特定の方法で計算した一定額を超えない有限賠償を受け入れることに同意する。三、時間制限のある免責条項。被害者が必ず決まった時間内に自己の請求を提出することを約束し、期間を超えた場合は賠償を請求する権利を失う。四、罰金による免責条項。当事者は後に損害が発生した時に固定金額を被害者に支払うことに同意すれば、責任は免除される。

中国『合同法』は事前免責条項無効規則を規定している。当該法第五十三条は、「契約中の以下に関しては免責条項を無効とする。①相手に人身傷害をもたらした場合②故意又は重大な過失により相手の財産に損失をあたえた場合」と規定している。おおよそ契約の中に人身傷害を事前免責条項としている場合は無効となる。契約で故意又は重大な過失により相手に財産損失を与えた場合に責任を免除するといった内容も無効となる。

三　自力救済

㈠　概念及び性質

自力救済とは緊迫した事態が発生した際、早急に国家機関に救助の請求ができない状況において、権利人が自己の権利を守る為に他人の財産又は自由に対し拘留、拘束或いはその他相応の措置を与える、法律又は社会公徳に認められた行為である。

自力救済の性質は私力による救済である。正当防衛及び緊急避難との区別は、自助行為により守るのは自己の権利であり、正当防衛及び緊急避難は他人の権利の保護も含む。通常は自助行為を実施する前に既に当事者の間に債務の関係が存在する。正当防衛及び緊急避難は行為を実施する前はこのような関係は存在しない。

㈡　成立及び必要措置

自助行為を成立する際に備えていなければならない要件は、①目的は自己の合法権利の保護である。②状況が緊迫しており国家機関への援助請求が間に合わない。③請求権の保障の為に自助方法が必須である。④法律又は公共道徳に許される行為である。⑤必要限度を超えてはいけない。

行為人が自助行為を実施した後、直ちに関係機関に援助の申請をして処理を請求しなければならない。

行為者が理由もなく申請を遅延させた場合、直ちに自由を拘束されている人を釈放又は差し押さえている財産を債務者に返還しなければならず、損害を生じさせた場合はそれに対し賠償責任を負わなければならない。行為者の自助行為がもし国家機関に事後容認されない場合は、直ちに侵害を停止し被害者に対し賠償責任を負わなければならない。

四　意外

(一)　概念及び意義

意外とは当事者の故意又は過失によらず、当事者の意志以外の原因により偶然発生する事故のことを指す。

『権利侵害責任法』は意外を免責事由に規定していないが司法実践では意外を免責事由として扱っている。その原因は、意外が損害をもたらした時、行為者は主観上過錯がなく、過錯責任原則の要求に基づくと意外は当事者の故意及び過失により発生したのではなく偶然発生した事故であり、当事者の意志と行為の外にある事件である為、当事者は無過錯であり、よって当事者は免責となる。

(二)　成立

(1)　意外は予測することができないものである。意外を確定する予測不可性は主観基準を適用する。当事者を基準として、当事者が当時の環境で合理的注意により予測することができるか否かにより確定する。

(2)　意外は行為者以外の原因に帰着する。行為者がすでに当時出来る限りの注意を尽くしたが、或いは行為者が合理的措置を取ったにも関わらずその事故の発生を回避することができなかった場合は、その損害は意外事故によるものであり当事者の行為がもたらしたものではないとする。

(3)　意外は偶然の事件である。意外は偶然発生する事件であり、第三者の行為を含まない。よって意外の発生率は低く当事者が通常の注意をしているだけでは予防することができないものである。

五　危険の引き受け

(一)　一般規則

中国司法において、いくつかの裁判所の判例でも欧米法系権利侵害法の危険の引き受けの法理が免責結果をもたらすことを認めている。

危険の引き受けは危険の自願承担、自願者非為不当とも呼ばれる。原告が提起した過失又は厳格な責任の権利侵害責任訴訟において、原告側に対し自ら望んで負った危険に対し負担するよう要求することである。[1]その一般規則は、原告が被告の過失又は軽率を省みない行為により傷害を負った危険に対し自ら望んで負担する場合は、その傷害に対し賠償請求できない。[2]

(二)　中国司法実践における危険の引受の規則に対する適用

中国法院は危険の引き受けを明示的危険の引き受けと黙示的危険の引き受けに分けている。両者とも構成に際し以下三つの要件を備えていなければならない。①被害者は危険を承知又は認識している②被

1　『最新不列顛法律袖珍読本・侵権行為法』、馮興俊訳、武漢大学出版社二〇〇三年版、第二三二―二三五頁。
2　米国法学会『米国侵権行為法重述（第二次）』、第四九六A条。

害者が自ら望んで負担しなければならない③成文法の規定に違反しない。これら要件が備わって始めて危険の引き受けを成立でき行為者の権利侵害責任を免除することができる。証明責任においては被告が元々原告に対し責任を負わなければならない場合（過失がある場合など）、原告の危険の引き受けの証明責任は被告が負担する。[1]

第四節　権利侵害行為の訴訟時効

一　権利侵害行為の一般訴訟時効

(一)　権利侵害行為訴訟時効の意味

『権利侵害責任法』は権利侵害行為の訴訟時効を規定しておらず、『民法通則』の規定に基づき権利侵害行為の訴訟時効を確定する。

訴訟時効の最終法律結果は勝訴権の消滅であるのかそれとも合理的抗辯の問題であるのかに関して、『民法通則』の規定では勝訴権の消滅としている。即ち訴訟時効期間満了は起訴権の消滅ではなく勝訴権の消滅であり、権利者の権利が自然権利に変わるのである。この規定に従うと訴訟時効は強制的規定

1　米国法学会『米国侵権行為法重述（第二次）』、第四九六D、四九六E、四九六F条。

であり、訴訟において当事者の主張を待たずに裁判員は職権に基づき権利者の勝訴権喪失を宣告することができる。しかしこれでは訴訟時効制度の設立目的にそぐわない。中国司法実践は訴訟時効が成立した後に発生するのは永久抗辯権であるとしており、当該権利を有する当事者が相手方当事者の持つ請求権に対し訴訟時効期間を超えているにもかかわらず行使していない場合において請求権者が行使を要求した時、請求権義務者は訴訟時効に従い法定期間を超過したことに対し抗辯することができる。抗弁権を行使している時、直接この請求権に対し対抗することができ、請求権者の請求を無効とし権利侵害者の責任を免除できる。権利侵害者が訴訟時効の抗弁権を主張しない場合、権利侵害者は権利侵害責任を負わなければならない。

『民法通則』が規定する一般訴訟時効は権利侵害行為に対し同様に適用できる。権利侵害行為の一般訴訟時効は二年である。権利侵害損害賠償請求権者は二年以内にその請求権を行使しなければならない。

㈡　権利侵害行為一般訴訟時効の計算

権利侵害行為一般訴訟時効期間の計算は、「権利を侵害されたと知った又は知ることができた時から計算する」。この規定を適用する際、財産権利の損害に対しては比較的簡単に期間の開始を計算できる。財産権利が損害に遭った時から計算を始めればよいのである。

名誉権等精神性人格権に対する権利侵害行為の訴訟時効は、権利侵害行為がその権利を侵害したと知った又は知ることができた時から計算を始めなければならない。名誉権等を侵害する権利侵害行為が一度発生すると被害者の名誉権等権利は直ちに損害を受ける。被害者が権利を侵害されたと知った又は知ることができた時に訴訟時効の計算は開始される。

生命健康権に対する権利侵害行為の訴訟時効期間は、最高人民法院『〈民法通則〉の執行貫徹における若干問題に関する意見（試行）』第一六八条の規定では、「人身損害賠償の訴訟時効期間は傷害が明確な場合は傷害を受けた日から計算する。傷害を当時発見しておらず、後に検査を通して診断がされ、それが侵害により生じたものだと証明できる場合、診断された日から計算する。」身体権を侵害した場合、権利侵害行為が実施され当事者が権利を侵害されたと知った又は知ることができた時に訴訟時効の計算は始まる。健康権を侵害した場合、傷害を受けた日を訴訟時効期間の開始とする。侵害を受けた時に発見できない傷害は、検査を受け傷害が診断された場合、診断された日から訴訟時効期間を開始する。重傷により労働能力を喪失したものに対しては司法解釈に基づく処理だけでは正確とは言えず、労働能力喪失の程度を確認した時、つまり被害者が自己の権利が侵害を受けたと知った又は知ることができた時だけではなく、権利が受けた侵害の程度を知った又は知ることができた時に訴訟時効期間の計算を始めなければならない。生命権の侵害に対しては被害者が死亡した日から訴訟時効期間を計算しなければならない。

二　権利侵害行為の特殊訴訟時効

㈠　特殊訴訟時効期間

特殊訴訟時効期間とは、『民法通則』第一三六条の規定に基づき人身損害賠償の訴訟時効期間に特殊時効を適用することであり、その期間を一年とする訴訟時効期間である。

㈡　特殊訴訟時効期間の適用において注意しなければならない問題

⑴　人身傷害の範囲。『民法通則』第一三六条が規定する「身体が傷害を受けた際の賠償要求」が指すのは健康権を侵害する行為に対する賠償請求であるが、人身損賠賠償は全て特殊時効を適用する必要があると考える人もいる。被害者の利益保護を出発点とし、解釈を厳格にしなければならないと我々は考える。条文が指しているのが身体に傷害を受けた場合であるならば、それは健康権を侵害する権利侵害行為である。身体権侵害及び生命権侵害の権利侵害行為に対しては一般訴訟時効の規定に基づき執行しなければならない。

⑵　精神損害賠償の訴訟時効期間には特殊時効を適用できるか否か。同様に『民法通則』第一三六条は人身傷害の賠償に特殊訴訟時効を適用すると規定しているのみで、精神損害賠償に対してこのような特別規定はしていない。このため精神性人格権侵害の精神損害賠償には特殊時効を適用せず一般訴訟時効を適用する。しかし健康権侵害において確定される財産損失賠償が同時に決める精神慰謝料の賠償については特殊時効の制限を受ける。

⑶　権利侵害普通法及び権利侵害特別法の訴訟時効期間に対する異なる規定の把握。権利侵害行為の訴訟時効期間に対し権利侵害特別法が異なる規定をしているものについては一律に特別法の規定に基づき執行する。例えば『国家賠償法』が規定する国家賠償請求の訴訟時効期間は二年であり、その時効起算時間は行政行為に違法を確認された日からであり拘留期間は計算にいれない。『製品質量法』が規定する訴訟時効期間は一律二年の訴訟時効期間を適用する。『環境保護法』が規定する訴訟時効期間は三年であり、汚染損害が財産か人身かに関わらず一律に特別訴訟時効期間を適用する。

三　権利侵害行為のおける最も長い訴訟時効

『民法通則』は権利侵害責任における最長の時効を二十年と規定している。被害者が自己の権利が損害を受けた事実を知ることができない場合、権利が侵害された日から被害者は二十年以内に訴訟請求を提出しなければ人民法院は保護を与えることができない。

権利侵害行為の最長時効に対して権利侵害特別法にも特殊規定がある。『製品質量法』第三十三条第二項の規定は、「製品に欠陥が存在することによりもたらされた損害に対する賠償要求の請求権は損害をもたらした欠陥製品が最初の消費者に渡された日から満十年で消失する。ただし明記された安全使用期限を超えていない場合はこの限りではない。この規定に基づき製品権利侵害責任の最長時効を十年とし、二十年の最長時効は適用しない。最長訴訟時効期間が満了になると、消滅するのは請求権の実体権利であり勝訴権ではない。最長時効を計算する際に注意しなければならないことは、十年の訴訟時効範囲内にある製品の安全使用期限が十年を超える場合、その製品の安全使用期限をもって最長時効期間を計算することである。

第四章　責任主体に関する特殊規定

【法律条文】

第三十二条　民事行為無能力者、制限民事行為能力者が他人に損害を生じさせた場合には、後見人が権利侵害責任を負う。後見人が監護責任を尽くした場合には、その権利侵害責任を減軽することができる。

財産を有する民事行為無能力者、制限民事行為能力者が他人に損害を生じさせた場合には、本人の財産から賠償費用を支払う。不足する部分は、後見人が賠償する。

第三十三条　完全民事行為能力者が自己の行為に対して一時的に意識を失い、又は制御を失って他人に損害を生じさせ、これについて故意・過失がある場合には、権利侵害責任を負わなければならない。故意・過失がない場合には、行為者の経済状況に基づき、被害者に対して適当な補償をする。

完全民事行為能力者が飲酒、麻酔薬品又は精神薬品の乱用により自己の行為に対して一時的に意識を失い、又は制御を失って他人に損害を生じさせた場合には、権利侵害責任を負わなければならない。

第三十四条　雇用単位の従業員が業務上の任務の執行により他人に損害を生じさせた場合には、雇用単位が権利侵害責任を負う。

労務派遣期間において、派遣された従業員が業務上の任務の執行により他人に損害を生じさせた場合には、労務派遣を受け入れた用工単位が権利侵害責任を負う。労務派遣単位に故意・過失がある場合には、相応の補充責任を負う。

第三十五条　個人の間で労務関係を形成し、労務を提供する側が労務により他人に損害を生じさせた場合には、労務を受け入れた側が権利侵害責任を負う。労務を提供する側が労務により自ら損害を受けた場合には、双方各自の故意・過失に基づいて相応の責任を負う。

第三十六条　ネットワーク利用者、ネットワークサービス提供者がネットワークを利用して他人の民事権益を侵害した場合には、権利侵害責任を負わなければならない。

ネットワーク利用者がネットワークサービスを利用して権利侵害行為を行った場合には、被権利侵害者は、ネットワークサービス提供者に対して、削除、遮蔽、接続の切断等の必要な措置をとるよう通知する権利を有する。ネットワークサービス提供者が通知を受けた後、遅滞なく必要な措置をとらなかった場合には、損害が拡大した部分について当該ネットワーク利用者と連帯責任を負う。

ネットワークサービス提供者が、ネットワーク利用者が当該ネットワークサービスを利用して他人の民事権益を侵害していることを知っていながら必要な措置をとらなかった場合には、当該ネットワーク利用者と連帯責任を負う。

第三十七条　ホテル、ショッピングセンター、銀行、益、娯楽施設等の公共の場所の管理者又は大衆的活動の組織者が安全保障義務を尽くさず、他人に損害を生じさせた場合には、権利侵害責任を負わなければならない。

第三者の行為により他人に損害が生じた場合には、第三者が権利侵害責任を負う。管理者又は組織者が安全保障義務を尽くしていなかった場合には、相応の補充責任を負う。

第三十八条　民事行為無能力者が幼稚園、学校その他の教育機関での学習、生活期間において人身損害を被った場合には、幼稚園、学校その他の教育機関が責任を負わなければならない。ただし、教育、管理の職責を尽くしたことを証明できる場合は、責任を負わない。

第三十九条　制限民事行為能力者が学校その他の教育機関での学習、生活期間において人身損害を被った場合に、学校その他の教育機関が教育、管理の職責を尽くしていなかったときは、責任を負わなければならない。

第四十条　民事行為無能力者又は制限民事行為能力者が幼稚園、学校その他の教育機関での学習、生活期間において、幼稚園、学校その他の教育機関以外の者による人身損害を被った場合には、権利侵害者が権利侵害責任を負う。幼稚園、学校その他の教育機関が管理の職責を尽くしていなかった場合には、相応の補充責任を負う。

【典型的な事例】

王氏と故・姜氏は二〇〇六年二月二十二日に結婚登記をした。二〇〇七年十二月二十九日夜、姜氏は自身が住んでいるマンションの二十四階から飛び降り自殺した。姜氏は自殺する前の二か月間の苦痛をブログに日記形式で載せていた。王氏と某女性のツーショット写真がブログの中に貼ってあり、二人の間には不当な性的関係があるようであった。姜氏の自殺後そのブログが公開された。姜氏の大学の同級生張氏がそれを知った後、非経営性サイト「北飛の候鳥」に登録し、張氏、姜氏の親族並びに友人は相次いでそのサイトに姜氏を追悼する文章を書き込み、張氏はさらにそのサイトを天涯サイト、新浪サイトへとリンクさせた。姜氏のブログ日記は一人のネットユーザーに閲読された後、天涯サイトの掲示板に転載され、次々にその他ネットユーザーによって別のサイト上に転載されていった。張氏のサイトが創設されると、そのサイト上の姜氏に関する文章も転載、拡散されていった。あるネットユーザーが天涯サイトなどで王氏に対する「捜索」を提案すると、王氏の氏名、仕事先、住所などの個人情報が公開された。あるネットユーザーはネット上で王氏に対し誹謗中傷を行った。またあるネットユーザーは王氏とその両親の住居に赴き迷惑行為を行い、王氏が住む建物の壁に「ロクデナシ王」「妻殺し」「血を以て償え」等の言葉を落書きした。王氏は「北飛の候鳥」サイト上に載せた文章の一部がプライバシーを公開し、侮辱及び誹謗の内容が含まれるとし、ネットサービス提供者にプライバシー権と名誉権を侵害したとして権利侵害責任を負担することを要求した。裁判所はネットサービス提供者の張氏に対し権利侵害責任を負担するよう判決を下した。[1]

1　本事例は『権利侵害責任法』第三十六条第二項の、ネットワークサービス提供者が通知を受けた後、遅滞なく必要な

第一節　後見人責任

一　概念及び特徴

後見人責任とは無民事行為能力者又は制限民事行為能力者が自己の行為により損害を受けた場合にその後見人が賠償責任を負担する特殊権利侵害責任である。

『権利侵害責任法』第三十二条が規定する後見人責任は以下の法律特徴がある。

(1)　後見人責任は対人の代位責任である。無民事行為能力者又は制限民事行為能力者が具体的侵害行為を実施し、被権利侵害者の人身損害又は財産損害を生じさせ被権利侵害者の権利を侵害した場合、権利侵害責任を負うのは損害をもたらした行為者ではなくその後見人となる。後見人が加害行為を実施した行為者に代替し権利侵害責任を負う。

(2)　後見人責任は過錯推定責任である。後見人責任の過錯は行為者自身の表現ではなく行為者の後見人に表される。後見人の過錯は未成年者又は精神病者に対して監護責任を尽くしていない過錯であり、それを権利侵害責任構成の過錯要件とする。

(3)　後見人責任の負担は行為者の財産状況の制約を受ける。その他国家の権利侵害法における後見人責任に対する確定は行為者の責任能力に基づき、責任能力が無い未成年者又は意識不明者は権利侵害責

措置をとらなかった場合には損害が拡大した部分について当該ネットワーク利用者と連帯責任を負うという条文を適用しインターネット権利侵害責任を確定した。

任を負わず、後見人が責任を負担する。中国立法はこの規則と異なり、後見人責任の負担確定は無行為能力又は制限行為能力の行為者に財産が有るか否かの制約を受ける。行為者自身に財産がある場合はまずその財産の中から賠償金を支払い、不足の部分はその後見人により補充責任を負う。行為者に財産がない場合はその後見人が賠償責任を負う。

(4) 後見人責任は公平分担損失責任をもって補充する。後見人責任には過錯推定原則を実行するが、後見人が加害行為を実施した未成年者又は精神病者に対し監護責任を尽くしたと証明できる場合、後見人の権利侵害責任を免除するのではなく『その民事責任を適当に減軽することができる』。これは『権利侵害責任法』第二十四条規定の公平分担損失責任に対する適用である。

二　帰責原則

(一)　後見人責任は過錯推定原則を実行する

後見人責任の確定には過錯推定原則を適用するとは、行為者が他人に損害を与えたという事実から後見人に監護を怠った過失があるかを推定することである。後見人が自己の無過錯を主張する場合は証明責任の転換を実行し、それにより後見人は自己の無過錯を証明できる。自己の無過錯を証明できない場合は権利侵害代位責任を負わなければならない。

(二)　公平分担損失責任を以て補充とする

自己が監督責任を尽くしており無過錯であると証明できる場合、本来であれば後見人の権利侵害責任は免除されるのだが、当事者との利益関係を均衡にするため、法律の規定に従い公平分担損失責任を適用し調整を行い、合理的に賠償責任の帰属を確定する。公平分担損失は当事者の財産状況、経済収入、必要な経済支出及び負担、生じた損害の程度等の要素の考慮を重んじなければならない。

三　成立要件

㈠　違法行為

後見人責任違法行為成立要件の特徴は行為者と責任者は別々となり、責任者が行為者のために賠償責任を負うことである。

後見人責任を成立する行為者の行為は無民事行為能力者又は制限民事行為能力者自身が実施する行為であり、他人が無民事行為能力者又は制限民事行為能力者を利用し権利侵害行為を実施するのではない。無民事行為能力者又は制限民事行為能力者を教唆、幇助し実施した権利侵害行為は『権利侵害責任法』第九条第二項の規定を適用する。無民事行為能力者又は制限民事行為能力者が実施した加害行為は違法性を有していなければならず、さもなければ後見人責任は成立されない。

後見人の行為は監護職責を尽くしていない行為であり、主な表現は不作為的行為方式である。法律の規定では、後見人は無民事行為能力者又は制限民事行為能力者に対し監護義務を負うとし、性質は作為義務であり後見人は必ず履行しなければならない。後見人が監護義務を履行せず無民事行為能力者又は制限民事行為能力者の教育・管理を怠り他人に損害を生じさせた場合は、不作為の違法行為を成立する。

㈡　損害事実

後見人責任の損害事実要件は被権利侵害者の人身損害及び財産損害であり、その他権利侵害責任成立要件における損害事実と区別はない。

㈢　因果関係

後見人責任成立における因果関係は二重性を持つ。

⑴　加害行為者の行為と損害事実との間に因果関係がなければならないとは、損害事実は必ず行為者の行為により起こったものでなければならず、両者の間に引き起こしたと引き起こされたという客観的関係が必要である。この関係がなければ権利侵害責任は成立されない。判断の基準は相当因果関係理論を用い考慮をする。

⑵　後見人の監護責任怠慢と損害事実の間に因果関係がなければならない。この因果関係は因果関係の網において比較的距離が遠く、後見人の監護責任行為怠慢は行為者つまり被後見人が加害行為を実施した原因であり、被後見人は後見人が監督を怠った為に加害行為を実施し、これにより被権利侵害者の権利が侵害されるに至るのである。監督責任怠慢と損害事実の間の因果関係が直接ではないにしろ必ず必要であり、それがなければ後見人責任を成立しない。

㈣　過錯

代理人責任を成立する過錯要件の主な特徴は過錯と行為者の分離である。過錯は行為者の過錯ではなく、行為者に対し監督責任を負う後見人の過錯、つまり監護過失となり、具体的な表現は教育、監護又は管理の怠慢となる。これらはみな後見人が注意しなければならないにも関わらず注意を怠ることであり、過失の心理状態となる。後見人責任構成における過錯要件は推定形式を取る。後見人は自己が無過失であることを主張すれば、証明責任の転換となり、後見人自身により監督責任を尽くしたことの証明をする。

四　後見人責任法律関係と当事者

㈠　法律関係

後見人責任の賠償法律関係における当事者は被権利侵害者及び後見人である。被権利侵害者は権利侵害法律関係における賠償権利主体であり、後見人は権利侵害法律関係における賠償義務主体である。後見人は賠償義務主体として他人の権利侵害行為に対し責任を負う自然人である。他人に損害を与えた被後見人つまり無民事行為能力者又は制限民事行為能力者に財産がある場合はその加害行為者も当事者とする。

㈡　当事者

⑴　責任者。後見人の権利侵害法律関係における賠償義務主体は後見人である。後見人は以下の四つを含む。一、未成年者の親権者。二、親権監督を喪失した未成年者の後見人。三、精神病患者の後見人。四、その他無民事行為能力者又は制限民事行為能力者の後見人。

行為者が他人に損害を与えた時に明確な後見人がいない場合、後見順序指定に基づき順序が前の後見人が賠償責任を負わなければならない。『民法通則』第十六条第二項及び第十七条第一項の規定では、未成年者の後見順序は、後見権を行使する親権者である父母以外に、一、祖父母、外祖父母。二、兄弟。三、関係が密接なその他親族、友人とする。精神病者の後見順序は、一、配偶者。二、父母。三、成人した子女。四、その他近親。五、関係が密接なその他親族、友人である。この順序に基づき順序が前の後見人を賠償責任者とする。

(2) 行為者。後見人責任事件における行為者は、実際に他人に損害を与えた未成年者及び精神病者並びに無民事行為能力者及び制限民事行為能力者の成人である。未成年者に対しては『民法通則』第十一条及び第十二条の規定に基づき十歳未満の者を無民事行為能力者とし、十歳以上十八歳未満の者を制限民事行為能力者とし、その内十六歳以上十八歳未満で自己の労働報酬を主な生活源としている者は完全民事行為能力者と見なし独立する権利侵害者とする。精神病者に対しては『民法通則』第十三条の規定に基づきその民事行為能力を確定する。

(3) 被権利侵害者。後見人の権利侵害法律関係において被権利侵害者は賠償権利人であり、法律は特別な規定及び要求を作成しておらず一般被権利侵害者の資格を備えてさえいれば可とする。

五　法律適用規則

(一) 責任を確定する規則

無民事行為能力者・制限民事行為能力者が他人に損害を与えた場合、後見人により権利侵害責任を負う。無民事行為能力者又は制限民事行為能力者が他人に損害を与えたという事実から後見人に過錯があることが推定でき、その推定が成立した場合は後見人が賠償責任を負う。

後見人が後見責任を尽くしている場合はその権利侵害責任を減軽することができる。後見人が自己に過失が無いことを証明した場合、つまり自己が後見責任を尽くしたと証明した場合は、公平分担損失責任の規則を適用しその責任を減軽し、双方の当事者により損失を分担する。

(二)　責任を負担する規則

財産がある無民事行為能力者、制限民事行為能力者が他人に損害を与えた場合、未成年者もしくは精神病者並びに民事行為能力を喪失又は部分的に喪失している成人に関わらず、自己に財産があるのであれば後見人が賠償責任を負担する必要がなく、よって行為人の財産から直接賠償金を支払う。

被後見人の財産が賠償責任負担に対し不足する部分は、後見人により補充賠償し、行為人が負担できない部分は、全て後見人により補充負担する。

第二節　一時的精神喪失の損害責任

一　概念及び成立

㈠　概念

一時的精神喪失の損害責任は一時的意思能力喪失の致害責任とも呼び[1]、完全民事行為能力者が過錯により一時的に精神を喪失し、又は飲酒或いは麻酔、精神薬品の乱用により一時的に精神を喪失し他人に損害を与えることであり、行為者は特殊権利侵害責任を負わなければならない。『権利侵害責任法』第三十三条にこの権利侵害責任を規定している。

㈡　帰責原則

一時的心神喪失の損害責任には過錯推定原則を適用するとは、被権利侵害者がその他責任の構成要件を証明した後、裁判官は権利侵害者がその心神喪失に対し過錯があることを推定し、心神喪失した行為者が自己に過錯がないと主張した場合は証明をしなければならない。自己に過錯がないことを証明できない場合は権利侵害責任が成立し賠償責任を負わなければならない。

㈢　責任成立要件

(1)　権利侵害者は完全民事行為能力者である。後見人責任と違い完全民事行為能力者のみ一時的心神

1　王利明『侵権責任法研究』下巻、中国人民大学出版社二〇一一年版、第六三頁。

喪失の状況が存在し、専門的に規則を規定しなければならない。

⑵　被権利侵害者は実際に損害を受けていなければならない。被権利侵害者が与えた実際の損害は人身損害でもよく財産損害でもよい。

⑶　権利侵害者が他人に損害を与えた際に心神喪失している。権利侵害者は必ず一時的心神喪失状態下で自己の行為を制御することができず、これにより被権利侵害者に損害を与えなければ因果関係は認められない。一時的心神喪失と間歇性精神病は異なり、間歇性精神病患者が損害を与えた場合の責任は『権利侵害責任法』第三十二条の規定を適用し後見人責任とする。

⑷　権利侵害者の一時的心神喪失は自己の過錯により生じたものである。このような特殊権利侵害責任を構成する場合は被権利侵害者に過錯が無ければならず、即ち権利侵害者の一時的心神喪失は自己の過失により発生したものでなければならない。心神喪失の過錯は『権利侵害責任法』第三十三条第二項が規定する酩酊、麻酔薬品又は精神薬品の濫用の他、その他故意又は過失の所為も含まれ、全てこのような特殊権利侵害責任を成立する。

二　法律適用

㈠　権利侵害者は過錯責任を負う

完全民事行為能力者が自己の過錯により一時的心神喪失をもたらし他人に損害を与えた場合、自己の過錯がもたらした損害に対し責任に負わなければならず、よって被権利侵害者に対し権利侵害責任を負う。

㈡　酒酔い等権利侵害者の過錯に属するもの

酒酔い、麻酔薬品又は精神薬品の濫用により自己の行為に対する意識又は制御を失い、それにより他人に損害を与えた場合、権利侵害者は賠償責任を負わなければならない。このような状況は同様に権利侵害者の過錯が引き起こしたものでなければならず、自らが権利侵害責任を負わなければならない。

病的酩酊は精神疾患の一種に属し、特発性アルコール中毒とも呼ばれる。飲酒量が一般的に酒酔いする量に満たないにも関わらず明らかに行為及び心理に変化が見られ、飲酒時又は飲酒後に高ぶり、衝動的、暴力的になり、攻撃行為又は破壊行為を行い他人又は自身に損害を与える結果をもたらすことである。『権利侵害責任法』第三十三条規定の「酒酔い」は病的酩酊を含まず、病的酩酊により行為者に過錯があることの認定はできない。行為者が病的酩酊状態であると知りながら依然として飲酒をし、自己の行為に対し意識又は制御を失い他人に損害を与えた場合は、過錯により自己に心神喪失をもたらしたことになり、第三十三条の規定に基づき権利侵害責任を負わなければならない。純粋に病的酩酊により他人に損害を与えた場合は『権利侵害責任法』第三十二条が規定する後見人責任規則を適用し、後見人に過錯があれば後見人が権利侵害責任を負い、後見人に過錯がなければ行為人の経済状況に基づき被害者に対し適当な補償をしなければならない。

㈢　過錯が無い場合の公平分担損失責任

完全民事行為能力者が自己の一時的心神喪失に対し過錯がない場合は、公平分担損失規則により行為人の経済状況等に基づき被害者に対し適当な補償を与える。

第三節　使用者責任

一　使用者責任概述

㈠　概念

使用者責任は一種の特殊権利侵害責任であり用工責任とも呼ぶ。[1] これは事業主の労働者又は労働派遣人員及び個人労働関係において労務を提供する側が、労働任務の執行又は労務のため他人に損害を与えた場合に、事業主又は労務派遣側の組織及び労務を受ける側が賠償責任を負わなければならない特殊権利侵害責任である。『権利侵害責任法』第三十四条及び第三十五条に使用者責任を規定しており、事業主の責任、労務派遣責任及び個人労務責任も含む。

㈡　特徴

⑴　三つの使用者責任類型は全て労働任務の執行又は労務により他人に損害を与えるものである。事業主責任、労務派遣責任もしくは個人労務責任に関わらず、労働人員が労働任務の執行により権利侵害行為は発生し、一方がもう一方の労働を支配している形である。「労働任務の執行及び労務により」を職務の執行と呼ぶ方が簡潔で正確であろう。

1　王利明『侵権責任法研究』下巻、中国人民大学出版社二〇一一年版、第七二頁。

(2)　行為者と責任者は異なる。このような権利侵害責任は代位責任であり、損害をもたらした直接行為者は事業主に属す労働人員又は労務提供側であるが、責任を負担するのはそれらと支配関係がある使用者である。

(3)　行為者がもたらした損害行為と責任者の監督・管理不足の行為は関連する。使用者責任は二つの行為が存在する。一、損害をもたらした労働人員又は労務提供者の行為は損害発生の具体的な行為である。二、事業主、労務派遣組織又は労務を受ける側の監督・管理不当の行為。損害をもたらした直接原因と間接原因が存在するため、二つの原因行為が結合し始めて権利侵害責任を成立することができる。

(4)　責任者過錯と行為者過錯の作用は異なる。使用者責任を成立する場合、過錯に対する直接要求は使用者の過錯であり、使用者の過錯がなければ使用者責任は構成しない。しかし労働者、労務提供者の過錯も考慮しなければならず、権利侵害責任に対しなんら作用がなくても求償関係の確定において決定作用を発揮する。

㈢　類型及び意義

使用者責任は事業主責任、労務派遣責任及び個人労務責任に分けることができる。使用者責任の類型を分ける意味は以下にある。第一、三つの使用者責任における労務関係は性質が異なる。事業主責任の労務契約は工作単位と工作人員が形成する単一の労務関係であり、工作人員が工作任務の執行により他人に損害を与えた場合は事業主がその責任を負わなければならない。労務派遣責任には二つの契約関係が存在する。労務派遣組織と労務者の契約関係、及び労務派遣を受け入れる組織と労務派遣組織の二つの契約関係が存在し、派遣を受け入れる組織は実際には労働人員の労働を支配している。個人労務も労務関係であるが内容は比較的簡単で関係は明確である。第二、三つの使用者責任の規則は異なる。『権利侵害責任法』第三十四条及び第三十五条は異なる規定を設けており、それら規定はみな即応性があり特徴的となっている。

二　事業主責任

㈠　概念及び特徴

事業主責任とは事業主の労働者が労働任務の執行により他人に損害を与えた場合に、事業主が賠償責任の主体となり労働者がもたらした行為に対し損害賠償責任を負う使用者責任である。『権利侵害責任法』第三十四条第一項にこの使用者責任を規定している。

事業主責任の基本特徴は、①権利侵害行為を実施した主体の特定化。事業主の労働者が権利侵害結果をもたらした時のみこの権利侵害行為は成立する。②権利侵害行為が発生した場面の特定化。事業主の労働者が労働任務の執行により他人に損害を与えた場合においてのみこの権利侵害行為は成立する。③被権利侵害者即ち損害賠償権利者の特定化。事業主の労働者が労働任務の執行により第三者に損害を与えた時のみこの権利侵害責任は成立する。④責任形態は代位責任である。事業主の労働者が第三者に損害を与えた場合は、責任を負担するのは行為者つまり労働者ではなく事業主であり、典型的な代位責任形態である。

㈡　帰責原則

事業主責任には過錯推定原則を適用する。労働者が被権利侵害者に損害を与えた事実から事業主の監督・選任責任に対する怠慢の過錯を推定し証明責任の転換を実行する。自己が相当な注意を尽くしたことの証明を事業主にさせるのであり、被権利侵害者に事業主の過失を証明させその上で直接推定をしてはいけない。被権利侵害者を有利な立場に置くことでその合法権益をより良く保護することができるのである。[1]

㈢　成立要件

⑴　違法行為。事業主の法定代表人、責任負担者並びにその他労働者が職務行為を執行し且つその行為が法律に違反していなければならない。事業主の概念は法に依り成り立っている法人並びに法人資格のないその他組織である。おおよそ個人労務関係、労務派遣関係並びに国家賠償法の調整範囲外の国家機関及び社会団体等はすべて事業主責任の主体である。

事業主の労働者の行為は職務執行行為でなければならない。労働者の行為が職務の執行か否かは事業主の明確な指示を基準とする。明確な指示が無い場合、中国司法は客観説を採用する。つまり職務執行の外在表現形態を基準とし、事業主が指示した要求と行為が客観的に一致しているのであれば職務執行

1　事業主責任に無過錯責任原則又は厳格責任を適用するとする意見もある。王勝明主編『中華人民共和国侵権責任法釈義』、中国法制出版社二〇一〇年版、第一四九頁参照・;王利明『侵権責任法研究』下巻、中国人民大学出版社二〇一一年版、第九一頁。

の範囲に属すとすることができる。以下の行為は職務執行範囲に属さない。一、職責を超えた行為。労働者の職務執行はその職責を実現する一切の行為を含むが、労働者がその職責の範囲を超えて実施した行為に対して事業主は責任を負担しない。二、無断委託行為。労働者が権限を与えられていないにも関わらず、無断で自己がやるべきことを他人に委託した場合、事業主はその権利侵害行為に対し責任を負わない。三、違法禁止行為。事業主が明確に禁止した行為を労働者が行った場合、職務執行行為に属さない。四、機会利用行為。労働者が職務提供の機会を利用して私事を処理し、その際に発生した損害は職務執行と関連が無いとし職務執行範囲に属さない。

行為の違法性要件は主に具体的行為者側に表される。つまり事業主の法定代表人、責任者、労働者の職務執行行為に違法性があり、それにより他人に損害を与えた場合、事業主が権利侵害責任を負担する。

(2)　損害事実。事業主責任の損害事実要件は人身権益及び財産権益の侵害がもたらした損害結果を含み、人身損害事実、精神損害事実及び財産損害事実を含む。

(3)　因果関係。職務執行行為は損害事実の原因であり、その損害事実は職務執行行為がもたらした客観結果である。この因果関係の判断には相当因果関係を判断基準とし、これは直接加害行為を実施した行為者の行為（雇用側組織の法定代表人、責任者及び労働者の行為）と損害事実の因果関係である。事業主の選任、監督、管理等行為の怠慢と損害事実の間には間接因果関係が存在する。

(4)　過錯。事業主の過錯とは労働者の選任、監督、管理に対する過失である。労働者の過錯は権利侵害責任成立要件の要求にはなく、損害をもたらした労働者に対し事業主は求償権を成立するかどうかの要件となる。

㈣　事業主の代位責任

事業主責任は代位責任でありその賠償法律関係は賠償主体と行為者が異なるという特徴を持つ。直接行為者は事業主の労働者であるが、賠償責任主体は事業主となる。事業主が被権利侵害者に対し直接責任を負うのであり行為者が責任を負担するのではない。事業主が責任を負担した後、過錯のある労働者に対し法に従い求償を行うことができる。

㈤　証明責任

裁判所は賠償権利主体の提訴を受理する際に原告が事業主の過錯を証明することを要求しない。違法行為、損害事実、労働者の職務執行行為と損害結果に因果関係があること、並びに加害者が事業主の労働者であることを証明すればよしとする。事業主が自己の責任を免除する場合は、その労働者選任並びに労働者の職務執行の監督に対し相当な注意を尽くしたことを証明しなければならない。

労働者選任に相当な注意を尽くしたとは、選任の際に労働者の能力、資格、任される職務を全うすることが可能かに対し細かい考察をし、得た結論が実際の状況と一致しているかどうかということである。職務執行の監督に相当な注意を尽くしたとは、労働者が執行した職務の総体行為に対し事業主が適当な教育及び管理を施したか否かということであり、その基準は客観的状況により決定しなければならない。事業主が上記の事項に対し確かに相当な注意を尽くしたことを証明できる、即ち事業主に過失がないことを証明できる場合は、その賠償責任を免除することができる。

事業主が自己に過失がないことを証明できない場合は賠償責任を負わなければならない。労働者が他人に損害を与えたことに対し過錯がある場合は、事業主は被権利侵害者の損失を賠償した後、即ち労働者に対し求償権を得た後、労働者は事業主が被権利侵害者の損失賠償により生じた損失を賠償しなければならず、この際新たな損害求償法律関係を形成する。労働者に過錯がない場合は事業主が単独で賠償責任を負い、事業主は労働者に対し求償権を持たない。『権利侵害責任法』第三十四条に求償関係の規則は無いが代位責任の求償関係は必然的規則でありこれを否認することはできない。

三　労務派遣責任

(一)　労務派遣の概念及び法律関係

労務派遣は労動派遣、人力派遣又は人才租賃とも呼ぶ。これは労務派遣組織と労務派遣を引き受ける組織との派遣協議であり、労務派遣を引き受ける組織に労働者を派遣しその組織の指揮・監督の下で労働を提供する労務関係である。

労務派遣の特徴は労働力雇用と労働力使用との分離である。派遣された労働者が労務派遣を引き受ける組織と労働契約を結び労働関係を築くのではなく、労務派遣組織との間に労務関係が存在するのである。しかし労務派遣を引き受ける組織に派遣されると「関係はあるが労働は無い、労働はあるが関係は無い」という特殊使用形態を形成する。

(二)　労務派遣責任の概念及び構成

労務派遣責任とは、労務派遣期間に派遣された労働者が労働任務執行により他人に損害を与えた場合に、労務派遣を引き受ける組織が責任を負担し労務派遣組織は補充責任を負うという使用者責任である。

労務派遣責任の成立は以下の要件を備えていなければならない。

(1) 当事者の間に労務派遣労働関係が存在する。労務派遣組織と派遣された労働者の間に労働契約関係があり、労務派遣組織と労務派遣を受ける組織に労務派遣契約関係がある場合は、この二つの契約関係に基づき派遣された労働者は労務派遣を受ける組織に労働を提供する。

(2) 派遣された労働者が労務派遣の労働過程において他人に損害を与える。労務派遣責任における損害事実要件は他人に損害を与えることである。これは人身損害及び財産損害を含み、その損害は派遣された労働者の派遣労働任務執行により発生する。つまり派遣された労働者が労働任務の執行により他人に損害を与える。派遣された労働者が派遣組織に赴く途中、労務派遣を受ける組織に到着していない状況で損害をもたらした場合、又は派遣任務を完了し派遣組織に戻る途中で他人に損害を与えた場合、労務派遣責任は成立されず労務派遣組織が責任を負う。

(3) 損害事実の発生と被派遣労働者の職務執行行為には因果関係がある。他人に損害を与える行為は被派遣労働者の派遣労働の職務行為執行によりもたらされなければならず、両者の間には因果関係が存在する。

(4) 労務派遣を受ける組織は労働者の労務指揮・監督に対し過失がある。過失の表現は、労働者の職務執行行為に対する指揮・監督において、労務派遣を受け入れる組織は注意を払わなければならないにも関わらず注意義務を尽くしていないことである。労務派遣を受け入れる組織の過失の確定には推定方法を採用し、被権利侵害者が上述三つの要件を証明済みという前提において労務派遣を受け入れる組織に上述の過失が存在すると推定する。労務派遣を受け入れる組織が自己に過失がないと主張する場合は証拠を提供し証明しなければならない。自己に過失がないことを証明できる場合は権利侵害責任を負わない。証明できない場合は過失推定が成立し、賠償責任を負わなければならない。労務派遣組織が労働者を派遣する際に、例えば選任、トレーニング、資質等が派遣労働者の要求に一致しない等の過失がある場合、労務派遣組織が相応の補充責任を負担する要件となるが、労務派遣を受け入れる組織の責任を確定する要件ではない。

㈢　責任負担

『権利侵害責任法』第三十四条第二項に労務派遣責任の二つの責任を規定している。

⑴　労働派遣を受け入れる組織の責任。前述の労働派遣責任構成要件を備えている場合は労働派遣を受け入れる組織の責任が成立し、労働派遣を受け入れる組織は賠償責任を負わなければならない。労働派遣責任において、労働派遣組織が責任を負わず事業主が責任を負うのは、労働派遣を受け入れる組織が労働者の労働を支配しており、労働者は労働派遣を受け入れる組織の指揮・監督の下労働派遣を受け入れる組織の為に労働を行っているからである。

⑵　労務派遣組織の補充責任。派遣された労働者が労働任務執行の為他人に損害をもたらし、派遣組織にも過錯がある場合、派遣組織と派遣された労働者の間に労働関係があるため労働派遣組織は相応の補充責任を負わなければならない。この補充責任の要点は、一、補充責任は派遣を受け入れる組織の責任を補充する。派遣を受け入れる組織が全ての賠償責任を負うことができる場合、補充責任は存在しない。派遣を受け入れる組織が責任を負うことができない又は全ての責任を負うことができない場合、労働派遣組織が補充賠償をする。二、相応の責任と労働派遣組織の過錯程度及び行為原因力は適応する。つまり過錯程度及び原因力の作用によって負担する補充責任を確定する。

四　個人労務責任

(一)　概念及び特徴

個人労務責任とは、個人の間で形成される労務関係において労務提供側が労務によって他人に損害を与えた場合に労務を受け入れる側が賠償責任を負う使用者責任である。『権利侵害責任法』第三十五条前段が規定しているのは個人労務責任であり、後段が規定しているのは個人労務の労働災害責任である。各国の権利侵害法は全て事業主責任と個人労務責任を使用者責任に含めている。中国は使用者体制の区別に基づき使用者責任に対し区別をし、個人労務責任を単独で捉えている。

個人労務責任とその他権利侵害責任を比較すると以下の法律特徴がある。①労務を受け入れる側と労務提供側の間に個人労務関係がある。②労務提供側が労務によりもたらした損害は労務を受け入れる側の行為がもたらした損害に等しくなる。③個人労務責任の権利侵害形態は代位責任である。

(二)　帰責原則及び成立要件

個人労務責任には過錯推定原則を適用する。被権利侵害者は損害事実を証明するだけでよい。損害結果と行為者の行為の間の因果関係、及び行為者と被告の個人労働関係があればそれでよく、行為者が実施した権利侵害行為に対し被告は過錯があるか否かを証明する必要はない。しかし被告は損害の発生に対し過錯がないことを反証しなければならない。

個人労務責任構成は以下の要件を備えていなければならない。

(1)　労務を受け入れる側と労務提供側の間に労働関係がなければならない。労務を受け入れる側と労務提供側の労務関係の表現は、労務提供側が雇用期間に実施した行為は労務を受け入れる側に対し直接経済利益及びその他物質利益をもたらし労務を受け入れる側はその利益を受け取り、労務提供側はそれにより報酬を獲得することである。

(2)　労務を受け入れる側は特定の立場にいなければならない。労務を受け入れる側は他人の労働を支配する立場にいなければならず、その支配する立場が労務契約を発生させる。労務を受け入れる側が買うのは労務提供側の労働力であるので労務を受け入れる側は労務提供側の労働に対し支配権を得る。

(3)　労働提供側が第三者の損害をもたらした時、特定状態にいなければならない。この特定状態とは労働提供側が損害をもたらした時は労務行為である。労務提供側が他人に損害を与えた時に労務を執行していたかどうかを考察する規則は、一、労務を受け入れる側に明確な授権指示がある場合は労務を受け入れる側の明確な指示に基づき確定する。労務を受け入れる側が労務提供側に何をするか指示をし、労務を受け入れる側の指示に従い行った労務提供側の労働は職務執行となる。二、労務を受け入れる側の授権の範囲を超える行為、つまり労務を受け入れる側が明確な指示をしていない行為は、労務従事活動の外在表現形態を基準とし行為が客観上の表現として労務を受け入れる側の指示した要求と一致するのであれば労務従事活動の範囲に属する。

(4)　労務を受け入れる側に主観上過錯がある。労務を受け入れる側の過錯表現は労務を受け入れる側の選任、監督、管理に対する怠慢・不注意の心理状態である。労務提供側に過錯があるかどうかは責任構成において意味を持たないが、労務を受け入れる側が労務提供側に対し求償権を持つかどうかを確定する際に労務提供側の過失を考察する。労務を受け入れる側の過錯内容の表現は、労務提供側に対する選任、監督、管理上の怠慢・注意義務である。労務を受け入れる側が故意に労務提供側に他人の権利を侵害するように指示した場合、共同権利侵害行為となり労務を受け入れる側の代位責任にはならない。労務を受け入れる側の過錯確定には推定形式を採用する。

㈢　責任負担

⑵　労務を受け入れる側の賠償責任が確定した後、労務を受け入れる側の代位責任負担は以下の手順に従い行わなければならない。

⑴　損害賠償の責任主体を確定する。個人労務責任が代位責任であるからには、その責任主体は労務を受け入れる側であり労務提供側ではない。

⑶　労務を受け入れる側が賠償責任を負う。個人労務損害責任の成立を証明した後、労務を受け入れる側は賠償責任を負わなければならない。

労務を受け入れる側の求償権。労務を受け入れる側が労務提供側に対し代位責任を負担した後、労務提供側が損害の発生に対し重大過失又は故意がある場合は、労務を受け入れる側はそれに対し求償権を持ち、労務を受け入れる側の損失を補うことができる。同時に労務提供側を規範し、職務執行の過程において慎重に行動することを要求し損害の発生を減少させる。

㈣　労務を提供する側が労務により自己に損害を生じさせた場合の責任

『権利侵害責任法』第三十五条後段が規定しているのは個人労務関係においての労働災害責任であり、その規則は一般の労働災害責任規則と異なる。その区別は、個人労務関係は原則上労災保険に含まれず、労務提供側の労務過程における自己の傷害の確定は双方の過錯に基づき相応の責任を負担しなければならない。労務提供側が労務により傷害を受けた場合に労務を受け入れる側が責任を負担するのかどうかは、過錯責任原則を実行し過錯があれば責任を負い、過錯がなければ責任を負わない。相応の責任は、過錯程度及び原因力と相応する。[1]

個人労務労働災害の責任負担の三つの状況は、以下の通り。

(1) 労務を受け入れる側に過錯がある。労務提供側が労務提供過程において自己に損害をもたらしたことに対し、労務を受け入れる側に過錯があり労務提供側に過錯がない場合、労務を受け入れる側が全ての賠償責任を負い労務提供側は損害賠償の請求をする権利を持つ。

(2) 労務提供側自身に過錯がある。労務提供側が労務を提供する過程において自己に損害をもたらした際、損害が自己の過錯によりもたらされたのであり労務を受け入れる側に過錯がない場合、自己の過錯に対し結果を負わなければならず労務を受け入れる側は責任を負わない。

(3) 労務提供側と労務を受け入れる側どちらにも過錯がある。このような状況においては過失相殺が成立され、双方の過錯程度及び原因力に基づき各自が負う責任を確定する。

1 『権利侵害責任法』のこの規則は批判を受けている。この規定が労働者の労働安全における必要保護に違反し、労働者の安全が必要保障を得ることができないことが原因である。

第四節　インターネット権利侵害責任

一　インターネット権利侵害責任概述

(一)　概念及び特徴

インターネット権利侵害責任とは互連網などインターネットにおいて、インターネットユーザー、インターネットサービス提供者並びに他人が故意又は無意識にインターネットにより他人の民事権益を侵害する特殊権利侵害責任である。インターネット権利侵害の特徴は、以下の通り。

(1)　インターネット権利侵害行為主体の多様化。インターネットの使用範囲が広いため、インターネットを利用し各種活動に従事する主体が極めて多い。よってインターネット権利侵害行為を実施する主体も多様化している。インターネット権利侵害責任主体は主にインターネットサービス提供者及びインターネットユーザーである。

(2)　インターネット権利侵害行為の知能化。インターネットの運営及び使用には比較的高い技術力が要求される。よってインターネット権利侵害を実施する行為者の多くがコンピュータ、インターネットの応用に長けており、インターネット権利侵害行為の知能化の特徴がみられる。

(3)　インターネット権利侵害行為の匿名性。インターネット権利侵害行為のキャリヤーが電子化、数字化している現代道具であり、インターネットを主なキャリヤーとしているため、一般的状況においてはマウスをクリックする等だけで権利侵害行為が実現でき、書面材料のように痕跡が残りやすいものと違い証拠を消しやすく、被権利侵害者が行為を証明することが容易ではない。

(4)　インターネット権利侵害行為は実施する時間が短く損害の範囲が広い。コンピュータの動作速度の特徴がインターネット権利侵害行為の特徴であり、権利侵害行為実施の速さ、損害結果拡大の迅速さ、影響の大きさ、範囲の広さの特徴がある。

(5)　行為者の主観心理状態は多くの場合故意である。インターネット権利侵害行為の成立要求は過錯であり、過失は権利侵害責任を成立する可能性があるが、故意にインターネットを運用し他人の人身、財産権益を侵害するのがインターネット権利侵害過錯の常態である。

(二)　インターネットサービス提供者

インターネットサービス提供者とはその提供するサービス形式に基づき情報保存空間又は検索、リンクサービスの提供等必要な措置を取るサービス提供者であり、インターネット上において自己の作品を発表するインターネット内容提供者も含み、主にインターネット経営サービス商（ＩＳＰ）、インターネット内容サービス商（ＩＣＰ）、並びにその他インターネット活動に参与する各種主体がある。[1]

(三)　保護範囲

インターネット権利侵害責任の保護範囲について、『権利侵害責任法』第三十六条は「インターネットサービスを利用し他人の民事権益を侵害するもの」と規定している。「民事権益」に対する理解は、

1　方美琪『インターネット概論』、清華大学出版社一九九九年版、第三二四頁参照。

おおよそインターネット上で権利侵害行為を実施し一切の民事権益を侵害し得るものであり、中でも主に人格権益並びに知識産権（特に著作権）を含む。『権利侵害責任法』第三十六条は中国インターネット権利侵害行為の実際状況に基づき著作権侵害及びその他民事権益を侵害するインターネット権利侵害責任に通知規則（避風港原則）及び知道規則（紅旗原則）を適用することで、インターネットサービス提供者が民事主体の民事権益を保護する責任感及び自覚性を増強しやすくなり、よりよく民事主体の民事権益侵害を受けないよう保護できるようにする。

二　インターネット権利侵害責任の基本規則

インターネット権利侵害責任は以下の二種類を含む。一、インターネットユーザー及びインターネットサービス提供者がインターネット上で実施した権利侵害行為に対し負担する自己責任。二、インターネットサービス提供者がインターネットユーザーに対し自己のインターネット上で実施した権利侵害行為に対し負う連帯責任。通知規則及び知道規則を含む。

㈠　インターネットユーザー及びインターネットサービス提供者自身が権利侵害行為を実施した場合の責任

インターネットユーザー又はインターネットサービス提供者がインターネットを利用し他人の民事権益を侵害した場合は権利侵害責任を負わなければならない。これはインターネットユーザー又はインターネットサービス提供者自身が実施した権利侵害行為は、自己が権利侵害責任を負担する一般権利侵害行為に属するため、よって過錯責任原則を適用するのである。

㈡　インターネットサービス提供者がインターネットユーザーに対し権利侵害行為を実施した場合連帯責任を負う

二つの状況においてインターネットサービス提供者はインターネットユーザーが自己のインターネット上で実施した権利侵害行為に対し連帯責任を負う。通知規則と知道規則である。通知規則と知道規則が参考としているのはそれぞれ『アメリカデジタルミレニアム著作権法』（ＤＭＣＡ）規定の「セーフハーバー」と「紅旗原則」である。

⑴　通知規則。インターネットユーザーがインターネットサービスを利用し権利侵害行為を実施した場合、被権利侵害者はそれに気付いた後インターネットサービス提供者に通知しそれに対し削除、遮断、リンク断ち切り等の必要措置を講じさせ、権利侵害行為並びに影響の削除をする権利を持つ。これはインターネットサービス提供者が実施した権利侵害行為ではなくインターネットユーザーがインターネットサービス提供者のインターネットを利用し権利侵害行為を実施した場合に、被権利侵害者が権利侵害者を見つけることができない又は探さない可能性があるため、直接インターネットサービス提供者に当該インターネット上の情報を通知し必要措置を講じさせ権利侵害結果を消去するのである。インターネットサービス提供者は通知を受けた後、被権利侵害者の要求に従い削除、遮断又はリンクを断ち切る義務がある。インターネットサービス提供者が必要措置を取った場合「セーフハーバー」に入ったことになり、その権利侵害行為と関係がなくなる。インターネットサービス提供者が通知を受けた後すぐに必要措置を取らず権利侵害損害結果を拡大させた場合は、損害拡大の部分に対しインターネットサービ

ス提供者と権利侵害を行ったインターネットユーザーは連帯責任を負う。

被権利侵害者が必要措置を講じるよう請求する通知を提出する際の要求は、被権利侵害者は書面通知方法にて行わなければならない。通知は以下の内容を含まなければならない。一、被権利侵害者の氏名(名称)、連絡方法及び住所。二、必要措置を要求する権利侵害内容のアドレス又は権利侵害内容を確定することができる相関情報。三、権利侵害を成立する大体の証明材料。四、被権利侵害者の通知書の真実性に対する承諾。被権利侵害者が送った通知が上述の要求を満足できない場合は、有効な通知を発送したと見なすことができず通知結果が発生しない。

インターネットサービス提供者は被権利侵害者の有効な通知を受けた後、実際の状況と被権利侵害者の要求に従い適時に削除、遮断又はリンクの断ち切り等必要措置を取らなければならない。「適時」に対する要求は、一般的には四十八時間を超えてはいけず、緊急時は二十四時間を超えてはいけない。

(2) 反通知規則。通知規則が存在するからには反通知規則も存在しなければならない。でなければ言論の自由を制限することになる。『権利侵害責任法』第三十六条第二項に明確な反通知規則が無かろうが論理上は存在する。インターネットサービス提供者が被権利侵害者の通知を受け必要措置を取った後、情報を発送したインターネットユーザーが権利を侵害していないと主張し必要措置採用を不当とする場合は、インターネットユーザーはインターネットサービス提供者に対し反通知を提出し自己の発布した情報の回復を要求し、「被権利侵害者」の権利侵害責任を追及する権利を持つ。インターネットサービス提供者は反通知を受けた後、反通知の要求に従い、インターネットユーザーが発布した情報を回復する義務を負う。インターネットサービス提供者が被権利侵害者の要求に従い遮断又はリンク断ち切り等必要措置を講じたが、その他相関するインターネットユーザーの民事権益も侵害した場合は、その他相関するインターネットユーザーも反通知権利を持ち自己の権利の保護を主張することができる。

反通知の規則は、インターネットユーザーはインターネットサービス提供者が転送した通知書を受けた後、その提供した内容が「被権利侵害者」の権利を侵害していないと考える場合、又はその他インターネットユーザーが通知に従い取った必要措置がその民事権益を侵害したと考える場合、インターネットサービス提供に対し書面の反通知を提出し、削除された内容の回復又は遮断の取り消し、切られたリンク内容の回復を要求することができる。反通知は以下の内容を含む。一、インターネットユーザーの氏名（名称）、連絡方法及び住所。二、回復を要求する内容、名称及びアドレス。三、権利侵害を構成しないだいたいの証明材料。四、反通知発送者の反通知の真実性に対し責任を負うという承諾。

インターネットサービス提供者がインターネットユーザーの書面反通知を受けた後、削除された内容の回復、又は遮断の取り消し、又は切られたリンクの回復を早急に行い、同時にインターネットユーザーの反通知を通知発送者に転送しなければならない。通知をした「被権利侵害者」はインターネットサービス提供者に再び削除、遮断又はリンクの切断等措置を取るよう通知することはできない。異議がある場合は人民法院に対し起訴することができる。

通知発送者が発送した通知が不当であり、インターネットサービス提供者がこれに基づき削除、遮断又はリンクの切断等必要措置を取り、インターネットサービス提供者又はインターネットユーザー並びにその他インターネットユーザーに損失をもたらした場合は、通知発送者は『権利侵害責任法』第六条第一項の規定に従い賠償責任を負わなければならない。

⑶　知道規則。これはインターネットユーザーがインターネットを利用し権利侵害行為を実施して他人の民事権益を侵害した時に必要措置を講じていないことをインターネットサービス提供者が知った場

合に権利侵害行為を実施したインターネットユーザーと連帯責任を負わなければならない権利侵害法規則である。知るとは明知と既知を含む。明知は行為者が明らかに知っていながら故意に行ったことを証明することができる。既知は行為者が既に知っていただけで決して執拗に行ったわけではないことを証明し、基本的に放任の主観心理状態に属す。以下の五つの状況はインターネットサービス提供者が既知の状態だと認定することができる。一、サイトトップページにてお勧めをする。二、掲示板の最上部に置く。三、ネット記事として発布する。四、インターネットユーザーがサイトで主催している活動において権利侵害行為を実施する。五、その他サイトが発表した権利侵害作品を転載する。

インターネットユーザーがサイト上において権利侵害行為を実施したとインターネットサービス提供者が明知しているにも関わらず必要措置を取らない場合、当該権利侵害行為がもたらした全ての損害に対し権利を侵害したインターネットユーザーと連帯責任を負う。

第五節　安全保障義務違反の権利侵害責任

一　安全保障義務違反の権利侵害行為概述

安全保障義務違反の権利侵害行為とは、法律規定又は約束に依り他人に対し安全保障義務を負担している人がその義務に違反し、直接的又は間接的に他人の人身又は財産権益に損害をもたらした場合に損害賠償責任を負わなければならない権利侵害行為である。

安全保障義務違反の権利侵害行為の特徴は、①行為者は保護を受ける人に対し安全保障義務を負う人である。保護を受ける人は行為者の公共の場又は大衆性活動領域の中に入っている人である。②行為者は安全保障義務保護を受ける相対人に対し安全保障義務を違反する。③安全保障義務を受ける人が保護する相対人は人身損害又は財産損害を受ける。④安全保障義務違反の行為者は権利侵害損害賠償責任を負う。

二　主体及び安全保障義務の根源

(一)　義務主体

最高人民法院『人身損害賠償事件の審理における法律適用の若干問題に関する解釈』第六条の規定では、安全保障義務を負う義務主体は経営者及びその他社会活動の組織者であり、自然人、法人及びその他組織を含む。『権利侵害責任法』第三十七条は安全保障義務違反の権利侵害責任における義務主体の範囲を「ホテル、デパート、銀行、駅、公園、娯楽施設等公共の場の管理者又は大衆性活動の組織者」と規定しており、即ち「公共場所の管理者又は大衆性活動の組織者」である。この範囲は司法解釈が規定する範囲より狭くなっており、保護を受ける人の権益を守るのに不利である。二〇〇三年『消費者権益保護法』第十八条は消費者に対し安産保障義務を負う義務者を「ホテル、デパート、レストラン、銀行、空港、駅、港、映画館等経営場所の経営者」と規定している。経営場所の経営者が安全保障義務を負うのであれば、その安全保障義務違反が消費者に損害をもたらした場合は安全保障義務違反の権利侵害責任を負わなければならない。上述の法律と司法解釈の規定を総合すると、安全保障義務違反の権利侵害責任の義務主体を経営場所の経営者と大衆性活動の組織者と規定するとより正確になる。

㈡　権利主体

安全保障義務の権利主体は安全保障義務保護を受ける当事者であり、法律規定の概念では「他人」、つまり経営活動又はその他社会活動の相関人である。

㈢　安全保障義務の根源

安全保障義務違反の権利侵害責任を確定する際に最も重要なのは、行為者が安全保障義務を負っているかどうかの確定である。経営活動の経営者又は大衆性活動組織者の安全保障義務の根源は主に三つある。

⑴　法律の直接規定。法律の直接規定は最も直接的な安全保障義務の根源である。『消費者権益保護法』第十八条第三項は、「ホテル、デパート、レストラン、銀行、空港、駅、港、映画館等経営上の経営者は、消費者に対し安全保障義務を尽くさなければならない。」と規定している。

⑵　契約約定の主義務。当事者約定の契約義務において契約の一方の当事者がもう一方の当事者に対し安全保障義務を負うと規定している場合、契約当事者は安全保障義務を負わなければならない。例えば旅客輸送契約を結んだ場合、旅客の人身安全保障義務は契約の主義務であり、当事者はこの義務を必ず履行しなければならない。[1]

1　崔建遠主編『合同法』、法律出版社二〇〇三年版、第四一四頁。

(3)　法定又は約定の契約に付随する義務。信義誠実の原則に基づき、一方の当事者はもう一方の当事者に対し安全保障義務を提供しなければならず、当方当事者も安全保障義務を負わなければならない。例えば飲食業、旅館業など顧客に対しサービスを提供する場合、信義誠実の原則の解釈に基づきサービスを受ける顧客の人身安全を保障しなければならない。

(四)　安全保障義務の性質

経営活動の経営者又は大衆性活動の組織者が負う安全保障義務の基本性質は、一、法定義務、二、契約義務の二つあり、多くの状況において二つの義務は競合する。例えば経営者の安全保障義務は法律規定の義務でもあり合同約定の義務でもある。経営者がこの安全保障義務を違反すると権利侵害責任を成立する可能性もあり、違約責任を成立する可能性もある。よって権利侵害責任と違約責任の競合が発生する。被権利侵害者には二つの損害賠償の請求権が生じ、『合同法』第一二二条の規定に基づき賠償権利者が選択をする。自己に最も有利な請求権を選択・行使し、自己の権利損害を救済することができる。

三　帰責原則及び成立要件

(一)　帰責原則

安全保障義務違反の権利侵害責任には過錯推定原則を適用する。推定する事実基礎は、経営者又は組織者の行為が安全保障義務に違反したことを被権利侵害者が既に証明した状況においてそれに過錯があることを推定する。経営者又は組織者が自己の過失を否定した場合、証明責任は安全保障義務の行為者自身が負担することとなり自己に過失がない事実を証明する。自己に過失が無いことを証明できた場合、過錯推定は覆されその権利侵害責任は免除される。過錯がないことを証明できない場合、又は証明が不足している場合、過錯推定が成立し権利侵害責任を負わなければならない。

(二) 成立要件

(1) 安全保障義務違反の行為。義務者が安全保障義務を違反しているかに対する実践における客観基準は、以下の通り。

第一、法定基準。安全保障の内容と安全保障義務者が履行しなければならない行為に対し法律に直接規定がある時、厳格に法律・法規の明確な規定に基づいて判断をしなければならない。例えば公安部『高層建築消防管理規則』の規定――「建築物内の廊下、階段、出口等は常に開通を保っていなければならず、物の放置を禁止する。標示は分散させ指示灯は整理して使わなければならない。」という基準に違反し、被保護者の人身損害又は財産損害をもたらした場合、安全保障義務違反が成立される。

第二、特別基準。未成年の安全保障義務に対しては特別基準を採用しなければならない。経営活動領域又は社会活動領域において児童に対し誘惑力を持つ危険がある時、経営者又は組織者は必ず最高の安全保障義務を履行しなければならない、又はこの危険を削除し発生しないようにしなければならない、又は未成年者をその危険から遠ざけ危険に接触させないようにしなければならない。或いはその他措置・保障を以て児童に対し損害を与えないようにしなければならない。これら保障・措置を実施しなければ安全保障義務の違反となる。

第三、善良管理者の基準。確定における基準を法律が規定していない場合、安全保障義務を履行したかどうかの判断基準は権利侵害法上の一般人の注意基準より高くなければならず、交易上の一般観念を以て相当知識・経験があると思われる人の一定事件に対し用いる注意を判断基準とする。行為者が注意を尽くす知識及び経験があるか、並びに過去の事務に対し用いる注意程度は問わず、その職業に基づき斟酌し、用いる注意の程度は普通人の注意及び自己の事務処理の同一注意要求より高くなる。[1]

第四、一般基準。一方で経営者又は組織者が一般の被保護者、例えば自発的に経営場所又は社会活動場所へ進入する者又は不法侵入者に対し負う義務は、隠避性危険に対し負う告知義務である。この告知義務を履行しなければ安全保障義務違反が成立される。もう一方で、招待を受けた人が経営領域又は社会活動領域に進入する際の一般保護事項、例えばデパート、列車、公共交通道具が泥棒に侵害される危険がある場合、経営者又は組織者は一般の告知義務と注意義務を負う。泥棒の損害に遭うことが義務者の安全保障義務違反となるのではない。

上述の基準に基づくと以下四つの行為は安全保障義務違反の行為となる。第一、侵害行為防止を怠る。これは権利侵害行為を防犯・制止する安全保障義務を負う人が権利侵害行為の発生に対し有効な防犯・制止を行っていないことである。第二、人為の危険状況消去を怠る。これは管理サービス等人為の危険状況に対し消去を行わないことである。第三、経営場所又は活動場所における傷害性を持つ自然状況削除を怠る。例えば施設、設備に存在する不合理な危険に対し合理的措置を講じ除去することを怠るなどである。第四、告知行為実施を怠る。これは経営場所又は社会活動場所において存在する潜在危険と危険要素に対し告知義務を尽くさず、また適当な注意を尽くしていないなどである。上述の安全保障義務基準に対する合理的限度範囲を超えた場合、経営又は活動領域に侵入した人の損害をもたらしても損害

1　楊立新『侵権行為法専論』、高等教育出版社二〇〇五年版、第一一二頁。

賠償責任を負担しない。

(2)　安全保障義務を負う相対人が損害を受ける。安全保障義務違反の権利侵害責任成立は人身損害と財産損害を含む損害事実要件を備えていなければならず、この権利侵害責任は人身安全の保護に重点を置いているため主な損害事実は人身損害となる。

(3)　損害事実と安全保障義務違反行為の間に因果関係がある。安全保障義務違反における権利侵害行為の類型が異なるため、因果関係の要求も異なる。第一、安全保障義務違反行為が直接損害事実をもたらす状況における因果関係に対する要求は直接因果関係又は相当因果関係でなければならず、安全保障義務違反行為は損害発生の原因となる。施設、設備又はサービス管理が安全保障義務を違反する権利侵害行為及び児童に対する安全保障義務違反の権利侵害行為において、安全保障義務を違反する行為は保護を受ける人の損害事実を引き起こす原因となる。第二、権利侵害行為を防犯・制止する安全保障義務を違反する権利侵害行為において、安全保障義務を違反する行為と損害結果の因果関係に対する要求は前述の三つの権利侵害行為に対する要求に比べ低くなっており、間接因果関係を成立すれば因果関係要件は成立する。これは権利侵害者が保護を受ける人に対し実施する権利侵害行為が、保護を受ける人に対する直接的な行為であり、且つ保護を受ける人に直接損害をもたらすからである。当該権利侵害行為は保護を受ける人が損害を受ける原因の全てである。しかし安全保障義務者の安全保障義務違反行為も保護を受ける人に損害をもたらす原因の全てである。これはその保護義務を尽くした場合完全にこれら損害を回避できるためである。

(4)　安全保障義務を違反する行為の行為者に過失がある。安全保障義務違反者の過錯性質は注意義務を尽くしていない過失であり、故意は含まない。この過失は注意しなければならないことに対し注意を怠る過失であり、その表現は安全保障義務違反の行為において行為に対する考察を通し判断しなければならない。安全保障義務違反の行為者に過錯があるかの基準は、行為者が法律、法規、規章等が到達を要求する注意義務に到達しているか、又は同類の公共場所管理者或いは大衆性活動組織者が到達しなければならない注意程度に達しているか、又は信義誠実、善良な公共場所管理者或いは大衆性活動組織者が到達しなければならない注意程度に達しているかである。[1] 過錯推定方式は、証明責任の転換を実行し義務者が安全保障義務を尽くしていないことを被権利侵害者が証明し、且つ既に被権利侵害者に損害を与えていれば損害事実と安全保障義務違反の行為から義務者に過失があることを直接推定することができる。義務者が自己は無過錯であると主張する場合、自己に過錯がないことを証明しなければならない。自己に過錯がないことを証明し過錯推定を覆した場合、義務者は権利侵害責任を負わない。証明できない又は証明が不足する場合、過錯推定は成立し権利侵害責任を成立する。

四　責任類型

(一)　施設、設備における安全保障義務の違反

経営者又は組織者の施設、設備における安全保障義務は、主に相関する安全基準に違反しないことである。経営場所又は社会活動場所の施設、設備は必ず国家の強制基準要求に一致していなければならず、国家の基準がない場合は、業界基準に一致する又はその経営活動を行うのに必要な安全基準に達してい

1　張新宝『侵権責任法原理』、中国人民大学出版社二〇〇五年版、第二八一頁。

なければならない。設置している物質的条件が安全保障の要求に達しておらず、欠陥又は瑕疵が存在し他人に損害を与えた場合、経営者又は組織者は被権利侵害者に対し人身損害賠償責任を負わなければならない。

㈡ サービス、管理における安全保障義務の違反

経営者又は組織者のサービス、管理における安全保障義務は主に以下を含む。一、管理の強化、安全な消費・活動環境の提供。二、サービス基準の維持、損害出現の防止。一定のサービス基準に基づいて行い、サービス基準に反してはならない。三、必要な提示、説明、勧告、協力義務を行う。サービス管理の安全保障義務違反は、経営者又は組織者の労働者が上述の安全保障義務に違反することで瑕疵又は欠陥が存在し、これにより他人に損害を与えた場合、権利侵害責任が成立される。

㈢ 児童に対する安全保障義務違反

児童は国家の未来であり民族の未来である。法律は児童に対し特別に関心及び保護を与え、特別な基準を適用している。経営者又は組織者は児童を保護する各措置に尽力し、児童がその場所における誘惑力を持つ危険の侵害を受けないよう保障しなければならない。児童に対する安全保障義務に違反し児童に損害を与えた場合は、経営者又は組織者は賠償責任を負わなければならない。

㈣ 権利侵害行為の制止、防備における安全保障義務違反

他人に対し安全保障義務を負う経営者又は組織者が、他人の侵害に対する防犯・制止の義務を尽くさ

ないことにより保護を受ける人に損害を生じさせた場合も、安全保障義務違反の権利侵害責任を構成する。これは特定の類型である。例えば、王氏があるホテルに泊まり、防犯を怠ったことにより権利侵害者である全氏が王氏の部屋に侵入し、財産を奪い王氏を殺害するに至ったとする。王氏の両親がホテルに安全保障義務違反の権利侵害責任を負うよう裁判所に提訴した場合、人民法院はこれを支持する。

五　責任形態

(一)　自己責任

自己責任とは、自己の実施した行為がもたらした他人の人身損害及び財産損害の結果に対し違法行為者が自ら負担をする権利侵害責任形態である。経営者又は組織者が経営又は社会活動において安全保障義務に違反し、保護を受ける人に人身損害を与えた場合、自己が責任を負担する。施設・設備の安全保障義務違反の権利侵害行為、サービス・管理の安全保障義務違反及び児童に対する安全保障義務違反の権利侵害行為は、安全保障義務を違反した行為者が単独の自然人主体の場合、自己が責任を負担しなければならない。

(二)　代位責任

経営者又は組織者が事業主で、安全保障義務を違反した具体的行為者が経営者又は組織の労働者であり事業主責任の要求に一致している場合、施設・設備の安全保障義務違反の権利侵害行為、サービス・管理の安全保障義務違反及び児童に対する安全保障義務違反の権利侵害行為の責任形態は代位責任となり、経営者又は組織者である事業主が責任を負担する。

㈢　補充責任

安全保障義務違反の権利侵害行為において、権利侵害行為を防犯・制止する安全保障義務の当事者が負担する賠償責任は補充責任である。権利侵害行為を防犯・制止する安全保障義務の補充責任とは、第三者の権利侵害が被権利侵害者に損害を与え、全ての賠償責任を負担できない又は責任を負担できない場合に過錯がある安全保障義務違反者が責任を負担する相応的補充賠償責任である。

相応の補充責任の規則は、以下の通り。

⑴　権利侵害行為を防犯・制止する安全保障義務を尽くしていない場合、直接権利侵害者は直接責任者であり、安全保障義務違反者は補充責任者となる。被権利侵害者はまず直接責任者に賠償を請求し、直接責任者は権利侵害責任を負担する。直接責任者が全ての賠償責任を負担した後、最終的に補充責任者の賠償責任は消滅し、被権利侵害者は補充責任者に対し賠償を請求できず、直接責任者も求償をすることはできない。

⑵　被権利侵害者は直接責任者が賠償できない或いは賠償不足又は行方不明により優先順序に従い賠償請求権を行使できない場合、補充責任者に対し賠償を請求することができる。補充責任者は被権利侵害者の請求を満たさなければならない。補充責任者の賠償責任範囲は直接責任者が賠償できない部分ではなく「相応」の部分である。相応の補充責任は安全保障義務違反者の過錯程度及び行為の原因力と「相応」しなければならず、相応部分を超える賠償責任は負担しない。

⑶　相応の補充責任はその責任がただの補充性であることを意味しており、直接責任者に全ての賠償

をする能力がある場合はその賠償責任を負担しなければならず、安全保障義務違反者は補充の必要性が存在しなくなり補充責任を負わない。補充責任における「補充」は、直接責任者が負う賠償責任が最優先の責任であり、補充責任者が負う賠償責任は二番目の責任であることを意味している。よって補充責任は直接権利侵害者の責任を補充する権利侵害責任形態である。

第六節　学生傷害事故責任

一　学生傷害事故責任概述

(一)　概念

学生傷害事故責任とは無民事行為能力又は制限民事行為能力者である学生が幼稚園、学校又はその他教育機関の学習、生活期間中に人身損害を受けた場合に、幼稚園、学校又はその他教育機関が賠償責任を負う特殊権利侵害責任である。

学生傷害事故の境界に関しては以下の概念を正確に把握しなければいけない。

(1)　学生傷害事故における学生。各種全日制学校の全日制未成年学生、幼稚園の幼児と児童、全日制学校登録中又はその他教育機関在学中のその他無民事行為能力者又は制限民事行為能力者を含む。

(2) 幼稚園、学校又はその他教育機関の学習・生活期間中。幼稚園、学校又はその他教育機関とは同類の全ての機関を指す。保護される学生がそこで学習・生活をしている期間に対しては「門から門まで」原則を採用しなければならない。つまり学生は校門に入ってから出るまでの期間中、学校教育の教学活動に参加するが学校組織の校外活動はこの限りではない。学校又は幼稚園に送迎バスがある場合は送迎バスの門を境界とし、バスの乗り降りの安全保護も含まれる。

(二) 法理基礎

幼稚園、学校又はその他教育機関と在校学生との関係は、基本的性質は『教育法』に基づき成立する教育関係であり、契約に基づく関係ではない。『教育法』は幼稚園、学校又はその他教育機関と在校学生に法律関係が発生する基礎であり、学校等教育機関が学生の教育、管理及び保護に対し有する法律関係である。学校は学生に対し教育、管理の権力があり、保護義務を負う。学生は教育、管理を受ける義務がり、保護を受ける権利を持つ。

二 帰責原則及び成立要件

(一) 帰責原則

『権利侵害責任法』第三十八条から第四十条は、学生傷害事故に対し異なる帰責原則を採用し権利侵害責任を確定するよう明確に規定している。①無民事行為能力者が幼稚園、学校又はその他教育機関での学習、生活期間中に人身損害を受けた場合に対しては過錯推定原則を適用する。②制限民事行為能力者が幼稚園、学校又はその他教育機関での学習、生活期間中に人身損害を受けた場合に対しては過錯責任原則を適用する。③第三者の行為が学生に損害を与えた場合に対しては過錯責任原則を適用する。学生傷害事故責任は『権利侵害責任法』第二十四条が規定する公平分担損失責任は適用しない。

㈡　成立要件

⑴　学生が人身損害を受けたという客観的事実。学生傷害事故の損害事実の主な表現は、学生の人身傷害及び死亡、並びにこれにより生じた財産性損失である。例えば医療費、介護費、交通費、宿泊費、栄養費、入院食補助費、傷害補助費及び葬儀費等費用の支出。その他生じた精神損害も含む。

⑵　学生の傷害事故に対し教育機関には違法行為が存在する。教育機関の学生傷害事故に対する違法行為とは、学校が教育及び教学活動を実施している際に、『教育法』等法律法規が定める学校の学生に対する教育、管理及び保護職責に関する行為に違反すること又は履行が未確定であることである。一、管理怠慢行為。これは教育及び教学活動等学校活動に対する教育機関の管理怠慢である。二、保護怠慢行為。教育機関は在校の未成年学生に対し安全保護義務を負う。不注意及び怠慢により学生に人身損害を生じさせた場合、学生に対する安全保護の注意義務怠慢が成立される。三、教育怠慢行為。これは教育機関が学生に対する教育に教育職責を尽くさず、教学活動において他人に人権侵害を生じさせることである。上述の教育機関の行為は、教育機関の行為及びこれら責任を負う教師の行為を含む。

⑶　教育機関の違法行為と事故発生には因果関係がある。判断基準は相当因果関係を採用する。

⑷　教育機関は学生傷害事故に対し過失がある。管理怠慢、保護怠慢、教育怠慢は全て注意義務怠慢の過失である。これら過失を確定する基準は、『教育法』が規定する教育、管理及び保護の職責履行に

対し必要な注意義務を尽くしたかどうかである。第一、教育機関は学生に対し注意義務を負っているか。注意義務の根源は法律法規や行政規定等により生じた一般性中止義務、並びに教育機関と学生の家族が結んだ合同契約における注意義務を含む。第二、教育機関は学生に対し相当な注意義務を尽くしたかどうか。相当な注意義務を尽くすとは、教育機関が法律法規、規章規程等並びに契約要求の注意に従い尽くさなければならない努力であり、学生の人身健康安全に対し合理・慎重な注意を尽くすことを指す。第三、教育機関が相当注意義務を尽くしたかどうか。学生の傷害事故に対する教育機関の過錯の確定にはその予見能力を考慮しなければならず、教育機関が予見能力を持たず、予見すべきではない又は予見することができない等損害結果に予見可能性がない場合、教育機関は相当な注意義務を尽くし合理的行為を以て損害結果の発生を回避することができないため、主観上無過失であるとする。

三　責任類型

(一)　無民事行為能力者が損害を受けた場合の教育機関責任

『権利侵害責任法』第三十八条は、幼稚園、学校又はその他教育機関は無民事行為能力者に対し過錯推定責任を負担すると規定している。被権利侵害者が教育機関に権利侵害責任を負担するよう主張した場合、違法行為、損害事実及び因果関係要件を証明しなければならない。証明が成立すると、幼稚園、学校等教育機関に過失があると推定できる。幼稚園、学校等教育機関が無過失を主張する場合、証明責任の転換がされ教育機関自ら自己に過錯がないことを証明する。幼稚園、学校又はその他教育機関が自己に過失がないことを証明出来ない場合、権利侵害責任を負担しなければならない。教育、管理職責を尽くしたことを証明できる場合は権利侵害責任を負わない。

㈡　制限民事行為能力者が損害を受けた場合の教育機関責任

制限民事行為能力の未成年学生が学校で受けた人身損害に対し、学校等教育機関の責任を確定する場合は過錯責任原則を実行し、過錯がある場合は賠償責任を負担し、過錯が無い場合は賠償責任を負担しない。過錯確定に対しては被権利侵害者が証明責任を負う。

㈢　第三者が教育機関において学生を傷害した場合の責任

第三者が教育機関にて無民事行為能力又は制限民事行為能力学生を傷害した責任とは、学生傷害事故の発生が学校の過錯ではなく、第三者の過錯により生じた場合に第三者が権利侵害を負う事故責任である。

無民事行為能力者又は制限民事行為能力の学生が幼稚園、学校又はその他教育機関の学習、生活期間中に、幼稚園、学校又はその他教育機関以外の第三者の侵害を受け人身損害を被った場合、権利侵害を行った第三者が権利侵害責任を負う。この第三者責任は『権利侵害責任法』第二十八条が規定する「損害が第三によりもたらされた場合は、第三者が権利侵害責任を負わなければならない」と基本的に同じであり、この上に更に教育機関の相応の補充責任を以て補充することができる。

第三者が学生に人身損害を与えた場合は、学生傷害を招いた具体的権利侵害行為類型に基づいて異なる帰責原則を適用しなければならない。学生傷害事故を招いた第三者が実施する権利侵害行為が一般権利侵害行為の場合、『権利侵害責任法』第六条第一項の規定に基づき過錯責任原則を適用しなければならない。学生傷害事故を招いた第三者が実施する権利侵害行為が過錯推定責任の法律規定を適用する権利侵害行為である場合、『権利侵害責任法』の関連する具体的規定に従って『権利侵害責任法』第六条第二項を参照し第三者の責任を確定する。学生傷害事故を招いた第三者が実施する権利侵害行為が無過錯責任原則の法律規定を適用する権利侵害行為である場合、『権利侵害責任法』の関連する具体的規定に従って『権利侵害責任法』第七条の規定を参照し第三者の責任を確定する。

学生に与えた人身損害に対し第三者が全ての賠償責任を負担することができる場合、規定に従い第三者が全ての賠償責任を負う。よって学校の相応補充責任問題は存在しない。

幼稚園、学校又はその他教育機関が管理職責を尽くしていない場合、相応の補充責任を負う。第三者が賠償責任を負う力が無い場合、教育機関は相応の補充責任を負う。

教育機関が相応の補充賠償責任を負う際、学生傷害事故責任の成立要件以外に以下三つの要件を備えていなければならない。①学生の人身損害は第三者の原因により生じたものである。②幼稚園、学校又はその他教育機関に過錯がある。③幼稚園、学校又はその他教育機関の過錯と第三者の与えた損害の間に間接的又は直接的因果関係がなければならず、因果関係が存在しない場合は、教育機関は補充責任を負わない。補充責任の「相応」は教育機関の過錯程度及び原因力と相互適応している。

四　賠償責任負担規則

㈠　学生傷害事故の賠償当事者

教育機関の賠償責任負担について、実体法律関係では教育機関は賠償責任主体であり、傷害を受けた学生は教育機関に対し損害賠償請求をする。

教育機関賠償責任の権利主体は傷害を受けた学生であり被害学生の親権者又は後見人は法定代理人である。

教育機関は賠償責任を負わなければならない。学生傷害事故保険契約を結んでいる場合は、まず保険契約に従い賠償関係を確定する。保険会社の賠償不足部分に対し教育機関が賠償責任を負担する必要がある場合は、教育機関は賠償責任主体となり賠償権利主体は引き続き教育機関に対し賠償責任負担を請求することができる。

㈡　免責事由

『権利侵害責任法』第三章が規定する責任を負担しない又は責任を減軽する法定状況に一致する場合、教育機関の責任は免除される。

その他、学生及びその後見人責任により生じた人身損害に対しても教育機関は責任を負わない。学生及びその後見人責任事故とは、学生傷害事故の発生に対し教育機関に過錯がなく、学生自身の過失により又はその後見人が監護責任を尽くさない為に生じた場合に、自己が損害を負担しなければならない事故責任である。後見人は親権者及びその他後見人でなければならない。中国教育省『学生傷害事故処理務法』第十条は、未成年学生の後見人が過錯により以下の状況の一つにでも一致するような学生傷害事故をもたらした場合は、法に基づき相応の責任を負わなければならないと規定している。一、学生が法律規則、社会公共行為の準則並びに学校の規章又は規律に違反し、その年齢及び認知能力に基づいて危険であること又は他人に危険を及ぼす行為であることを認識しているにも関わらずその行為を実施した場合。二、学生の行為に危険性があり、学校・教師がすでに忠告・是正を行ったがそれを学生が聞き入れず改めない場合。三、学生又はその後見人が学生に特異体質がある又は特定の病気を患っていることを認識しているにも関わらず学校に対し報告していない場合。四、未成年学生の身体状況、行為、情緒等に異常があり、後見人がその認識している又は学校がそれを告知したが、相応な監護職責の履行を怠った場合。五、未成年学生の後見人にその他過錯がある場合は、未成年学生の後見人が責任を負担をしなければならない。

第五章　製造物責任

【法律条文】

第四十一条　製品に欠陥があったことにより他人に損害を生じさせた場合には、生産者は権利侵害責任をおわなければならない。

第四十二条　販売者の過錯により製品に欠陥を生じさせ、他人に損害を生じさせた場合には、販売者は、権利侵害責任を負わなければならない。

販売者が欠陥製品の生産者を明示することができず、欠陥製品の供給者を明示することもできない場合には、販売者は権利侵害責任を負わなければならない。

第四十三条　製品に欠陥があったことにより損害を生じさせた場合には、被権利侵害者は、製品の生産者に賠償を請求することができ、製品の販売者に賠償を請求することもできる。

製品の欠陥が生産者によって生じた場合には、販売者は賠償した後で生産者に対して求償する権利を有する。

販売者の過錯によって製品に欠陥が生じた場合には、生産者は賠償した後で販売者に対して求償する権利を有する。

第四十四条　運送業者、倉庫業者等の第三者の過錯によって製品に欠陥が生じ、他人に損害を生じさせた場合には、製品の生産者、販売者は、賠償した後で第三者に対して求償する権利を有する。

第四十五条　製品の欠陥が他人の人身、財産の安全に危険を及ぼす場合には、被権利侵害者は、生産者、販売者に対して、妨害の排除、危険の除去等の権利侵害責任を請求する権利を有する。

第四十六条　製品が流通した後に欠陥があることが発見された場合には、生産者、販売者は、遅滞なく警告、リコール等の救済措置をとらなければならない。遅滞なく救済措置をとらず、又は救済措置が不十分で損害を生じさせた場合には、権利侵害責任を負わなければならない。

第四十七条　製品に欠陥があることを明らかに知っていながらなお生産、販売し、他人の死亡又は健康への重大な損害を生じさせた場合には、被権利侵害者は、相応の懲罰的賠償を請求する権利を有する。

【典型的な事例】

○○市の市民丁氏はケーキ屋さんを経営している。ある日、霧噴射式殺虫剤を三つ購入し、二名の労働者に対し店を閉める前にトイレ掃除をし、殺虫剤を撒くよう指示をした。二名の労働者が石油成分を含む殺虫剤を大量に噴射したことにより、消灯時に空気爆発が発生し労働者は傷害を被った。被害者はその殺虫剤の生産者及び販売者に賠償責任を負うよう裁判所に対し提訴した。裁判官は、その殺虫剤には警告及び説明があるが、その内の「本製品の使用について、一〇平方メートル毎に十五秒噴射し、二十分間締め切ると最も効果が良い」という説明が不十分であり、且つこれは最も経済的な使用方法の説明であり、このように使用しないと危険を発生する恐れがある等危険製品に対する合理的説明ではないと判断し、生産者に六〇%の賠償責任を負担するよう判決を下した。殺虫剤使用時に被害者にも重大な過失があったため、過失相殺を適用し残り四〇%の責任は被害者自身が負担することとなった。

第一節　製造物責任概述

一　概念及び特徴

製造物責任とは製品生産者、販売者が欠陥品の生産、販売により他人に人身損害、財産損失を生じさせた、又は他人に人身、財産損害を生じさせる恐れがある場合に損失の賠償、危険の除去、侵害の停止等責任を負担する特殊権利侵害責任である。

製造物責任は以下の法律特徴を持つ。

(1)　製造物責任は製品流通領域で発生する。製品が流通領域に入ったことの目安は、製品が交易、譲渡等契約行為を経て生産者及び販売者の手から消費者の手に移ることである。製造物責任はこの領域の中で発生する。

⑵　他人に損害を生じさせる製品には必ず欠陥が存在しなければならない。製造物責任を構成する核心的要件は製品に欠陥が存在していることである。製造物責任は製品自体の品質問題及び製品自体の損壊が生じさせた製品本体の損失ではなく、製品の欠陥により使用者の人身傷害又は欠陥製品以外のその他財産に損害を生じさせるのである。

⑶　製造物責任は特殊権利侵害責任である。製造物責任の性質は物が他人に与えた損害に属する。欠陥製品が他人に損害を生じさせた時、害を与えた製品と関連ある人物、つまり生産者又は販売者が生じさせた損害に対し賠償責任を負う。

二　製品欠陥

㈠　概念

製造物責任を確定する最も基本的概念は製品欠陥である。欠陥に対し『権利侵害責任法』は規定をしておらず、『製品品質法』第四十六条の規定を適用する。「本法が言う欠陥とは、①製品に人身、他人の財産安全に害を及ぼす不合理な危険が存在することである②製品が人体の健康、人身、財産安全を保障する国家基準、職業基準を有する場合はその基準に一致していないことを指す。」

欠陥の具体的な意味は、以下の通り。

⑴　欠陥は一種の不合理な危険である。合理的危険は欠陥ではない。製品の使用期限内であれば、通常又は合理的に予測が可能な使用状態において製品に如何なる危険もあってはならない。或いは危険性

があるとしても、その危険性が許容される範囲の場合は人々に対する安全及び健康保護と矛盾しない。

⑵　この危険は人身及び製品以外のその他財産安全に害を及ぼす。製品欠陥が表す危険は使用者の生命又は健康が直面する危険であり、財産の危険は使用者が持つ欠陥製品以外のその他財産が直面する危険である。危険が発生すると使用者の人身損害及び財産損害が生じる。

⑶　欠陥は人身、財産安全を保障する製品基準に一致していない。人体の健康、人身、財産安全を保障する国家基準、職業基準が製品にある場合、製品の欠陥とはその基準に一致していないことを指す。安全基準違反は製品欠陥の最も基本的な判断基準である。

㈡　種類

⑴　製造欠陥。これは製品を製造する過程において生じる不合理な危険である。危険をもたらす原因は多様であり、品質管理、技術水準不足等を含む。このような欠陥は原材料、部品の選択から製品の製造、加工及び組立工程等までの各過程にて発生する可能性がある。

⑵　設計欠陥。これは製品の設計、例えば製品構造、配合等に不合理な危険が存在することである。[1]設計欠陥の考察は、製品の用途と結合させ考察する必要があり、製品を設計した用途以外の使い方をした場合はたとえ不合理な危険が存在しても設計欠陥だとすることはできない。

⑶　警告欠陥。これは製品に合理的危険が存在しているにも関わらず製品販売時に適切な警告と説明をしないことである。警告は製品が持つ危険性に対する使い方をマーク又は文章により作成した提示のことであり、説明は製品の主な性能、正確な使用方法並びに間違った使い方により生じる可能性のある

1　張新宝『中国侵権行為法』（第二版）中国社会科学出版社一九九八年版、第四九三頁。

危険等に対し作成する文字表示である。おおよそ合理的危険を持つ製品に対しては必ず十分な警告・説明を行わなければならない。

(4) 追跡調査欠陥。これは生産者が新製品を市場に提供した後、新製品に対し尽くすべき追跡調査義務に違反しその製品の使用者の人身損害又は財産損害を生じさせる、危険の発展における不合理な危険を指す。

第二節　責任成立と責任負担

一　帰責原則及び成立要件

㈠　帰責原則

製品責任には無過錯責任原則を適用する。このような権利侵害責任の確定は生産者及び販売者の過錯は調査せず、過錯の有無に関わらず製品に欠陥があることを被害者が証明しさえすれば権利侵害責任は成立される。

㈡　成立要件

(1) 製品に欠陥が存在する。『権利侵害責任法』は製品の概念に対し規定しておらず、『製品品質法』

第二条第二項の規定を適用する。つまり製品とは「加工、制作を経て販売する製品」である。製品は二つの条件に一致していなければならない。一、加工、制作を経る。加工、制作を経ていない自然物は製品ではない。二、販売に使用する。これは流通領域に進入することができる物ということである。上述の製品に欠陥が存在した場合は本要件を成立する。

⑵　人身、財産が損害を受ける。製品責任の損害事実は人身損害、財産損害及び精神損害を含む。人身損害は死亡させること及び障害を負わせることを含む。財産損失は製品自体の損失（その製品を購入した時に支払った代金の損失）ではなく、欠陥製品以外のその他財産の損失を指す。

⑶　因果関係。製品の欠陥と被害者の損害事実の間に与えると被るという関係が存在することを要求する。製造物責任の因果関係を確定する際は被害者により証明をする必要がある。証明の内容は、損害は欠陥のある製品を使用又は消費したことにより生じたという事実である。

二　法律関係主体

㈠　権利主体

製造物責任の法律関係における権利主体は、欠陥製品が人身損害又は財産損害を生じさせた消費者及び他人であり、製品に欠陥が存在したことにより人身傷害又は財産損害を被った一切の被害者を含む。

㈡　義務主体

⑴　生産者。これは製品の製造者であり以下を含む。一、完成品生産者。これは製造物責任の主な責

任負担者である。二、部品生産者、原材料生産者。製品の欠陥が部品生産者、原料生産者により生じた場合は、被害者が損害賠償請求をする際に権利侵害責任を負わなければならない。三、準生産者。他人が製造した製品を自己が製造した製品かのように販売した又はその他形式を以て経営を行った場合、生産者と見做す。

(2) 販売者。これは生産者以外の製品販売商である。製造物責任における販売者は以下の条件を満たさなければならない。一、当該製品の経営を生業とする者。例えば所有自動車を譲渡する者は販売者ではない。二、この経営とは長期的なものでなければならず、一時的又は時々販売を行うことではない。三、害を生じさせた製品が主な販売物又は唯一の販売物であることは要求しない。例えば映画館で販売するポップコーン等。販売者の範囲は製品提供又は経営方法に基づき、主に卸売商、小売商、レンタル業、代行業等を含む。

三　不真正連帯責任

(一)　一般規則

『権利侵害責任法』第四十一条から第四十三条までが規定する、生産者と販売者が負担する製造物責任の基本的責任形態は不真正連帯責任である。

不真正連帯責任とは複数行為者が一人の被害者に対し加害行為を実施した、又は異なる行為者のそれぞれの行為が被害者の権利に損害を与えるに至った場合に、各行為者が生じた同一内容の権利侵害責任を、それぞれが全ての賠償責任を負い、且つ行為者の内の一人の履行により全体の責任者の責任を消すことができる権利侵害責任形態である。この規則に基づき被害者が裁判所に対し生産者或いは販売者を起訴しようが、生産又は販売した製品に欠陥があり、それにより損害が生じてさえいれば起訴された被告は責任をおわなければならず、起訴されたのは販売者だが製品欠陥は生産者が生じさせた場合は、販売者は権利侵害責任を負った後に生産者に対し求償することができる。反対もまた同じである。

㈡　対外関係

製造物責任の不真正連帯責任における対外関係は「製品に欠陥が存在することにより損害が生じた場合は、被権利侵害者は製品の生産者に対し賠償を請求することも、製品の販売者に対し賠償を請求することもできる」。第一、被権利侵害者は製品の生産者又は販売者のどちらに対しても損害賠償請求権を持ち、その内一方を選択し権利侵害責任者とすることができる。このような状況において責任者が負う責任は中間責任であり最終責任ではない。第二、生産者又は販売者に関わらず中間責任を負う際には無過錯責任原則を適用し、被権利侵害者が販売者に中間責任を負うよう主張した場合は、販売者は製品欠陥が生じたことに対し無過錯である内容の抗辯を行わなければならない。第三、不真正連帯責任の中間責任は分担はせず、主張された責任者が全ての責任を負わなければならない。

㈢　対内関係

製造物責任の不真正連帯責任における対内関係とは、中間責任を負う一方の最終責任を負う一方に対する求償関係である。つまり「製品欠陥が生産者により生じた場合、販売者は賠償をした後、生産者に対し求償を行う権利を持つ。」「販売者の過錯により製品に欠陥が生じた場合は、生産者は賠償をした後、販売者に対し求償を行う権利を持つ」。第一、「製品欠陥が生産者により生じた場合、販売者は賠償をした後、生産者に対し求償を行う権利を持つ」とは、販売者が製品に欠陥が生じたことに対し過錯がなく、生産者によって製品欠陥が生じた場合、被権利侵害者が販売者に対し損害賠償請求権を主張し中間責任を負った後、生産者に対し求償を主張することができるということである。第二、「販売者の過錯により製品に欠陥が生じた場合は、生産者は賠償した後、販売者に対し求償を行う権利を持つ。」とは、販売者が製品に欠陥が生じたことに対し過錯がある場合、生産者が中間責任を負った後、販売者に対し最終責任を負うよう求償する求償権を有するということである。生産者はその求償権を行使することで販売者に対し求償し、最終責任の負担を請求することができる。

四　免責事由と訴訟時効

(一)　免責事由

(1)　特有免責事由。『製品品質法』第四十一条は製品生産者が以下の状況の内一つを証明できる場合、賠償責任を負わないと規定している。一、「まだ製品を流通に回していない」。流通に回すは全ての形式の販売、貸出、賃貸及び担保、出資、抵当等を含む。流通に回していない製品に欠陥があり他人に損害を生じさせても生産者は製造物責任を負わない。二、「製品を流通に回した時には損害を引き起こした欠陥がまだ存在していなかった」。流通に回すとは、製品が生産工場から出荷し流通段階に入った時から製品が使用者の元に渡る前の段階である。生産者が製品を流通に回す時には製品はまだ無欠陥だが、販売において欠陥が生じた場合、当該免責事由は適用せず生産者と販売者は不真正連帯責任を負わなければならない。三、「製品を流通に回した時点での科学技術水準では、まだ欠陥の存在を発見することが不可能である」。これは危険発展の抗辯、つまり生産者が抑制することができない製品の危険である。これに対し『権利侵害責任法』第四十六条が規定する欠陥の追跡調査と関連させなければならず、つまり「製品を流通に回した時点での科学技術水準ではまだ欠陥の存在を発見することが不可能である」ものに対しては、その生産者の追跡調査義務を強制的義務とし、危険又は損害を発見した場合は必ず回収しなければならない。さもなければ追跡調査の欠陥が構成され、製造物責任を負わなければならない。

(2)　一般免責事由。実践では以下の事由も抗弁の根拠とすることができる。第一、被害者が故意に損害を引き起こした場合は、製品の販売者又は生産者は損害賠償責任を負わない。第二、有効期間を過ぎた古い製品が損害を生じさせた場合、責任は免除される。製品販売者は製品が有効期限内に生じさせた損害に対してのみ責任を負う。[1] 第三、明確な危険に対しては警告義務がない。明確な危険とは大衆が普遍的に認知している又は意識している製品の危険性である。法律は製品の予測可能な危険に対し製造者が損害の発生を回避する為に警告を与えることを要求しているが、不合理に製造者に対し製品が引き起こすかもしれない全ての損害の責任を負うことを要求しない。例えば、刃物は人を傷つけることができる等。

㈡　訴訟時効

中国製造物責任の訴訟時効は『製品品質法』第三十三条に基づき確定される。即ち製品に欠陥が存在

1　朱克鵬、田衛紅『論産品責任法上的産品缺陥』、『法学評論』一九九四年第六期参照。

することにより損害が生じた場合、損害賠償請求の訴訟時効期間は二年となり、当事者がその権益が損害を受けたことを知った時又は知ることができた時から計算を始める。製品に欠陥が存在することにより損害が生じた場合に賠償を要求する請求権は、損害を生じさせた欠陥製品が最初の消費者の元に渡ってから満十年で喪失する。しかし明示した安全使用期間を過ぎていない場合を除く。

第三節　製造物責任に関する特別規定

一　製造物責任の第三者責任

『権利侵害責任法』第四十四条が規定する第三者過錯の責任形態は先付責任と呼ばれる。これは第三者の過錯により製品に欠陥が存在し他人に損害を生じさせた時、欠陥製品の生産者又は販売者が賠償責任を負担し、生産者又は販売者は賠償責任を負った後で第三者に対し求償をする製造物責任形態である。[1]

先付責任を成立する時は、製品に欠陥が存在することで他人に損害を生じさせ、その因果関係は存在するが製品の欠陥は生産者又は販売者の過錯によるものではなく、運送者、倉庫管理者等第三者の過錯

1　楊立新『多数人侵権行為及責任理論的新発展』、『法学』二〇一二年第七期。

により生じた場合である。具体的な規則は、以下の通り。

(1)　生産者又は販売者が負担する製造物責任は中間責任に属し、過錯の有無に関わらず被権利侵害者に対し賠償責任を負わなければならない。よって『権利侵害責任法』第二十八条の、第三者が生じさせた責任は第三者が権利侵害責任を負担するという規則は適用されず、生産者又は販売者が先に中間責任を負う。

(2)　生産者又は販売者は中間責任を負った後、過錯がある倉庫管理者又は運送者等第三者に対し求償権を持つ。

(3)　第三者の範囲を法律は運送者及び倉庫管理者並びにその輸入商等と規定している。おおよそ生産者、販売者以外の欠陥の発生に対し過錯があるその他人物は全て第三者である。

二　欠陥製品の追跡調査責任

危険発展の抗辯により発生する損害分配の公平正義を違反するという弊害を克服しよりよく消費者の合法権益を保護するために、中国権利侵害法は生産者の追跡調査義務を確立させた。生産者は生産した製品の性能並びに実際の使用効果に対し絶え間なく理解を深め、必要時には警告行い早急に製品を回収しなければならない。製品生産者が市場に提供された新製品に対し追跡調査義務を尽くさず、新製品に存在する欠陥を発見しなければならないにも関わらず発見していない又はすでに新製品の欠陥を発見しているが早急な回収を行っていない、又は必要な警告説明を行っていないことにより消費者が侵害を受ける結果に至った場合、追跡調査不備が成立され、権利侵害責任を負わなければならない。

追跡調査不備の権利侵害責任には過錯推定原則を適用する。これは、『権利侵害責任法』第四十六条の規定に基づき、「早急に補救措置を取らない又は補救措置が不足している」製品生産者は過失があるとする。製品追跡調査不備の権利侵害責任成立要件は以下四つの面を含む。

(1) 違法行為。製品追跡調査義務に違反する不法行為は、追跡調査義務不履行及び追跡調査義務の不当履行行為を含む。警告、回収を行わないのは法定義務違反であり不法行為を構成する。警告、回収不当に対し生産者が警告、回収措置を実施したが、通常基準に違反し講じた措置により補救措置不足となり同様に違法行為となる。警告、回収の区別は、追跡調査の製品に合理的危険があることを発見し、それに対し警告をすること。不合理な危険があることが発見された製品に対し回収をすることである。

(2) すでに損害を生じている。主に生命、健康権に対する損害、及びこれにより生じた財産損失及び精神苦痛。

(3) 因果関係。追跡調査不備の製造物責任における因果関係確定は、相当因果関係規則を適用し確定しなければならない。

(4) 生産者又は販売者に追跡調査義務を尽くしていないという過失がある。生産者が負う製品追跡調査義務の違反過失の判断基準には「理性者」の分析方法を採用し、同時に消費者の合理的期待における基準を適用しなければならない。理性者における基準の要求をもって生産者が製品追跡調査義務を履行する際に交易上の注意(善良管理者の注意)を尽くしていない場合、過失があると認定することができる。

追跡調査不備の製造物責任における損害賠償は『権利侵害責任法』第四十一条から第四十三条規定の規則に基づき行わなければならない。

三　悪意の製造物責任の懲罰性賠償

(一)　必要性

『権利侵害責任法』第四十七条は悪意の製造物責任の懲罰性賠償制度を規定している。しかしその計算方法までは規定しておらず、二〇一三年『消費者権益保護法』第五十五条第二項又は二〇一五年『食品安全法』第一四八条第二項が規定する計算をそれぞれ適用しなければならない。

悪意の製造物責任の懲罰性賠償制度を設立した目的は、英米法系懲罰性賠償制度を参考とし、懲罰を以て不法行為の再度発生を阻止し消費者の合法権益を守ることにある。[1] 現在中国においてこの規定を実行することは非常に効果があると思われる。

(二)　責任成立要件

(1)　製品に欠陥が存在することを明らかに知っている。これは生産者又は販売者が生産した又は販売した製品に欠陥が存在し他人に生命又は健康を損害する危険があることをはっきりと認識しているということである。

(2)　依然として生産、販売を続けている。生産者又は販売者が欠陥製品を継続して流通に回し、且つそれが流通し消費者の元に渡ることを希望する。依然として生産、販売を続けているとは、はっきりと知った又ははっきりと知る過程においてのことを指し、生産販売後に損害の発生を通して知った後も含む。

1　戴志杰『両岸〈消保法〉懲罰性賠償金制度之比較研究』、『台湾大学法学論叢』第五十三期。

(3) 他人の生命・健康に損害を生じさせる。悪意の製造物責任は必ず本要件を備えていなければならず、その他損害を生じさせた場合は懲罰性賠償責任を適用しない。

㈢ 計算方法

悪意の製造物責任の懲罰性賠償に対しては『消費者権益保護法』第五十五条第二項の「事業者が商品又はサービスに欠陥があることを明らかに知りながら消費者にこれを提供した詐欺行為により、消費者その他の被害者が死亡、又は健康が著しく損なわれた場合、被害者は事業者に対して本法第四十九条、第五十一条等の法律規定に基づく損害賠償を請求する権利を有し、かつ被害者は被った損害の二倍以下の懲罰的賠償を請求する権利を有する」に関する規定を適用する。確定方法は、まず、権利侵害者が生じさせた損害の人身損害賠償責任及び精神損害賠償責任を確定する。次にこれを基礎に懲罰的賠償責任を確定する。つまり前述の人身損害賠償及び精神損害賠償責任の総和の二倍を懲罰的賠償責任の額とする。これにより、悪意の製造物責任の懲罰的賠償は、実際に生じさせた損害賠償責任にさらに二倍の懲罰的賠償を足し、よって合わせると三倍の賠償金に達するのである。

食品における悪意の製品損害責任に対しては『食品安全法』第一四八条第二項の「食品安全基準に適合しない食品を製造または明らかに食品安全基準に適合していない食品であることを明らかに知りつつ販売した場合、消費者は損失の賠償を求める以外に、さらに製造者または販売者にたいして価格の十倍または損失額の三倍の賠償金の支払いを求めることができる。増えた賠償額が一千元に満たない場合、一千元とする。」の規定に基づき、この額の懲罰的賠償を請求し懲罰的賠償額を更に大きくすることができる。

第六章　機動車交通事故責任

【法律条文】

第四十八条　機動車が交通事故を起こし、損害を生じさせた場合には、道路交通安全法の関連規定に従い賠償責任を負う。

第四十九条　賃貸借、使用貸借等により、機動車の所有者と使用者とが同一人物でない場合に、交通事故が発生し、それが当該機動車側の責任であるときは、保険会社が機動車強制保険の責任限度額の範囲で賠償を行い、不足する部分については、機動車の使用者が賠償責任を負う。機動車の所有者も損害の発生について過錯がある場合には、相応の賠償責任を負う。

第五十条　当事者の間で既に売買等の方法で機動車の譲渡及び引き渡しが行われたが、所有権の移転登記を行っていない場合に、交通事故が発生し、それが当該機動車側の責任であるときは、保険会社が機動車強制保険の責任限度額の範囲で賠償を行い、不足する部分については、譲受人が賠償責任を負う。

第五十一条　部品を寄せ集めて組み立てた機動車又は既に廃棄基準に達した機動車を売買等の方法で

譲渡し、交通事故を起こして損害を生じさせた場合には、譲渡人と譲受人が連帯責任を負う。

第五十二条　窃盗、強取又は強奪された機動車が交通事故を起こして損害を生じさせた場合には、窃盗者、強取者又は強奪者が賠償責任を負う。保険会社が機動車強制保険の責任限度額の範囲で救助費用を立て替えた場合には、交通事故責任者に対して求償する権利を有する。

第五十三条　機動車の運転者が交通事故発生後に逃亡した場合において、当該機動車が強制保険に加入しているときは保険会社が機動車強制保険の責任限度額の範囲で賠償を行い、機動車が不明なとき又は当該機動車が強制保険に加入していないときであって、被権利見会社の人身の傷亡に関する救助、葬式等の費用を支払う必要があるときに道路交通事故社会救助基金がこれを立て替える。道路交通事故社会救助基金が立替払いを行った後、その管理機構は、交通事故責任者に対して求償する権利を有する。

【典型的な事例】

王氏は秦氏に機動車を譲渡することになり、お金の清算は済んだのだが名義変更手続きはしなかった。ある雨の夜、秦氏はその機動車でトウモロコシを運送していたが、その途中、交通事故を起こしてしまった。通行人の張氏は衝突により重傷を負い、交通事故認定書は秦氏が全ての責任を負うと認定した。張氏は秦氏、王氏に対し賠償を要求したがこれを拒否され、裁判所に訴えることにした。裁判所の審理の結果、王氏は機動車を秦氏に譲渡し、名義変更手続きこそ行っていないが実際にその機動車を取得・占有しているのは秦氏であり、その機動車に対し管理、使用及び収益の権利を有しているのは秦氏であるとした。王氏はその機動車に対する支配権を既に失っており、その運営から利益を獲得することもできず事故に対し制御及び予防することは更に不可能である。よって判決は車輌譲受人である秦氏が損害賠償責任を負い、王氏は責任を負担しないという結果になった。

第一節　機動車交通事故責任の基本規則

一　機動車交通事故責任概述

㈠　概念及び特徴

機動車交通事故とは機動車と被機動車運転手、乗車員、通行人並びにその他公道、市道及び単位管轄範囲だが社会機動車の通行が許されている場所、広場、公共駐車場等公衆の通行に使用する場所において、交通活動を行う人員が『道路交通安全法』及びその他道路交通管理規則、規章を違反する行為により、過失又は意外によって人身傷亡又は財産損失を生じさせる事故のことである。

機動車交通事故責任の特徴は、①機動車交通事故責任は道路交通領域で発生する。②責任者と被害者は事故発生前には相対的な民事法律関係が存在しない。③機動車交通事故責任の主な形式は人身損害賠償だが財産損害賠償もある。④機動車交通事故責任は特別法の調整を受け基本法の調整も受ける。

㈡　機動車交通事故を成立する要素

⑴　車輌的要素。機動車、被機動車を含む。機動車とは動力装置により駆動又は牽引する、道路上で運転する人員乗用又は物品運送に用いる車輌、並びに工事作業専用のホイール式車輌と指す。被機動車とは人力又は家畜により駆動する、道路上で運転する交通道具、並びに動力装置で駆動するが最高時速・車体質量・外寸が関連する国家基準に合致する障害者用車椅子や電動自転車等交通道具のことを指す。

⑵　人的要素。人的要素は主体要素であり、当該法律関係の責任主体、行為主体及び権利主体要素である。一、機動車保有車。これは機動車を保有し且つ機動車に対し支配権及び利益帰属を有する法人、その他組織又は自然人である。二、機動車運転手。これは国務院公安部門が規定する運転許可条件に一致する、法に基づき機動車運転資格を取得した、道路上で機動車を運転している自然人である。三、非機動車運転者。満十二歳の、道路上で自転車、三輪車を運転する人。満十六歳の、道路上で電動自転車、障害者用機動車椅子を運転する人。満十六歳の、道路上で畜力車を運転する人。設計時速が二十㎞を超えないタイヤ式手押し車を運転する人。四、通行人。これは道路上で歩行している自然人である。五、被害者。これは損害賠償法律関係の権利主体であり、権利侵害損害賠償の請求権を有し、機動車交通事故責任者に対し権利侵害責任の負担を請求する権利を有する。

⑶　道路と交通の要素。道路とは公道、市道及び単位管轄範囲であるが社会機動車の通行が許されている場所を指し、広場、公共駐車場等公衆の通行に用いる場所も含む。交通とは機動車、非機動車並び

に通行人が道路上で往来し、交流目的を実現する社会活動である。

⑷　事故と責任の要素。交通事故とは車輌が道路上で過錯又は意外により人身傷亡又は財産損失を生じさせる事件である。機動車交通事故責任における責任は損害賠償責任であり、民事責任、権利侵害責任、財産責任である。権利侵害法が追及する機動車交通事故責任は全て民事責任であり、その他法律責任を含まない。

二　機動車交通事故責任を確定する基本規則

『権利侵害責任法』第四十八条は、「機動車が交通事故を起こし、損害を生じさせた場合には、道路交通安全法の関連規定に従い賠償責任を負う。」と規定している。この条項は『道路交通安全法』第七十六条の「機動車の交通事故により人身傷害・死亡・財産損失が生じた場合、保険会社が機動車第三者責任強制保険の保険金額の範囲内において損害を賠償する。不足部分は以下の規定に基づき賠償責任を負担する。①機動車との間に生じた交通事故において過失のある一方の当事者がその責任を負担し、双方に過錯がある場合は各自の過錯の比例に基づき責任を負担する。②機動車と非機動車運転者、歩行者の間に生じた交通事故において非機動車運転者、歩行者に過錯がない場合、機動車側が賠償責任を負う。証拠により非機動車運転者、歩行者に過錯があることが証明された場合、過錯程度に基づき機動車側の賠償責任を適当に減軽する。機動車側に過錯がない場合、一〇％を超えない賠償責任を負担する。交通事故の損失が非機動車運転者、歩行者が故意に衝突したことにより発生した場合、機動車側は賠償責任を負担しない。」を指している。当該条項は機動車交通事故の以下五項目の規則を規定している。

(一)　保険優先原則

機動車交通事故が発生すると、まず機動車交通事故強制保険が賠償を払う。強制保険範囲内は権利侵害法の規則を適用せず、過錯を問わず機動車強制保険の規則のみに従う。機動車強制保険の賠償が不足する部分に対しては権利侵害責任法の規則を適用し処理する。

(二)　二元帰責原則体系

機動車交通事故責任には二つの帰責原則を適用する。①機動車が非機動車運転者又は歩行者の人身損害を生じさせた場合は過錯推定原則を適用し過錯推定を実行する。②機動車相互の間に生じた損害並びにその他機動車交通事故責任は過錯責任原則を適用する。

(三)　適当な過失相殺規則

機動車と非機動車運転者又は歩行者が交通事故において双方に過失がある場合、与有過失を構成し過失相殺を実行する。「優先者危険負担〞規則を実行する為に過錯程度及び原因力規則に基づき機動車側の責任を確定した後、一〇％増加をしなければならない。例えば双方の責任が同等責任の場合、機動車側は六〇％の責任を負担しなければならない。

(四)　機動車側が無過失の場合

機動車側が無過失で損害は非機動車運転者又は歩行者側の過失により生じた場合も「優先者危険負担」規則を実行し、機動車は一〇％を超えない責任を負担する。具体額については非機動車運転者又は歩行者の過錯程度に基づき具体的に確定することができる。最低でも五％を下回らないよう五％から一〇％の間で非機動車運転者又は歩行者の過失程度に基づき具体的賠償額を確定する。

㈤　被害者が故意に損害を生じさせた場合

交通事故損害が非機動車運転者又は歩行者の故意により生じた場合、機動車側は責任を負担しない。

三　成立要件及び責任形態

㈠　成立要件

⑴　違法行為。道路交通において、法律が規定する不可侵義務、並びに他人の保護を目的とする法律が規定する義務を違反し道路交通参加者が実施した作為及び不作為は違法性を持つ。機動車を一方とする機動車交通事故責任において、機動車が「運行状態」であることが違法行為成立の必要条件である。

⑵　損害事実。道路交通参与者の過失行為が生じさせた権利主体の人身権利及び財産権利の損害の為、主に人身権利が侵害を受けた場合にも財産権利が侵害を受ける場合がある。

⑶　因果関係。機動車交通事故責任の因果関係は複雑且つ多様であり、機動車交通事故責任の確定における因果関係は理論上及び実践上において重要な意味を持つ。機動車交通事故責任における因果関係の判断には直接因果関係規則、相当因果関係規則等を採用し確定することができる。

⑷　過失。機動車交通自己責任の過錯表現は過失である。故意に交通事故を起こし他人に傷害を与えた場合、刑事犯罪を成立する。

㈡　責任形態

機動車交通事故責任は主に損害賠償責任であり、その基本責任形態は代位責任と自己責任である。代位責任が常態であり、おおよそ機動車保有者と機動車運転者が分かれている機動車交通事故責任は全て代位責任に属す。機動車保有者自身が機動車を運転し交通事故を起こし他人に損害を与えた場合は自己責任となる。

⑴　機動車交通事故責任における代位責任。機動車交通事故の代位責任とは、機動車保有者を責任主体とし、機動車運転者の過失行為により生じた機動車交通事故がもたらした他人の人身損害又は財産損害に対し賠償責任を負担しなければならない。機動車保有者が賠償責任を負った後、過失がある機動車運転者に対し求償する権利を持つ権利侵害責任形態である。

⑵　機動車交通自己責任における自己責任。機動車交通事故責任の自己責任とは、機動車保有者自身が機動車を運転し又は家族の一員が家族の保有する機動車を運転し、自己の過失により機動車交通事故責任を起こし他人に人身損害又は財産損害を与えた場合に、自己又は家族が賠償責任を負担する機動車交通事故責任の責任形態である。

⑶　機動車交通自己責任における連帯責任。機動車交通事故責任が共同権利侵害行為を成立した場合連帯責任を負担しなければならない。機動車交通事故責任の共同権利侵害は二種類ある。一、二台以上の機動車が共同の過失により同一の被害者に損害を与えた場合、その因果関係は同一性を持つ為生じさせた損害は分割することができず、二台以上の機動車は共同権利侵害行為を成立する。二、共有の機動車が機動車交通事故を起こし他人に損害を与えた場合、複数の機動車共有者が負担する責任も連帯責任となる。

第二節　機動車交通事故の特殊責任主体

一　機動車交通事故特殊責任主体を確定する根拠

機動車交通事故責任における特殊権利侵害責任主体が論じるのは機動車保有者及び機動車使用者のどちらが権利侵害責任を負担するのかという問題である。

㈠　運行支配と運行利益

機動車保有者と機動車使用者が別々な状況に対しては機動車運行支配と運行利益の二方面から考慮しなければならない。先ず機動車の運行支配を考慮する。つまり事故を起こした機動車の危険に対し誰が制御する能力をもっていたかということである。次に誰が機動車の運用に対し利益を得ていたか、つまり機動車の運用利益から利益を獲得していたかである。この二方面を合わせて考慮することで、機動車交通事故責任の特殊主体を正確に確定することができる。

㈡　機動車交通事故特殊責任主体を確定する基本的考慮

機動車交通事故特殊責任主体の確定には利益関係のバランスを求めなければならない。法律のその規定に対する範囲が広くなり過ぎると社会の効率的進歩に有利ではない。規定が狭すぎると社会公平に対し有利ではない。責任主体確定の過程においては公平に権利侵害責任を確定し社会効率及び社会公平を保障しなければならない。

二　機動車の賃貸借、使用貸借における損害責任

(一)　機動車のみの賃貸借

機動車のみの賃貸借とは賃貸会社が機動車のみを貸し出すことで、運転者は付帯しない。これに対しては『権利侵害責任法』第四十九条が規定する規則に基づき責任を確定しなければならない。貸借者が借りた機動車を使用し交通事故を起こした場合は、賃借者は使用者として賠償責任を負わなければならない。賃貸者に過錯がある場合は相応の賠償責任を負わなければならない。相応の賠償責任の確定は、賃貸者の過錯程度及び行為の原因力に基づき確定する。

(二)　運転手付きの賃貸借

運転者付きの機動車賃貸において交通事故が発生し他人に損害を与えた場合、その性質は請負契約に属し賃借者を依頼者とし賃貸者を請負人とする。請負の事項は賃借者の指示に基づき車輌を提供し且つ指示に従い運行を行うことである。よって賃借者は依頼者であり、貸し出す物も車ではなく、運転手に機動車が付くというサービスである。権利侵害の確定は『権利侵害責任法』第四十九条の規定を適用せず、最高人民法院『人身損害賠償案件の審理における法律適法に関する若干問題の解釈』第十条の「請負人がその請負業務中において、第三者に損害を加え、または自身に損害が生じた場合、注文者は賠諸王責任を負わない。ただし、注文者は、発注、指示または選任に対し過失がある場合、その賠償責任を

負わなければならない。」の規定に基づき責任の負担を確定する。

㈢　機動車の使用貸借における損害責任

『権利侵害責任法』第四十九条は機動車の賃貸と使用貸の二つの状況を一つとして規定しており、同様の規則を適用する。まず、使用借者が他人の機動車を借り交通事故を起こした場合、使用借者は自ら損害賠償責任を負担し、機動車の使用貸者は責任を負わない。次に、機動車所有者つまり使用貸者が損害の発生に対し過錯がある場合、相応の賠償責任を負担する。

㈣　賃貸借人と使用貸借人の過失を認定する規則及び結果

『権利侵害責任法』第四十九条を適用し機動車所有者に過失があることを確定する際、最高人民法院『道路交通事故の損害賠償事件の審理における法律適用に関する若干問題の解釈』は四つの基準を提出している。一、機動車に欠陥が存在し且つその欠陥が交通事故発生の原因の一つであることを知り又は知ることができた。二、運転手が無免許又はまだ相応の運転免許を取得していないことを知り又は知ることができた。三、運転手が飲酒し、又は国家が管理する精神薬品や麻酔薬品を服用し、又は安全運転の妨げになる疾病を患っている等の理由により法に基づき機動車を運転することができないことを知り又は知ることができた。四、機動車所有者又は管理者に過錯があることを認定できるその他の理由。

他人の機動車を許可なく運転し交通事故を発生させ損害をもたらした場合に対し、『権利侵害責任法』第四十九条の規定に基づき機動車運転者に賠償責任を負担するよう当事者が請求する場合、人民法院はこれを支持する。機動車所有者又は管理者に上述内容の過錯がある場合、相応の賠償責任を負担しなければならない。しかし『権利侵害責任法』第五十二条が規定する状況、つまり機動車を窃盗、強盗、強奪された場合を除く。

機動車の賃貸借、使用貸借における損害責任の責任結果は一方的連帯責任である。相応の責任は、機動車所有者が自己の過錯又は原因力に基づき損害の発生に対し相応する責任比率を負担するのであって、全てを賠償するのではない。被権利侵害者が賃借者又は使用借者だけを起訴した場合、それらが全ての賠償責任を負担する。機動車所有者だけを起訴した場合、機動車所有者は過失程度及び原因力に基づき相応の責任を負担し、全ての責任は負わない。被権利侵害者が賃借者又は使用借者、並びに機動車所有者をまとめて起訴した場合、裁判所は按分責任の規則に基づき各自の賠償責任額を確定し、機動車使用者は連帯責任を負い、機動車所有者は按分責任を負う。

三　移転登記未済の機動車売買における損害責任

中古機動車の売買において、機動車の元所有者（機動車の保有名義人、登記車主とも呼ぶ）が機動車を購入者（実際の機動車保有者、事実車主とも呼ぶ）に引き渡した後、規定に従い名義変更手続きを行っていない場合、機動車保有名義人と実際の機動車保有者は分離される。この時、機動車で交通事故を発生させ他人に損害を与えた場合、名義変更手続きの未完了及び機動車の引き渡し完了が連なっているため、機動車の元保有者は当該機動車の運営に対し支配しておらずその運営から利益を獲得することもできない。よって機動車の元保有者は機動車で発生した交通事故が与えた他人の損害に対し責任を負わない。『権利侵害責任法』はこのような立場を堅持している。

上述規則を適用する要件は、①当事者の間に既に売買等の方法で機動車を引渡ししている。引渡しとは所有権の転移である。②双方当事者は所有権転移の登記をしていない。登記は機動車所有権の転移手続きではなく、行政が管理する手続きである。③引き渡した機動車が交通事故を発生し他人に損害を与えた。④交通事故責任は機動車側の責任となる。つまり事実車主の責任である。この四つの条件に一致した場合、機動車の譲り受け人が賠償責任を負い、機動車の引き渡し人は登記上機動車の所有者だとしても責任を負わない。

四　組立車又は廃車の違法譲渡における損害責任

中国政府は組立車を厳重に禁止しており、廃車の基準に達した機動車を譲渡することも禁止している。法律規定に違反し組立車又は廃車基準に達した機動車を違法譲渡した場合、厳重な違法行為となり譲渡人及び譲り受け人の主観上において故意に違法する意図があったとする。組立車又は廃車基準に達した機動車を違法譲渡し、交通事故を発生させ損害を生じた場合、他人の損害を与えようが自己に損害が生じようが譲渡人及び譲り受け人の間に間接故意があるとし、共同権利侵害行為を成立する。責任は譲渡人及び譲り受け人により連帯責任を負担する。

このような機動車交通事故責任は絶対責任であり、売買の対象が組立車であろうが廃車であろうが、他人に損害を与えた場合は販売者と購入者は必ず連帯責任を負わなければならず、譲渡がどれくらいの人の手に渡っていようが全ての場合においてこれを適用する。同時にこのような絶対責任の負担に対し責任減軽及び責任免除を主張することはできない。

五　機動車の盗難における損害責任

窃盗、強奪又は強盗した機動車を運転している状況において機動車が違法保有者の制御下にある時、元機動車保有者はこの時機動車に対し実際の運行支配を持たず機動車の運行に対する利益も持たない。このため、機動車を違法保有している人は機動車の運行支配者でもあり運行利益の帰属者でもある。よって損害賠償の責任主体となり窃盗者、強奪者又は強盗者が賠償責任を負う。

窃盗、強奪、強盗した機動車で事故を起こした後に犯人が現場から逃走した場合、被害者は賠償を得ることができなくなる。当該機動車の車主に強制保険がある為、強制保険は保険責任範囲内で救済費用を支払った後、事故の責任者に対し求償請求権を持つ。事故の責任者が現れた後、それに対し求償することができる。

第三節　機動車運転手の当て逃げにおける責任負担

一　機動車交通事故強制保険

機動車運転者が交通事故を起こし逃走した場合、当該機動車が強制保険に参加していれば保険会社が機動車強制保険責任限度額の範囲内で賠償を与える。保険会社は如何なる理由があっても拒絶することはできない。

二　機動車交通事故責任社会救助基金

機動車不明又は当該機動車が強制保険に参加しておらず、被権利侵害者の人身傷亡の救済、葬儀等費用を支払う必要がある場合、機動車交通事故責任社会救助基金がこれを負担する。「機動車不明」とは機動車の権利帰属不明、つまり当該機動車が誰の所有に帰属するのかわからないという状態である。被害者の合法権益を保護しその損害に早急な救済を与えるため、法律は機動車交通事故責任社会救助基金により被権利侵害者の人身傷亡の救済、葬儀等費用を払うと規定している。

機動車交通事故責任社会救助基金が支払をした後、その管理機構は交通事故責任者に対し求償する権利を持ち、被害者の損害賠償請求権を獲得し交通事故責任者に対し求償する権利を持つ。機動車交通事故責任社会救助基金が求償権を持つのは既に支払った部分に対してのみである。支払いをしていないその他損害の請求権は被権利侵害者が持ち、権利侵害者に対し行使する権利を持つ。

第四節　最高人民法院司法解釈の補充規定

二〇一五年十二月二十一日、最高人民法院が公布・実施した『道路交通事故損害賠償事件の審理における法律適用に関する若干問題の解釈』は、機動車交通事故責任の実定法適用に対し具体的規則を提出した。

一　主体責任に関する認定

機動車交通事故の責任主体に対し、司法解釈は詳細な規定をしている。

(1)　提携形式により道路運輸経営活動に従事する機動車が交通事故を起こし損害を生じさせた場合、当該機動車側の責任に属しする。提携者と被提携者に連帯責任を負担するよう当事者が請求した場合、人民法院はこれを支持する。

(2)　複数回譲渡されたが名義変更手続きがされていない機動車が交通事故を起こし損害を生じさせた場合、機動車側の責任となる。最後に譲渡・受け取りをした人に賠償責任を負うよう当事者が請求した場合、人民法院はこれを支持する。

(3)　偽ブランド機動車が交通事故を起こし損害を生じさせた場合、機動車側の責任となる。当事者が偽ブランド機動車の所有者又は管理人に賠償責任を負うよう請求した場合、人民法院はこれを支持する。偽ブランド機動車所有者又は管理者が偽ブランドに同意している場合は、偽ブランド機動車所有者又は管理者が連帯責任を負わなければならない。

(4)　組立車、廃車基準に達した機動車又は法により運転を禁止されているその他機動車が複数回譲渡され、交通事故を発生させ損害を生じさせた場合、当事者がすべての譲渡人と受取人に連帯責任を負うよう請求した場合、人民法院はこれを支持する。

(5)　機動車運転訓練を受ける人員が訓練活動中の機動車運転で交通事故を起こし損害を生じさせた場合、機動車側の責任となる。当事者が運転訓練単位に賠償責任を負うよう請求した場合は、人民法院はこれを支持する。

(6)　機動車試乗過程において交通事故が発生し試乗車に損害を与え、当事者が試乗サービス提供者に賠償責任を負うよう請求した場合、人民法院はこれを支持する。試乗車に過錯がある場合、試乗サービス提供者の賠償責任を減軽する。

(7)　道路管理保護欠陥により機動車が交通事故を起こし損害を生じさせた場合、当事者が道路管理者に対し相応の賠償責任を負うよう請求した場合、人民法院はこれを支持する。しかし道路管理者が法律、法規、規章、国家基準、職業基準又は規法基準に基づき安全防護、警告等管理保護義務を尽くしたと証明できる場合を除く。法により高速道路に進入してはいけない車輌、歩行者が、高速道路に進入し交通事故を発生させ自身に損害を与えた場合、当事者が高速道路管理者に賠償責任を負担するよう請求した場合、権利侵害責任第七十六条の規定を適用する。

(8)　道路上に障害物等を放棄、放置、廃棄する等通行の妨げになる行為を実施し交通事故が発生し損害を生じさせた場合、当事者が行為者に賠償責任を負担するよう請求した場合、人民法院はこれを支持する。道路管理者が法律、法規、規章、国家基準、職業基準又は地方基準に基づき整理、防護、警告等義務を尽くしたと証明できない場合は相応の賠償責任を負わなければならない。

(9) 法律、法規、規章又は国家基準、職業基準、地方基準の強制的規定に基づいた設計、工事を行わなかったことにより道路に欠陥が存在し且つ交通事故が発生した場合、当事者が建設単位と施工単位に相応の賠償責任を負担するよう請求した場合、人民法院はこれを支持する。

(10) 機動車に製品欠陥が存在したことにより交通事故が発生し損害が生じた場合、当事者が生産者又は販売者に権利侵害責任第五章の規定に従い賠償責任を負担するよう請求した場合、人民法院はこれを支持する。

(11) 数の機動車が交通事故を発生させ第三者に損害を与えた場合、当事者が複数の権利侵害者に対し賠償責任を負担するよう請求した場合、人民法院は異なる状況により区別し、権利侵害責任法第十条、第十一条又は第十二条の規定に基づき、権利侵害者が連帯責任もしくは分相応に責任を負い、どちらを負担するか確定する。

二　賠償範囲に関する認定

当該司法解釈は賠償範囲の関連問題も規定している。一、『道路交通安全法』第七十六条規定の「人身傷亡」。これは機動車が交通事故を起こし被権利侵害者の生命権、健康権等人身権益を侵害しもたらした損害であり、『権利侵害責任法』第十六条と第二十二条規定の各項損害を含む。二、『道路交通安全法』第七十六条規定の「財産損失」。これは機動車が交通事故を起こし被権利侵害者の財産権益を侵害したことにより生じる損失である。

当該司法解釈はさらに、道路交通事故により生じた以下の財産損失について当事者が権利侵害者に賠償するよう請求した場合、人民法院はこれを支持するよう規定している。一、損壊された車輌の修理により支払われた費用、車輌が積載している物品の損失、車輌への緊急措置費用。二、車輌が破壊され或いは修理不可能等の理由により、交通事故発生時に損壊された車輌の価値と相当する車輌を購入する為の費用。三、法により貨物運輸、旅客運輸等経営活動に従事している車輌が、相応の経営活動に従事できないことにより生じる合理的運輸停止損失。四、非経営性車輌が継続して使用できないことにより生じる通常代替性交通道具の合理費用。

第七章　医療損害責任

【法律条文】

第五十四条　患者が診療活動中に損害を被り、医療機関及びその医務者に過錯がある場合には、医療機関が賠償責任を負う。

第五十五条　医務者は、診療活動において、患者に対して、病状及び医療措置を説明しなければならない。手術、特殊な検査、特殊な治療を実施する必要がある場合には、医務者は、遅滞なく患者に対して医療リスク、代替医療方法等の状況を説明し、かつ、その書面による同意を取得しなければならず、患者に対して説明するのが適切でない場合には、患者の近親に対して説明し、かつ、その書面による同意を取得しなければならない。

医務者が前項の義務を尽くさず、患者に損害を生じさせた場合には、医療機関は賠償責任を負わなければならない。

第五十六条　生命の危機に瀕している患者に応急手当をする等の緊急の状況により、患者又はその近親の意見を聴取することができない場合には、医療機関の責任者又は授権された責任者の承認を経て、ただちに相応の医療措置を実施することができる。

第五十七条　医務者が診療活動において当時の医療水準に相応する診療義務を尽くさず、患者に損害を生じさせた場合には、医療機関は賠償責任を負わなければならない。

第五十八条　患者に損害が生じ、それが次に掲げる状況の一つによる場合には、医療機関に過錯があるものと推定する。

㈠　法律、行政法規、規章その他の診療規範に関する規定に違反したとき。

㈡　紛争に関する病歴資料を隠匿し、又は提供を拒絶したとき。

㈢　病歴資料を偽造し、改竄し、又は廃棄したとき。

第五十九条　薬品、消毒薬剤、医療器具の欠陥、又は不合格の血液を輸血したことにより患者に損害を生じさせた場合には、患者は、生産者又は血液の提供機関に賠償を請求することができ、医療機関に賠償を請求することもできる。患者が医療機関に賠償を請求した場合には、医療機関は賠償をした後に、責任を有する生産者又は血液の提供機関に対して求償する権利を有する。

第六十条　患者に損害が生じ、それが次に掲げる状況の一つによる場合には、医療機関は賠償責任を負わない。

㈠　医療機関が診療規範に適合する診療を行うのに患者又は近親者が協力しなかったとき。

(二) 医務者が生命の危機に瀕している患者の救助等の緊急の状況において合理的な診療義務を尽くしたとき。
(三) 当時の医療水準の限界により診療できなかったとき。
前項第一号の場合において、医療機関及びその医務者にも過錯があるときは、相応の賠償責任を負わなければならない。

第六十一条 医療機関及びその医務者は、規定に従い、入院日誌、カルテ、検査報告、手術及び麻酔記録、病理資料、看護記録、医療費用等の病歴資料を記入し、かつ、適切に保管しなければならない。
患者が前項の定める病歴資料の閲覧、複写を求めた場合には、医療機関はこれを提供しなければならない。

第六十二条 医療機関及びその医務者は、患者のプライバシーを守らなければならない。患者のプライバシーを漏洩し、又は患者の同意を経ずその病歴資料を公開して患者に損害を生じさせた場合には、権利侵害責任を負わなければならない。

第六十三条 医療機関及びその医務者は、診療規範に違反して不必要な検査を行ってはならない。

第六十四条 医療機関及びその医務者の適法な権益は、法律の保護を受ける。医療秩序を攪乱し、医務者の業務、生活を妨害する者は、法に依り、法律責任を負わなければならない。

【典型的な事例】

独身女性の紅氏は北京のある体験センターで健康診断をしていた。検査を担当した医者は彼女に対し婦人科検査の告知義務を履行せずに女性器拡張検査を行い、紅氏の処女膜は破れ、出血し、治療を経てようやく回復した。紅氏は体験センターを起訴し、裁判所は体験センターに医療機構の特定告知義務違反の過錯が存在することを理由に、体験センターに対し紅氏の精神損害慰謝料一万元、交通費及び医療費若干元を賠償するよう命令した。[1]

第一節　医療損害責任の概念及び類型

一　概念及び意義

医療損害責任とは、医療機構及び医務者が医療過程において過失により、又は法律が規定する状況において過失の有無に関わらず、患者の人身損害又はその他損害を生じさせた際に負担しなければならな

1　本事例は、医務人員が告知義務を尽くさず患者に損害を生じさせたので、医療倫理損害責任を負担し、被害患者の人身損害及び精神損害を賠償しなければならないということである。

い損害賠償を主な方法とする権利侵害責任である。

医療損害責任の基本的特徴は、①医療損害責任の責任主体は医療機構である。②医療損害責任の行為主体は医務者である。③医療損害責任は医療活動において発生する。④医療損害責任は医療機構及び医務者の医療行為上の過失が患者に人身等権益損害を与えることにより発生する責任である。⑤医療損害責任の基本形態は代位責任である。

医療損害責任は三種類に分けられる。医療倫理損害責任、医療技術損害責任及び医療製品損害責任である。

二　医療倫理損害責任

(一)　概念及び特徴

医療倫理損害責任とは、医療機構及び医務者が医療良知と医療倫理の要求に背き医療機構及び医務者が負う告知義務を違反することにより医療倫理過失が発生し、患者の知る権利、自己決定権、プライバシー権の損害並びに人身損害を生じさせ、よって賠償責任を負担しなければならない医療損害責任である。『権利侵害責任法』第五十五条はこの医療倫理損害責任を規定している。

医療倫理損害責任の法律特徴は、以下の通り。

(1)　医療倫理損害責任の成立は医療過失を前提とする。医療機構と医務者が当該権利侵害責任を負担する際、過失が必須である。

(2)　医療倫理損害責任の過失は医療倫理過失である。医療倫理損害責任が備えていなければならない過失は医療技術過失ではない。当時の医療水準が確定する高度注意義務ではなく、医療良知及び医療倫理の違反、告知義務違反等倫理性義務の不注意又は怠慢である。

(3)　医療倫理過失の認定方法は過錯推定である。被害者側が医療機構及び医務者に告知義務違反があったことを証明しさえすれば、裁判官は医療機構及び医務者に医療倫理過失が有ることを推定することができる。

(4)　医療倫理損害責任を成立する損害は人身損害及びその他民事権益損害を含む。その他民事権益の損害事実は主に知る権利、自己決定権、プライバシー権等の損害且つ医療倫理損害責任の主な損害事実である。

㈡　類型

(1)　情報告知違反の損害責任。これは医療機構及び医務者が患者に対し負う告知義務、説明義務、提案義務等積極的な医療情報の提供義務を尽くさない過失であり、患者の知る権利を侵害する権利侵害行為である。

(2)　自己決定権侵害の損害責任。これは医療機構及び医療看護者が患者の自己決定意志を尊重する義務に違反することで、患者の同意を経ず、積極的にある医療措置を採用する又は消極的に治療の継続を停止する医療損害責任である。

(3)　秘密保護違反の損害責任。医療看護関係において、医者は患者の病状、病歴及びその他個人情報を握っており、医療機構及び医務者はその秘密を保護する義務を持つ。患者のプライバシーを漏洩させる又は患者の同意を経ずにその病歴資料を公開し患者に損害を与えた場合、権利侵害責任を負わなければばならない。

㈢　告知義務及びその意義

情報告知違反及び自己決定権侵害の医療倫理損害責任の基礎は、医療機構及び医務者が負う告知義務であり、過失を確定する基準は全て医療機構及び医務者がその告知義務を違反することである。『権利侵害責任法』第五十五条の規定は医務者の告知義務を三つの形式に分けている。一、一般告知義務。医務者は一般診療活動において患者に対し簡潔に病状及び医療措置の説明をしなければならない。二、特殊告知義務。手術、特殊検査、特殊治療を実施する必要がある場合、医務者は早急に患者に対し病状、医療措置、医療危険、代替医療方案等状況を説明しその書面による同意を得なければならない。三、患者に対し説明するに適さない場合、医務者は患者の近親に対し説明しその書面による同意を得なければならない。

㈣　成立要件

⑴　違法行為。医療機構及び医務者の告知等義務は一種の法定義務であり、これら法定義務の違反行為は違法性を持つ。告知義務違反は以下を含む。一、告知義務未履行。二、充分な告知義務の未履行。三、錯誤告知。四、告知義務履行遅延。五、告知義務は履行したが同意を得ずに医療行為を実施する。医療機構及び医務者に告知等義務違反があったことを証明すれば、違法性を持たせることができる。

⑵　損害事実。医療倫理損害責任の損害事実は、患者の知る権利、自己決定権、プライバシー権等の侵害を主な表現とする。よって患者の現実権益損害及び期待利益の損害を生じさせる。人身損害事実も

含む。

(3)　因果関係。主な表現は告知義務を尽くさない行為と、知る権利、自己決定権、プライバシー権、身分権及び相関利益が損害を受けたことの間にある、「与える」と「被る」の関係である。これに対し被害患者側は証明責任を負う。

(4)　医療倫理過失。医療倫理損害責任成立の過失要件には推定規則を採用し、告知義務の不備が存在する場合、医療機構と医務者に過失があると推定できる。

㈤　責任形態及び賠償範囲

医療倫理損害責任は代位責任である。医務者が職務執行において患者の人身損害又はその他損害を生じさせ、医療倫理損害責任を成立した場合、医療機構が権利侵害責任を負う。被害患者側は医療機構に対し賠償を請求する。医療機構が権利侵害責任を負担した後、過錯がある医務者に対し求償を行うことができる。

医療倫理損害責任の賠償範囲について、その損害事実は人身損害事実（人身損害事実があったとしても）ではなく、知る権利、自己決定権、プライバシー権等の損害である為、主に精神損害賠償となる。人身損害を生じさせた場合は人身損害賠償責任も含む。規則は、第一、告知等義務の違反により患者の人身損害を生じさせた場合、人身損害賠償責任を負わなければならない。第二、告知等義務の違反により、患者に人身損害は与えていないが、知る権利、自我決定権、プライバシー権等精神性権利損害を生じさせた場合は、精神損害賠償責任を負わなければならない。第三、財産損害を生じさせた場合は、財産損害賠償責任も負わなければならない。

三　医療技術損害責任

(一)　概念及び特徴

医療技術損害責任とは、医療機構及び医務者が医療活動において、医療技術の高度注意義務に違反し、当時の医療水準に背く技術過失を有し、患者に人身損害を生じさせる医療損害責任である。『権利侵害責任法』第五十七条は医療技術損害責任を規定している。

医療技術損害責任の法律特徴は、以下の通り。

(1)　医療技術損害責任の成立は医療過失があることを前提とする。医療機構及び医務者に医療過失が存在しない場合は医療技術損害責任を成立しない。

(2)　医療技術損害責任の過失は医療技術過失である。当時の医療水準が確定する医療機構及び医務者が負わなければならない高度注意義務を基準とする、臨床医学及び医療技術上負うべき高度注意義務違反の不注意又は怠慢である。

(3)　医療技術過失の認定方法は主に原告証明である。被害患者側は医療違法行為、損害事実及び因果関係要件の成立を証明しなければならないだけでなく、医療機構及び医務者に医療技術過失があることも証明しなければならない。法律が規定する推定過錯事由に一致する場合のみ、医療機構及び医務者に医療技術過失があると推定することができる。

(4)　医療技術損害責任の損害事実は人身損害事実を含む。医療技術損害責任の損害事実は被害患者の人身損害事実及び人身損害事実が引き起こす精神損害を含むが、その他民事権益の損害は含まない。

㈡　類型

⑴　診断過失の損害責任。最も典型的な診断過失は誤診である。その判断基準は、理性的医師が疾病の診断において当時の医療技術に一致しない疾病の錯誤判断を患者に対することであり、理性的医師であれば起きないであろう錯誤が診断過失である。

⑵　治療過失の損害責任。治療において医療規範、規章、規程を遵守せず且つ高度注意義務を尽くさず、錯誤の治療行為を実施し患者に人身損害を生じさせた場合は、医療過失損害責任となる。

⑶　看護過失の損害責任。医療看護者が看護において高度注意義務に違反し、患者に人身損害を生じさせた場合も医療技術損害責任を成立する。

⑷　感染伝染損害責任。医療機構及び医務者が高度注意義務を尽くさず、院内感染又は伝染の発生を許し、患者に別の疾病を生じさせ生命健康を損害した場合、医療過失損害責任を負わなければならない。[1]

⑸　妊娠検査損害責任。これは産婦人科医療機構において、胎児の状態に対する検査に医療怠慢又は不注意が存在し、発見しなければならない胎児の異形を発見せず、胎児出生後に異形を発見し損害を生じさせた場合の医療技術損害責任である。

⑹　組織過失損害責任。医療機構が医療組織において、病院管理規範に違反し早急な救助義務を怠り、又は治療時間等を遅延させた場合、組織過失損害責任を成立する。

1　侯英泠『論院内感染之民事契約責任』、中国台湾地区正典出版文化有限公司二〇〇四年版参照。

㈢　成立要件

『権利侵害責任法』は医療技術損害責任において過錯責任原則を適用することを明確に規定している。医療機構が権利侵害賠償責任を負担する場合の確定には、権利侵害責任の一般成立要件が備わっていなければならず、一般的証明責任規則、即ち「誰が主張し、誰が証明するか」を実行する。

医療技術損害責任の構成には以下四つの要件を備えなければならない。

(1)　違法行為。医療機構及び医療看護者の違法行為は医療活動過程において発生しなければならない。例えば、診断、治療、看護、管理等はみな医療技術損害の違法行為において発生する。違法性とは医療機構が患者の生命権、健康権、身体権に対し侵害してはならない法定義務に違反することである。

(2)　人身損害事実。医療機構及び医療看護者が医療活動において患者に人身損害を生じさせた事実は被害者の生命権、健康権又は身体権が侵害を受けた場合を含み、その具体的表現形式は生命の喪失又は人身健康、身体の損害等である。

(3)　因果関係。医療違法行為と患者の人身損害結果の間に因果関係がなければならない。因果関係を確定する基準は相当因果関係である。

(4)　医療技術過失。医療技術損害責任を成立するには、医療機構に医療技術過失がなければならない。医療機構及び医務者に過錯がない場合、医療機構は医療技術損害責任を負わない。

㈣　責任形態

医療技術損害責任の責任形態は代位責任である。医務者が職務執行中に技術規範等の違反により患者に人身損害を生じさせ医療技術損害責任を成立した場合、その直接責任者は医療機構であり医務者ではない。医療機構は医務者が生じさせた損害に対し責任を負い、被害患者側は直接医療機構に対し賠償を請求する。医療機構が権利侵害責任を負った後、過錯がある医務者に対し求償を行うことができ、賠償責任を負担したことにより生じた損失に対し賠償をする。

四　医療製品損害責任

㈠　概念及び性質

医療製品損害責任とは、医療機構が医療過程において、欠陥がある薬品、消毒薬剤、器量機器並びに不合格の血液等医療製品又は準製品を使用し患者に人身損害を生じさせた場合に、医療機構又は医療製品生産者、販売者が負わなければならない医療損害賠償責任である。『権利侵害責任法』第五十九条は医療製品損害責任を規定している。

医療製品損害責任は医療損害責任であり製造物責任でもあり、二つの性質を併せ持つ。医療製品損害責任が製造物責任の性質を有するため無過錯責任原則を適用しなければならない。

㈡　責任成立

医療機構と医療製品生産者、販売者が中間責任を負う際、全て無過失責任原則を適用する。医療機構が医療製品生産者の損害責任を負担する最終責任において、過錯要件が存在しなければならない。医療機構が欠陥医療製品の生産者を明示することができず、欠陥製品の提供者を明示することもできない場合、或いは医療機構が医療製品生産者である場合、無過錯責任を負う。

医療製品損害責任の成立は、製品権利侵害責任の要求に一致しなければならず、以下の要件を備えるのが必須である。

(1) 医療製品は欠陥製品である。医療製品損害責任を成立する主要条件は医療製品に欠陥があることである。医療製品は四種類あり、薬品、消毒薬剤、医療機器並びに不合格の血液である。

(2) 患者の人身損害事実。医療製品を患者に使用した際、医療製品に欠陥が存在する為に患者に人身損害を生じさせなければならない。

(3) 因果関係。医療製品損害責任における因果関係とは、医療製品の欠陥と被害者の損害事実の間に存在する「与える」と「被る」の関係を指し、医療製品欠陥が原因であり、損害事実は結果である。医療製品責任を確定する因果関係は被害者が証明しなければならない。

㈢ 責任形態

医療製品が患者に損害を生じさせた際の責任形態は不真正連帯責任である。その基本規則は以下の通りである。

(1) 責任主体は医療機構及び医療製品の生産者、販売者である。第一、医療機構が医療製品を患者に直接使用し損害を生じさせた場合、医療機構が責任主体となり責任を負わなければならない。医療機構が欠陥医療製品の生産者を明示することができず、欠陥製品の提供者を明示することもできない場合、無過錯責任を負わなければならない。第二、医療製品生産者が欠陥医療製品を製造し患者の損害を生じさせた場合、責任を負わなければならない。第三、欠陥製品により損害が生じたことに対し医療製品の販売者に過失がある場合、製品の欠陥の生産者であるかどうかに関わらず権利侵害責任を負わなければならない。販売者が欠陥製品の生産者を明示できず、欠陥製品の提供者も明示できない場合、販売者が無過錯責任を負わなければならない。

(2)　被害患者は医療機構、生産者又は販売者を選択し中間責任を負うよう請求することができる。被害患者は上述三つの権利侵害責任主体の中から自己に対し有利な一方を選択し請求権を行使する権利を持つ。被害患者は医療機構を選択し賠償主体とすることもでき、医療製品の生産者又は販売者を選択し賠償責任を負担させることもできる。

(3)　最終責任規則は、中間責任を負担する一方が欠陥生産者、販売者に対し求償することを許可する。[1]医療機構は賠償責任を負った後、医療製品欠陥の生産者、販売者に対し求償する権利を取得する。医療機構は生産者、販売者に対し欠陥医療製品により生じた損害の全ての賠償責任を請求することができる。この賠償は全額賠償であり、前回の訴訟において生じた全ての損失を含む。

第二節　医療過失の証明及び証明責任

一　医療過失の概念及び類型

(一)　概念

医療損害責任における過錯要件の表現は、医療機構及び医務者の治療看護中の過失であり、故意では

1　『権利侵害責任法』第五十九条ははっきりと販売者を規定していないが、製造品責任の一般規則に基づき、責任主体は欠陥医療製品の販売者を含むとする。

ない。

医療過失とは、医療機構が医療活動において医務者が当時の医療水準に基づき通常提供しなければならない医療サービスを提供しない、或いは医療良知、医療倫理に基づき与えるべき信義誠実や合理的医療サービスに対し高度注意義務を尽くさず医療衛生管理法律、行政法規、部門規章、医療規範又は常規に違反する方法を取る、或いは法定告知、秘密保護義務を尽くさない等医療失職行為を標準的判断における主観心理状態とする、並びに医務者対する選任、管理、教育を怠る医療機構の主観心理状態を指す。簡潔に言うと、医療過失とは医療機構及び医務者が必要な注意義務を尽くさない怠慢及び不注意のことである。

㈡　分類

⑴　医療技術の過失。これは医療機構及び医務者が病状の検査、診断、治療方法の選択、治療措置の執行並びに病状発展過程の追跡、術後看護等医療行為において、当時の医療専門知識又は技術水準に一致しない怠慢又は不注意である。この医療過失の確定には当時の医療水準基準を適用し、地区、医療機構資質及び医務者の資質を適当に考慮する。通常医療法律、法規、規章及び医療診断規範と常規の違反を客観基準とする。その表現形式は、次の通り。

医療技術過失＝当時の医療水準→高度注意義務→義務違反

⑵　医療倫理過失。これは医療機構及び医療看護者が医療行為を実施する時、病患に対しその病状を充分に告知又は説明をしない、及び病患に対し早急に有効な医療提案を提供しない、及び病状と関係ある各種プライバシーを保護しない、或いは病患の同意を経ずある医療措置を採用又は治療継続を停止す

る等、医療職業良知又は職業倫理上遵守するべき告知、秘密保護等法定義務に違反する怠慢及び不注意である。このような医療過失の判断基準は医療良知と医療倫理であり、通常は法律、法規、規章、規範が規定する医務者が履行するべき告知、秘密保護等法定義務の違反を基準とし、その違反が過失となる。裁判官は既に知った事実に基づき推定することができる。その表現形式は、次の通り。

医療倫理過失＝医療職業良知及び職業倫理↓告知・秘密保護等義務↓未履行

二　医療技術過失の証明及び証明責任

(一)　医療技術過失の認定基準は当時の医療水準である

医療技術過失は合理的な医師の高度注意義務不足である。医療技術過失の注意義務の認定には当時の医療水準を基準とする。

医療水準とは医学により既に解明している医学問題であり、医療実践による普遍化及び臨床経験による蓄積がされ、且つ専門家が実際に適用できるレベルとして確定を得ている、且つ臨床において医療機関又は医師の責任の基礎を論断することができる既に普遍化している医療が実施する目標としての医療水準を指す。医療過失の確定は当時の医療水準を基準とし、同時に、地区、医療機関の資質及び医務者の資質を参考し、医療機構及び医務者が尽くすべき高度注意義務を確定する。この注意義務を違反すると医療過失となる。「当時の国家基準＋差別」原則は、基準と個性化の矛盾を解決することがでる。医療時の医療レベルを基本的判断基準とするのは合理的な医師基準であり、診断及び治療時というのも合理的である。後に審判する時の水準は合理的ではない[1]。

㈡ 原告証明の程度

医療技術損害責任訴訟においては被害患者側が証明責任を負う。その証明程度については状況を区別する必要があり、以下二つの異なる方法を採用している。

(1) 被害患者側が医療機構に医療過失があることを証明できる。医療技術損害責任紛争訴訟において、被害患者側が充分な証拠を挙げ医療機構に医療過失があることを証明することができる。原告がこのように医療過錯責任鑑定を提供し、医療機構の尋問を経て裁判官が審査の結果確信した場合、医療過失と認定することができる。

(2) 被害患者側の証明が証拠記述規則に一致する。証拠記述規則とは、経験法則に基づき、ある事実によりある典型的結果が発生した場合、裁判官はその結果が出現した時点におけるその他可能性を排除した状況で、その事実の存在を推論しなければならない。この状況では証明責任の緩和が実行される。

㈢ 原告の証明責任緩和

被害患者側が証明責任を負い、証拠記述規則の要求に一致する場合、裁判官は医療機構に医療過失があることを推定することができる。証明責任の緩和を実行した場合、証明責任が転換され医療機構が証

1 張新宝『大陸医療損害賠償案件的過失認定』、朱柏松等『医療過失挙証責任責任之比較』、元照出版公司二〇〇八年版、第九三頁。

明責任を負担する。医療機構が自己に過失がないことを証明できる場合、権利侵害責任は構成されない。自己に過失がないことを証明できない場合、過錯要件が成立される。

㈣　医療過失推定事由

『権利責任法』第五十八条の規定に基づき、被害患者が医療機構に法定状況が存在すると証明できる場合、医療過失を推定できる。

⑴　医療機構及び医務者が法律、行政法規、規章等関連する診療規範の規定に違反した場合。法律、行政法規、規章等関連する診療規範の規定に違反した場合、過失を認定することができる。これは医療技術過失の基準は、関連する診療規範の規定に対する違反だからである。本項が規定する要求に一致する場合、技術過失があるとする。

⑵　医療機構及び医務者が紛争に関連する医学文書及び関連資料を隠蔽した又は提供を拒絶した場合。医療機構及び医務者が医療損害責任紛争発生時に上述の医学文書及び関連資料（主に病歴）を隠蔽した又は提供を拒絶した場合、医療技術過失が存在すると推定され、原告は証明責任を負う必要がなくなる。

⑶　医療機構及び医務者が医学文書及び関連資料を偽造又は隠滅した場合。医療機構及び医務者が医学文書又は関連資料に対し積極的行為を用い、偽造又は隠滅によって証拠隠滅した場合、同様に医療機構に医療技術過失があると推定する。

医療過失推定事由の要求に一致する場合、医療過失と推定する。この場合医療機構は証拠の提出により医療過失推定を覆すことができない。

(五) 医療機構の証明程度及び医療損害責任鑑定の証明負担

証明責任の緩和における医療機構の証明程度は、医療過失推定を覆し自己に過失がないことを証明することである。自己に過失がないことを証明できる場合は、医療機構の過失が否認され医療損害責任は成立されない。証明できない場合、医療過失推定は成立し医療技術損害責任は成立される。

医療損害責任紛争訴訟において、通常は医療過錯鑑定を提供する方法により医療過失を証明する或いは医療過失を否定する。医療過失の証明責任規則に基づき証明責任を負う側が医療過失鑑定結論を提供しなければならない。①一般状況においては被害患者側の証明責任範囲である。②被害患者側の証明が証拠記述規則の要求に一致し、且つ医療過失証明責任の緩和要求に一致する場合、医療機構が証明帰任を負う。医療機構が自己に過失がないことを証明した場合、医療過錯責任の鑑定結論は、医療機構側が自己の医療行為と被害者の人身損害結果の間に因果関係がないことを証明した、或いは医療機構の医療行為に過失の証拠は存在しないという結論になる。

三　医療倫理過失の証明及び証明責任

医療倫理過失の具体的表現は、病患に対し十分な告知又はその病状の説明をせず、病患に対し早急且つ有効な医療提案を提供せず、病状と関連する各種プライバシー、秘密を保護せず、或いは病患の同意を経ずある医療措置を採用する又は継続治療の停止をする、或いは管理規範に違反し患者のその他損害を生じさせる等である。医療倫理過失は事実上医療機構及び医務者が告知、秘密保護等法定義務を尽くさないという過失である。

医療倫理過失に対しては過錯推定を実行する。被害患者が自己の損害及び医療行為に違法性があることを証拠により証明し、且つ因果関係の証明が成立した場合、裁判官は医療機構及び医務者に医療倫理過失があると推定できる。

医療機構が自己の医療行為に過失がないと主張する場合、証明責任の転換規則を実行し、医療機構により自己が法定義務を尽くしたこと、及び医療過失を有さないことを証明しなければならない。証明できる場合権利侵害責任は成立されず、証明できない場合は過錯推定が成立し、医療損害責任を成立する。

第三節　医療機構の免責事由及び患者と医療機構に対する特別保護

一　医療機構の免責事由

(一)　法律が規定する免責事由

医療活動及び医療損害の特殊性により、医療損害責任の免除事由と一般権利侵害責任免除事由は異なる。『権利侵害責任法』第六十条は三つの免責事由を規定している。

(1)　医療機構が行う医療規範に一致する診療が患者又はその近親に合わない場合。患者及びその家族の原因により治療が遅延され、患者の人身損害結果が生じた場合、被害患者側に過錯があると証明できる。過錯責任原則に基づき、損害結果が完全に患者及びその家族の治療遅延により生じた場合、医療機構は損害の発生に対し過錯がないと証明され、医療機構の賠償責任は免除される。行った治療が患者及びその家族に合わないことが医療損害結果の原因の一つであるならば、医療看護者にも医療過失があり、与有過失が成立され、『権利侵害責任法』第二十六条の過失相殺に関する規定に基づき医療機構の賠償責任を減軽しなければならない。

(2) 生命に危険がある患者を救助する等緊急状況において医務者が合理的診療義務を尽くしている場合。患者の命を救うため、緊急措置が与える可能性がある良くない結果に対しては考慮をせず、両者を推し測った結果命を救うことを第一とする場合、医務者は合理的注意義務を尽くしてさえいれば、良くない結果を生じさせ患者の体に対し一定の損害があったとしても医療損害責任は成立されず、医療機構は賠償責任を負担しない。

(3) 当時の医療レベルに限界があり診療が難しい場合。医療技術及び医学レベルには限界がある。当時の医療レベルに制限され診療が難しい病症を医務者が治癒できないことは正常である。当時の医療レベル条件において、医療機構が発生させた良くない医療結果に対し予測することができず、又は予測はしたが防ぐことができず、これにより生じさせた良くない結果は医療技術損害責任を成立せず、医療機構は賠償責任を負わない。

(二) 一般的規定に基づき免責しなければならない事由

(1) 不可抗力が生じる良くない結果。『権利侵害責任法』第二十九条が規定している不可抗力は、普遍的に適用できる免責事由である。医療損害責任において、不可抗力が発生し良くない結果が生じた場合、『権利侵害責任法』第二十九条の規定に基づき責任免除又は責任減軽をする。

⑵　医療意外。医療意外とは医務者が予測できない原因が生じさせた医療損害結果、又は実際の状況に基づき回避することができない医療損害結果である。医療意外が発生し、医療機構に過失がないことを証明することができる場合、医療機構は権利侵害責任を負わない。医療意外を免責事由とすることに対し明文による規定はされていないが、医療損害責任には過錯責任原則を実行する為、医療意外において医療機構及び医務者に過失がないことを証明すれば、当然責任は負わない。

二　『権利侵害責任法』の患者権利及び医療機構権益に対する特別保護

㈠　医療機構の医学文書資料に対する保管・問合せ義務

医学文書及び資料は医療機構が保管しなければならず、ある医務者又は医療機構は医学文書及び資料を私有財産とし、意のままに処置し且つ提供を拒絶し、さらには隠蔽、偽造、隠滅、改変等をする。これは違法行為である。当該義務を違反した場合、『権利侵害責任法』第五十八条の規定により医療過失を推定できる。

㈡　無駄な医療の防止と責任

『権利侵害責任法』第六十三条は「医療機関及びその医務者は、診療規範に違反して無駄な医療を行ってはならない」という内容を規定している。これは医療機構の防御性医療行為に対抗している。このような防御性医療行為は患者に対して極めて不利であり矯正が必要である。

㈢　医療秩序及び医務人員の労働生活を邪魔してはいけない患者の義務

『権利侵害責任法』第六十四条は、医療機構及びその医務者の合法権益は法律の保護を受けると規定している。医療秩序に干渉し、医務者の労働、生活を妨害した場合、法に依り法律責任を負担しなければならない。よって患者に法律を遵守するよう警告し、且つ医療機構及び医務者の合法権益の保護、及び「医療騒動」行為の禁止を促し、違法者は法に従い法律責任を負わなければならないと規定する。

第八章　環境汚染責任

【法律条文】

第六十五条　環境を汚染したことにより損害を生じさせた場合には、汚染者は、権利侵害責任を負わなければならない。

第六十六条　環境を汚染したことにより生じた紛争においては、汚染者は、法律の規定する責任を負わない場合又は責任が軽減される場合に該当すること及びその行為と損害との間に因果関係が存在しないことについて証明責任を負う。

第六十七条　二人以上の汚染者が環境を汚染した場合には、汚染者が負う責任の大小は、汚染物の種類、排出量等の要素に基づき確定する。

第六十八条　第三者の過錯による環境汚染が損害を生じさせた場合には、被権利侵害者は、汚染物排出者に対して賠償を請求することができ、第三者に対して賠償を請求することもできる。汚染者は、賠償した後に、第三者に対して求償する権利を有する。

【典型的な事例】

張氏と羅氏は池を六個賃借し、盤渡河から水を汲んで、そこに希少経済魚である鮰を人口飼育する契約を結んだ。五月四日から五日にかけて県内で大量に雨が降り、盤渡河の水が氾濫し張氏の池に流れ込んだ。およそ三十分の間に池の中の鮰は全て死んでしまった。点検の結果、死亡した鮰魚（半成品）は四・五万匹、小魚（稚魚）は八・六六万匹いたことが分かった。環境観測センターは『盤渡河張氏の養魚池において魚が死亡した事故の原因に関する鑑定』を作成し、張氏の養魚池で魚が死亡する事故が発生した原因は、養殖水体が重度のＰＨ値、非イオン化アンモニア、浮遊物質によって汚染され、それら汚染物が養殖魚の急性死亡をもたらせたことを発表した。汚染物は盤渡河上流に密集している工場が排出したものであった。張氏は裁判所に対し提訴し、Ｗ陶器有限会社、Ｌ工貿有限責任会社、Ｍ陶磁器有限会社、Ｊ陶磁器有限会社、Ｋ陶磁器有限会社、Ｃ化工有限会社、Ｊ釉料工場、Ｇ陶器工場等八つの被告に対し漁業汚染損失百二十万元を賠償するよう要求した。最終的に賠償は百七十万元まで増える結果となった。[1]

1　本事例は、原告が起訴したＷ陶器有限会社、Ｌ工貿有限責任会社、Ｍ陶磁器有限会社、Ｊ陶磁器有限会社、Ｋ陶磁器有限会社、Ｃ化工有限会社、Ｊ釉料工場、Ｇ陶器工場等八つの被告の環境損害責任の確定に市場額の規則を適用した。

第一節　環境汚染責任概述

一　概念及び特徴

(一)　概念

環境汚染責任とは汚染者が法律で規定されている義務に違反し、作為又は不作為の方法を以て生じさせた環境汚染損害に対し、過錯を問わず法に基づき損害賠償等責任を負わなければならない特殊権利侵害責任である。『権利侵害責任法』第六十五条に環境汚染責任が規定されている。

(二)　特徴

(1)　環境汚染責任は無過錯責任原則を適用する特殊権利侵害責任である。『民法通則』第一二四条はそのように規定しており、『権利侵害責任法』も同様の方法を堅持している。汚染者に主観上過錯があるか無いかに関わらず、汚染を実施し損害を生じさせた場合は賠償責任を負わなければならない。

(2)　環境権利侵害責任保護における環境は広義の概念に属し、生活環境や生態環境を含み、保護範囲はより広くなっている。

(3)　汚染行為は汚染者の作為又は不作為である。汚染環境における行為は作為でもよく不作為でもよい。生活及び生態環境に損害を生じさせさえすれば権利侵害責任は成立される。

(4)　環境汚染責任保護における被権利侵害者の範囲は比較的広くなっている。『権利侵害責任法』第六十五条が規定する環境損害は自然人の人身損害及び財産損害を指しているのみならず、企業及び国家も含み、且つ環境汚染責任に対し公益訴訟を提起することができる。[1]

(5) 環境汚染責任方式範囲は広範にわたる。環境汚染の責任方式は『権利侵害責任法』第十五条の規定を適用し、侵害停止、妨害排除、危険消去、財産返還、原状回復、損失賠償等の責任方式を実施することができ、損害賠償責任だけに限らない。

二 帰責原則と成立要件

(一) 帰責原則

『権利侵害責任法』は環境汚染責任を無過錯責任と規定しており、世界の権利侵害法の発展に順応させることで社会参加者の環境意識増加の促進、環境観念の強化をし、環境保護義務を履行させることで汚染に対し厳格な制御及び積極的な処理を行い、被権利侵害者の証明責任を減軽し加害者の証明責任を重くし、それにより被権利侵害者の合法権益を更に保護することができるのである。

(二) 成立要件

(1) 環境汚染行為。環境汚染とは鉱産物企業等単位が生じさせる排気、排水、廃棄物、粉塵、ごみ、

1 楊立新主編『中華人民共和国侵害責任法草案建議稿』第一一九条第二項「検察機関又は公益団体が被害者を代表し環境公益訴訟を提起することができる」参照。『中華人民共和国侵権責任法草案建議稿及説明』、法律出版社二〇〇七年版、第二九頁。

放射性物質等有害物質及び噪音、振動、悪臭の放出或いは大気、水、土地等環境の汚染など、人類の生存環境に一定程度の危害を与える行為である。作為不作為に関わらず環境汚染が成立される行為である。排出基準に適合する汚染排出のようにたとえ合法的な汚染排出であろうが損害を生じさせた場合は権利侵害責任を負わなければならない。

⑵　客観的損害事実。環境汚染危害の行為により国家及び集団の利益、公民の財産、人身及び環境に対し損害を与えたという事実が環境汚染責任を成立する客観要件である。

⑶　因果関係。環境汚染権利侵害は特殊権利侵害として因果関係要件において推定因果関係規則を実行する。環境汚染責任において、企業が人身健康に害を与える又は財産損害を生じさせる可能性がある物質を排出し公衆の人身又は財産が汚染後損害を受けた或いは現在損害を受けていることを証明しさえすれば、この危険は汚染行為が生じさせたと推定することができる。

三　具体類型

㈠　遺伝子組み換え食品汚染権利侵害行為

遺伝子汚染とは、天然の生物種の遺伝子の中に人口的に組み替えた遺伝子を混ぜることでその生物の繁殖に従い外来遺伝子が増殖し、それが伝染されるに従い更に拡散されることである。遺伝子組み換え製品を正しく使用しなければ人体に重大な損害をもたらすことになる。遺伝子組み換え製品の生産、販売において説明義務を尽くさず、遺伝子汚染損害を生じさせた場合は権利侵害責任を成立する。

㈡　水質汚染権利侵害行為

水質汚染とは、水がある物質の介入により化学、物理、生物又は放射性等方面の特性において変化が生じ、水の有効利用や人体の健康に対し危害を与え、水質を悪化させ生態環境を破壊してしまう現象である。水中或いは地下に汚染水又は廃液を浸み込ませることにより水質環境を汚染し、他人の人身、財産に対し損害を生じさせた場合、汚染者は危害を削除する責任を負い、且つ直接被権利侵害者に対し損失を賠償しなければならない。

㈢　大気汚染権利侵害行為

大気汚染とは、自然現象又は人為活動によりある物質が大気中に混入し化学、物理、生物又は放射性等方面の特性に変化を生じさせ、人の生産、生活、労働、身体健康及び精神状態、設備及び財産等に直接的又は間接的に破壊する又は悪い影響を与える現象である。大気中に有害物質を排出又は飛散させ大気環境を汚染した場合、排出者は危害を削除する責任を持つ。他人の人身、財産に対し損害を生じさせた場合は、賠償責任を負わなければならない。

㈣　固体廃棄物汚染権利侵害行為

固体廃棄物汚染とは、不当に固体廃棄物を排出、廃棄、貯蔵、運輸、使用、処理、処置することで各種環境汚染を生じさせることである。固体廃棄物を排出、積載し環境を汚染させ、他人の人身、財産に対し損害を生じさせた場合は、汚染者は危害を排除する責任を持ち、賠償責任を負う。固体廃棄物が国有の土地資源を汚染し国家に環境損害を与えた場合は、行政主管部門が国家を代表して責任者に対し損害賠償要求を提出する。

㈤　海洋汚染権利侵害行為

海洋汚染とは、人類が直接的又は間接的に物質又はエネルギーを海洋環境に混入させ、海洋生物資源を損害し、人体健康に危害を生じさせる又は生じさせる可能性がある、且つ漁業及び海上のその他合法活動を妨害し海水使用素質を損害する及び環境の質を減損させる等有害影響のある現象である。他人の人身、財産に対し損害を生じさせた場合、排出者は危害消去、損失賠償の責任を負わなければならない。海洋環境の損害が国家に対し損失を与えた場合は、国家は起訴することができる。

㈥　エネルギー汚染権利侵害行為

法律規定に違反し環境に対し騒音、電磁波、光波、熱エネルギー等エネルギーを放出し、他人の人身、財産に対し損害を与えた場合、放出者は危害を削除する責任があり、直接被権利侵害者に対し損失を賠償する責任を負わなければならない。国家が規定する基準を超えていないが、被権利侵害者の正常な生活、労働及び学習に対し重大な干渉を生じていることを証明できる場合、放出者は危害を削除する責任を負う。

㈦　有毒有害物質汚染権利侵害行為

有毒有害物質とは、人々が生産する又は日常生活で使用する、一定条件において環境を汚染し、人体又は動植物の生命及び健康に危害を加える物質である。有毒有害物質は主に以下を含む。化学物質、農薬、放射性物質、電磁波輻射等。環境に対し放射性物品、有毒化学品、農薬等危険品を放出し環境を汚染し、他人の人身、財産に対し損害を与えた場合、排出者は危害を削除する責任を負い、直接被権利侵害者に対し損失を賠償する責任を負う。

(八) 環境騒音汚染権利侵害行為

環境騒音とは、工業生産、建築工事、交通運輸及び社会生活において生じる周囲の生活環境を妨害する音である。生じた環境騒音が国家の規定する環境騒音排出基準を超過し、他人の正常な生活、労働及び学習を妨害し、合理的限度を超える場合、騒音損害を受けた被権利侵害者に対し権利侵害責任を負わなければならない。

(九) 生態損害責任

生態環境は「環境」概念の中に概括され、その他環境汚染と同様に『権利侵害責任法』の環境汚染損害責任に関する規定を適用し、損害を与えた場合は権利侵害責任を負わなければならない。

四 損害賠償法律関係

(一) 法律関係

環境汚染責任の性質は特殊権利侵害責任であり、その法律関係主体における権利主体は被権利侵害者、義務主体は環境汚染行為者である。損害賠償の請求権者は「直接損害を受けた単位又は個人」であり、その内「直接損害を受けた」という制限語は適切ではない。適用する際に一面的な理解により被権利侵害者に保護が行き届かないという結果を与えることを避けなければならない。海洋汚染損害が国家の財産損失を生じた場合、その損失を賠償しなければならず、国家は賠償権利主体として賠償を請求することができる。

(二) 責任方式

『環境保護法』が規定する環境汚染責任方式は危害排除と損失賠償の二つを含む。

環境法における危害排除は、国家が環境に危害を与えた又は与える可能性がある者に対し、発生する可能性がある危害の排除若しくは発生した危害の停止、且つその影響を削除するよう強制的に命令する民事責任方式である。危害排除は、実施した権利侵害行為又は権利侵害行為が現在被権利侵害者に損害を与えているといった状況に対し適用でき、損害結果発生を防止する又は更に重大な損害結果が生じることを回避する機能がある。

環境法における損失賠償とは、自己の財産を以て他人に対し生じさせた財産損失を補うよう国家が汚染危害者に対し強制的に命令する責任方式であり、主に侵害行為発生後に生じた損害に対し適用し、被権利侵害者の経済損失を補償する面で重要な作用を持っている。

五 免責条件及び訴訟時効

(一) 免責条件

中国環境保護法律が規定する環境汚染権利侵害免責事由は主に以下の状況を含む。

⑴　不可抗力。『環境保護法』は不可抗力を免責条件とすると規定しており、必要な制限を付加することで不可抗力は環境汚染の免責条件を成立する。一、不可抗力における自然原因のみを含み、その他社会原因による不可抗力を含まない。二、抵抗することができない自然災害に対し早急に合理的措置を採用したが損害を防ぐことができない。

⑵　被権利侵害者の過錯。『水質汚染防止法』等法律は、損害が被権利侵害者自身の責任により生じた場合、汚染者は責任を負わないと規定している。被権利侵害者が損害の発生に対し故意又は重大な過失があり、被権利侵害者の行為が損害発生の直接原因だということを充分に証明できる場合、当該損害と汚染者に因果関係は存在せず水質汚染者の責任を免除できる。しかし被告は被権利侵害者の過錯に対し証明をしなければならない。

⑶　その他免責条件。『海洋環境保護法』第四十三条は、戦争行為は海洋汚染損害の免責条件であると規定している。灯台又はその他助航設備を担当する主管部門が職責を執行するにおいて不注意又はその他過失行為により海洋、水質に対し汚染損害を与えた場合、これは免責条件となる。

㈡　訴訟時効

『中国環境保護法』（二〇一五年）第六十六条は、「環境汚染損害賠償による訴訟提起の時効期間は三年とし、当事者が汚染損害を受けたことを知る又は知ることができた日から計算をする。」と規定している。『民法通則』が規定する普通訴訟時効期間と異なり、『環境保護法』の特別規定を適用しなければならない。

第二節　因果関係推定

一　環境汚染責任因果関係要件の重要性

『権利侵害責任法』第六十六条は環境汚染責任の因果関係推定規則を規定している。

環境汚染責任の構成において環境汚染行為と損害事実の因果関係要件は重要な地位を占める。その原因は、環境汚染責任には無過錯責任原則を適用し、責任成立の確定には過錯を問わない。よって環境汚染責任を成立するか否かを確定する最終判断基準は因果関係となるからである。被権利侵害者の損害事実と環境汚染行為の間に、与えたと被ったという論理関係における客観根拠が存在することが確定できれば、因果関係が有るとし、環境汚染行為の汚染者は被権利侵害者に対し権利侵害責任を負うことを確定することができる。環境汚染責任において因果関係は汚染者と被権利侵害者の損害事実の間に与えたと被ったという論理関係があるか否かを判断する客観根拠であるだけでなく、汚染者の環境汚染行為は被権利侵害者が生じさせた損害に対し権利侵害責任を負うか否かを判断する客観根拠でもある。

二　因果関係推定の必要性及び具体規則

(一)　因果関係推定適用の必要性

因果関係推定の学説及び規則は、環境汚染責任因果関係において証明が困難な実際状況に適応するために創設したものである。環境汚染責任において相当因果関係学説は充分に運用できないため、新たに因果関係理論を検討し、如何に原告側の証明責任を減軽し因果関係の証明基準を低くするかが研究の重要な問題となっている。因果関係推定の各種学説及び規則は絶えず出現しており司法実践において応用されている。

㈡　因果関係推定の具体規則

(1)　因果関係が存在する相当程度の可能性を被権利侵害者が証明する。被権利侵害者は訴訟において、まず因果関係が相当程度の蓋然性を持つこと、つまり環境汚染行為と損害事実の間に因果関係が存在する可能性を証明しなければならない。その基準は、一般人が通常の知識・経験を以て観察した場合に両者の間に因果関係が有ることを知ることができ、裁判官に環境汚染行為と被権利侵害者自身の損害事実に因果関係が存在する可能性があることを確信させることである。被権利侵害者が相当程度の蓋然性を証明できなければ、直接因果関係を推定することはできない。

(2)　因果関係には推定を実行する。裁判官は原告の上述の証明を基礎とし因果関係推定をする。推定の基礎条件は、第一、この行為が発生しなければ通常このような結果は発生しない。この結果を得るには、まず事実要素を確定しなければならない。つまり環境汚染行為と損害事実が必ず存在するという事実を確認し、環境汚染行為と損害事実の間に客観的規律的関連が存在することを確定する。次に順序要素である。環境汚染行為と損害事実の時間的順序を見分け、原因となる環境汚染行為が必ず前で、結果としての患者の人身損害事実は必ず後でなければならない。第二、その他の原因となる可能性が存在しない。これは原告又は第三者行為又はその他要素の介入を含む、損害事実と環境汚染行為の間のその他可能性を排除する。第三、因果関係の可能性を判断する基準は一般社会知識経験である。推定する基準は科学技術の証明ではなく、通常の基準、つまり一般の社会知識経験に基づき可能であると判断し、解釈上関連する科学的結論と矛盾しなければ推定することができる。

(3)　汚染者が汚染行為と損害に因果関係がないことを証明する。汚染者が自己の汚染行為と損害結果の間に因果関係がないことを主張する場合、自己が証明をしなければならない。汚染行為と損害事実の間に因果関係がないことを証明しさえすれば、因果関係推定を覆すことができ、自己の責任を免除できる。因果関係の証明基準が高度蓋然性であることを否定する可能性が極めて高い為、裁判官が確信できる程度まで証明をしなければならない。これに対し、汚染者は上述の要点に対し以下のことを行う。第一、汚染行為の損害の有無に関わらず発生する。第二、他人又は被権利侵害者に過錯が存在し、且つそれが損害を発生させた原因である。第三、自己の汚染行為は損害発生を生じさせた原因ではない。第四、科学上矛盾がありその結果が存在することが不可能な時、推定形式に基づいてもそのような結論が得られない場合因果関係推定を覆すことができる。最高人民法院『環境汚染責任紛争事件の審理における法律適用に関する若干問題の解釈』は、因果関係推定を覆し汚染者が以下の状況の内一つでも証明した場合、人民法院はその汚染行為と損害事実の間に因果関係が存在しないことを認定すると規定している。①排出した汚染物がその損害を生じる可能性がない場合。②排出した、損害を生じる可能性がある汚染物が損害発生地に到達していない場合。③損害は汚染物を排出する前に既に発生していた場合。④その他汚染行為と損害の間に因果関係が存在しないと認定することができる状況。

(4)　汚染者が証明する別の結果。汚染者が証拠を挙げ自己の汚染行為と損害結果の間に因果関係が存在しないことを証明できる場合、因果関係推定は覆され、権利侵害責任は成立されない。汚染者が証明できない又は証明が足りない場合、因果関係推定は成立し、因果関係要件を持つ。

第三節　環境汚染責任の特殊責任形態

一　市場占有率規則の適用

市場占有率責任はアメリカのカリフォルニア州上訴裁判所が一九八〇年にシンデールアボート製薬工場事件（Sindell V. Abbort Laboratories）の審理において確定した製造物権利侵害責任規則である。これは原告が有力な証拠を提出し母親がどの薬局が販売している薬物を服用しているか証明できず、よってカリフォルニア最高裁判所は最終的に各被告会社が全ての賠償責任を負う必要がなく、その製品の市場占有率に基づき賠償責任を負うのみと判決を下した事件である。

環境汚染責任には市場占有率規則を適用する条件が存在する。二人以上の汚染者が環境を汚染し、損害は誰の汚染行為により生じたか確定することができないが各行為に損害を生じさせる可能性は存在する。このような状況では製造物責任において市場占有率規則を適用する条件と同様の規則を適用しなければならない。よって『権利侵害責任法』第六十七条は、「二人以上の汚染者が環境を汚染した場合には、汚染者が負う責任の大小は、汚染物の種類、排出量等の要素に基づき確定する。」と規定している。

これに対し最高人民法院『環境汚染責任紛争事件の審理における法律適用に関する若干問題の解釈』は、二人以上の汚染者が環境を汚染した場合には、汚染者が負う責任の大小は、人民法院は汚染物の種類、排出量、危害性及び排出許可証の有無、汚染物排出基準超過の有無、重要な汚染物排出総量の制御指標超過の有無等に基づき確定をすると規定している。

上述の規定に基づき、二人以上の汚染者が環境を汚染した場合、全ての汚染者における汚染行為の原因力が確定できない時、まず汚染物の種類と放出量に基づき異なる責任配分を確定する。次に、負う責任は連帯責任ではなく、全ての汚染者の責任性質を分相応の責任とすると明確に規定している。

二　第三者過錯の不真正連帯責任

『権利侵害責任法』第六十八条は、環境汚染責任における第三者過錯は汚染者の権利侵害責任を免除するのではなく、不真正連帯責任を実行し『権利侵害責任法』第二十八条の「損害が第三者により生じた場合には、第三者は、権利侵害責任を負わなければならない」に関する一般的規定を排除すると規定している。これは環境汚染責任に無過錯責任を適用することでより一層生活、生態環境や被権利侵害者の民事権益を保護するためである。最高人民法院は『環境汚染責任紛争事件の審理における法律適用に関する若干問題の解釈』にて、被権利侵害者が『権利侵害責任法』第六十八条の規定に基づき別々に又は同時に汚染者、第三者を起訴した場合、人民法院はこれを受理しなければならないと規定している。被権利侵害者が第三者に賠償責任を負うよう請求した場合、人民法院は第三者の過錯程度に基づきその相応賠償責任を確定しなければならない。汚染者が第三者の過錯により環境が汚染され損害が生じたことを理由に責任を負わない又は責任の減軽を主張する場合、人民法院はこれを支持しない。

環境汚染責任において、第三者の過錯が引き起こした環境汚染の損害責任に対する規則は、以下の通り。

(1) 汚染者と第三者が異なる行為により同一の損害を生じさせ、両者の行為はどちらも損害を発生させる原因であり、損害事実もまた同一の損害結果である場合に、始めてこの規則を適用することができる。

(2) 汚染者と第三者の行為が異なる権利侵害責任を生じたが、被害者の損害救済において同一目的を有する場合。これは汚染者と第三者がそれぞれ異なる権利侵害責任を生じ、責任の目的がどちらも被害者の同一損害の救済であり、それぞれ異なる損害の救済ではない場合である。

(3) 環境汚染の被害者が持つ異なる損害賠償請求権について、被害者は汚染者又は第三者どちらに責任を負うよう請求するか選択することができ、汚染者又は第三者両者に対し別々に請求権を行使するのではない。被害者が選択を終え請求権を実現させた後、もう一方に対する請求権は消滅する。この責任の性質は中間責任である。

(4) 損害賠償責任は最終的に損害発生をもたらした最終責任者に帰属する。被害者が選択した被告が第三者の場合、第三者が最終責任者となる。選択した被告が汚染者の場合、汚染者は中間責任を負い、最終責任者つまり第三者に対し求償を請求でき、最終責任者つまり第三者は汚染者に対し最終責任を負わなければならない。

第四節　環境汚染責任に対する司法解釈の規定

二〇一五年六月三日、最高人民法院は『環境権利侵害責任紛争事件の審理における法律適用に関する若干問題の解釈』を施行し、以下の環境汚染責任における実体法上の問題に対し新たな規則を規定した。

一　無過錯責任原則の堅持

当該司法解釈はまず、環境汚染により損害が生じた場合、汚染者の過錯有無に関わらず汚染者は権利侵害責任を負わなければならないと規定している。汚染者が汚染排出は国家又は地方の汚染物排出基準に一致しているという理由から責任を負わないことを主張した場合に対し、免責事由は成立されず人民法院はこの免責訴求を支持しない。

環境汚染責任事件において汚染者が責任を負わない又は責任を減軽する状況に対し『権利侵害責任法』第八条は具体的規定をしていない。よって『海洋環境保護法』、『水質汚染防止法』、『大気汚染防止法』等環境保護単行法の規定を適用すると規定している。環境保護に関する単行法が規定していない状況については『権利侵害責任法』の規定を適用する。

二　環境汚染責任における複数人権利侵害行為及び責任

環境汚染責任事件における複数人権利侵害行為及び責任に対し、司法解釈は比較的詳細な規定をしている。主に以下の通り。

(1)　共同権利侵害行為に対し二人以上の汚染者が共同で汚染行為を実施し損害を生じさせ、被権利侵害者が『権利侵害責任法』第八条の規定に基づき汚染者に連帯責任を負うよう請求した場合、人民法院はこれを支持する。

(2)　各権利侵害行為に対しそれぞれ以下のように規定している。

第一、二人以上の汚染者が別々に汚染行為を実施し同一損害を生じさせ、全ての汚染者の汚染行為が全ての損害を生じるに十分であり被権利侵害者が『権利侵害責任法』第十一条の規定に基づき汚染者に連帯責任を負うよう請求した場合、人民法院はこれを支持する。これは重複する分別権利侵害行為及び責任に対する規定である。

第二、典型的分別権利侵害行為に対しては、二人以上の汚染者がそれぞれ汚染行為を実施し同一損害を生じさせそれぞれの行為者の汚染行為が全ての損害を生じさせるに十分でなく、被権利侵害者が『権利侵害責任法』第十二条に基づき汚染者に責任を負うよう請求した場合、人民法院はこれを支持する。

第三、半重畳的分別権利侵害行為に対しては部分連帯責任規則を適用する。つまり二人以上の汚染者がそれぞれ汚染行為を実施し同一損害を生じさせ、一部の汚染者の汚染行為が全ての損害を生じさせるに十分であり、一部の汚染者の汚染行為は部分的な損害を生じるのみである場合、被権利侵害者が『権利侵害責任法』第十一条の規定に基づき全ての責任を生じさせるに十分である汚染者とその他汚染者に共同で生じさせた損害部分に対しては連帯責任を負い、且つ全ての損害に対して責任を負うよう請求した場合、人民法院はこれを支持する。

三　環境汚染責任の責任方法適用の規則

環境汚染責任を成立する汚染者が権利侵害責任を負わなければならない場合、司法解釈は、人民法院は被権利侵害者の訴訟請求及び具体的状況に基づき、汚染者に侵害停止、妨害排除、危険排除、原状回復、謝罪、損失賠償等民事責任を負担するよう合理的に判定しなければならないと規定している。被権利侵害者が原状回復を請求した場合、人民法院は法に従い汚染者に環境修復責任を負わせ、同時に被告が環境修復義務を履行しない場合には環境修復費用を負担するよう判決を下すことができる。汚染者が裁判により確定した期限内に環境修復義務を履行しない場合、人民法院はその他の人に環境修復を行うよう委託し、必要費用を汚染者に負担させることができる。

司法解釈は更に、被権利侵害者が汚染により生じた財産損失、人身損害及び汚染拡大・汚染消去の為に行った措置により支出した合理的費用を汚染者に賠償するよう請求した場合人民法院はこれを支持すると規定している。同時に被権利侵害が訴訟を提起し、汚染者に侵害停止、妨害排除、危険消去を請求した場合、『環境保護法』第六十六条が規定する時効期間の制限を受けないと規定している。

第九章　高度危険責任

【法律条文】

第六十九条　高度危険業務に従事して他人に損害を生じさせた場合には、権利侵害責任を負わなければならない。

第七十条　民用核施設で核事故が発生し、他人に損害を生じさせた場合には、民用核施設の経営者は、権利侵害責任をおわなければならない。ただし、損害が戦争等の状況又は被害者の故意により生じたことを証明できる場合には、責任を負わない。

第七十一条　民用航空機が他人に損害を生じさせた場合には、民用航空機の経営者は、権利侵害責任を負わなければならない。ただし、損害が被害者の故意により生じたことを証明できる場合には、責任を負わない。

第七十二条　易燃、易爆、劇毒、放射性等の高度危険物を占有又は使用して他人に損害を生じさせた場合には、占有者又は使用者は、権利侵害責任を負わなければならない。ただし、損害が被害者の故意又は不可抗力により生じたことを証明できる場合には、責任を負わない。被権利侵害者に損害の発生について重大な過失がある場合には、占有者又は使用者の責任を軽減することができる。

第七十三条　高空、高圧、地下掘削活動に従事し、又は高速鉄道交通機関を使用して他人に損害を生じさせた場合には、経営者は権利侵害責任を負わなければならない。ただし、損害が被害者の故意又は不可抗力により生じたことを証明できる場合には、責任を負わない。被権利侵害者に損害の発生について過失がある場合には、経営者の責任を軽減することができる。

第七十四条　高度危険物を遺失し、又は遺棄して他人に損害を生じさせた場合には、所有者が権利侵害責任を負う。所有者が高度危険物を他人に引き渡して管理させていた場合には、管理者が権利侵害責任を負う。所有者に過錯がある場合には、管理者と連帯責任を負う。

第七十五条　高度危険物を不法に占有して他人に損害を生じさせた場合には、不法占有者が権利侵害責任を負う。所有者、管理者が他人の不法占有を防止するために高度の注意義務を尽くしたことを証明できない場合には、不法占有者と連帯責任を負う。

第七十六条　許可を経ずに高度危険活動区域又は高度危険物保管区域に侵入して損害を被った場合に、管理者が既に安全措置を講じ、かつ、警告義務を尽くしたときは、その責任を軽減し、又は責任を負わないこととすることができる。

第七十七条　高度危険責任の負担について、法律が賠償限度額を定める場合には、その規定による。

【典型的な事例】

ある薬品製造工場がニトログリセリンを製造し、生産により生じた廃棄物及び生活ゴミを村民の呉氏と姚氏に清掃・運送するよう委託した。しかし廃棄物の投棄場所を指定しておらず、呉、姚両氏は廃棄物を葬儀場付近及び自宅付近のゴミ箱の中に投棄した。そのゴミ箱の近くに小学校があり、数名の学生がゴミ処理場から液体が入った注射剤容器を拾った。学生は注射剤容器に入っている液体は「アルコール」であると思っていた。二〇〇〇年五月七日、五年生の郝氏と他二人の学生が注射剤容器を拾い、注射剤容器内の液体を空のペットボトルに入れた。液体の水面の高さは約五センチとなり、それを自宅の階段に隠した。五月八日十九時四十分、楊氏及びその従妹は郝氏を尋ね、郝氏は「アルコール」で遊ぶことを提案し、楊氏はこれに応じた。郝氏は拾ってきた液体を自宅の階段から取って来て、地面に少量たらしそれに火をつけて眺めていた。火がだんだんと小さくなったので郝氏は再び液体を火の中にたらした。火は突然勢いを増し楊氏に向って襲いかかってきた。楊氏は顔、首、喉、右腕を焼かれ、火傷を負った。楊氏は郝氏の父母に対し権利侵害責任を負うよう裁判所に提訴をした。郝氏の父母は製薬工場を共同被告に追加するよう請求した。[1]

第一節　高度危険責任概述

一　概念及び特徴

㈠　概念

高度危険責任とは、高度危険行為者が高度危険活動を実施し又は高度危険物を取扱い、他人に人身損害又は財産損害を生じさせた場合に損害賠償責任を負わなければならない特殊権利侵害責任である。『権利侵害責任法』第六十九条に高度危険責任の一般規則を規定している。

高度危険活動は現有の技術条件下で人類がまだ完全に制御できない自然力又はある物質の属性に対し極めて慎重な態度を以て経営しているが、人々の生命、健康及び財産損害をもたらす可能性が高い危険性作業のことである。高度危険物は周囲に対し高度危険性がある物である。

1　本事例は、製薬工場が高度危険物を村民に処理させ、村民の行為は管理でなく処理であっても処理と管理は似ているため呉氏及び姚氏を管理者として扱うこととした。製薬工場が呉氏及び姚氏に高度危険物の処理を任せた行為には重大な過失があるとし、本件は高度危険物の所有者と管理者は連帯責任を負わなければならないとした。

(二)　特徴

(1)　ある活動又は物が周囲の環境に対し高度危険性を有する。この危険性は人身安全への脅威及び財産安全への脅威であり、周囲の環境に害を与えるものであり自己に対し害を与えるものではない。危険活動又は危険物が内部職員に損害を与えた場合も賠償関係は成立するが、その性質は労働災害賠償関係に属する。

(2)　その活動又は物の危険性が現実の損害に変わる確率が高い。経営活動又は物が一般的危険性だけを持つ場合は高度危険活動及び高度危険物を成立するには至らない。危険活動及び危険物の周囲の環境に対する危険性が極めて高い程度に達していなければならず、公認される一般危険を超過し現実の損害に変わる可能性が非常に高い、或いは可能性は大きくないが一旦事故が発生すると、実際に生じる損害結果は非常に重大である。

(3)　その活動又は物は技術安全の特殊方法を採用する際に使用する。技術安全の特別方法は具体的活動又は物の作業に基づき確定しなければならない。例えば、核電気センター周囲は必ず不備の無い安全施設を設立し、その安全な運行を絶対的に保証し、周囲に対する損害発生を防止しなければならない。

(4)　その活動又は物に対する高度危険作業は合法性を持つ。その活動又は物に対する高度危険作業は合法的正当的であり、少なくとも法律が禁止するものではない。行為者は高度危険活動に従事するにあたり法律の許可を経ており、その活動又は物は現代科学技術を利用し社会へのサービスを実施し、国家及び国民の生活に有利なものである。[1]

1　王利明『論無過錯責任』、『比較法研究』一九九一年第二期参照。

二　帰責原則及び成立要件

㈠　帰責原則

高度危険責任に無過錯責任を適用することは社会危険要素の削除又は減少に対し有利である。特に市場経済条件において危険活動及び危険物経営は多くの場合営利性活動であり、場合によっては高利益な独占的経営である。危険説及び公平説は高度危険責任に無過錯責任を適用する理論の基礎である。[1]

㈡　成立要件

⑴　危険活動又は危険物は周囲の環境内の人身又は財産損害を生じる行為でなければならない。危険活動における活動とは特定任務を完成させる活動であり、一般的には生産経営活動を指し、科学研究活動及び自然探索活動も含む。周囲の環境とは、危険活動又は危険物区域以外の、当該危険活動又は危険物が発生させる事故が危険を及ぼす可能性がある範囲における一切の人身及び財産である。危険活動及び危険物を経営及び占有中に周囲の人又は財産に対し損害を生じさせる行為を実施した場合、この要件が成立される。

⑵　損害結果の存在及び重大な危険の存在がなければならない。危険活動又は危険物の被害結果は人身損害及び財産損害を含む。特殊なのは、危険活動及び危険物の危険性により損害結果は生じていないが被害の危険が現れた場合でも、権利侵害行為が成立され、危険削除の責任を負わなければならない点

1　張新宝『侵権責任法原理』、中国人民大学出版社二〇〇五年版、第三二六―三二七頁参照。

である。

(3)　因果関係の存在がなければならない。因果関係は被害者が証明しなければならない。ある高度科学技術領域において被害者が危険活動又は危険物及び損害事実の表面上の因果関係だけを証明することができる場合、或いは危険活動又は危険物が損害結果の原因の可能性であることについてのみ証明できる場合でも、これら事実に基づき因果関係の存在を推定することができる。

三　損害賠償関係

(一)　賠償法律関係主体

危険活動又は危険物の作業者は賠償責任主体である。作業者は危険活動及び危険物の所有者でもよく危険活動又は危険物の経営者でもよい。所有者及び占有者が別々の時、例えば請負人が危険活動及び危険物を全面的に請け負った後、請負人は危険活動及び危険物の占有者となり請負人により具体作業を進行する。そのため請負人が賠償責任主体となり賠償責任を負わなければならず、所有者は責任を負わない。ただし請負契約にその他規定がある場合を除く。違法に危険活動に従事し、又は違法に危険物を占有し他人に損害を与えた場合、違法占有者が危険活動の実際の操作人となり賠償責任を負わなければならない。

高度危険責任の賠償権利主体は被害者である。被害者が死亡又は終止した後、その権利により請負人が賠償請求権を有する。

㈡　責任方式

⑴　侵害停止。損害の発生が尚も継続している危険活動及び危険物に対し、被害者は危険活動者に侵害の停止を請求する権利を持つ。

⑵　危険除去。他人の人身及び財産安全に対する重大な脅威とは、核電気センターに漏洩が見られる、有毒物品の外部漏洩、高圧電気出力電線の落下など危険活動及び危険物に特別な異常危険状況が出現し、他人の人身及び財産に対し切迫した危険を及ぼすことである。これに対し、全ての脅威を受ける人は訴訟を提起し危険削除請求をすることができる。

⑶　損害賠償。高度危険責任の損害賠償は全額賠償と限額賠償に分けられる。危険活動及び危険物の損害賠償に対しては大多数の国は最高賠償限額を採用しており、中国の法律又は法規も類似の規定を採用しているものもある。例えば中国『海商法』第二一〇条の人身傷亡に対する賠償請求及び非人身傷亡賠償請求の制限や、航空管理法規の飛行機事故の人身に対する賠償額の制限等である。『権利侵害責任法』第七十七条は、高度危険責任に対し法律が限度額を規定している場合は限額賠償を実行すると規定している。

㈢　免責事由

⑴　不可抗力。不可抗力は高度危険責任の免責事由であり、『権利侵害責任法』にはいくつか規定がしてある。第七十条は戦争等の状況は不可抗力となると規定している。第七十一条は不可抗力を明確に規定していないが、『民用航空法』はこれに対し明文規定をしている。第七十二条及び第七十三条は、

不可抗力は免責事由であると明確に規定している。

⑵　被害者の故意。被害者の故意は、直接故意及び間接故意を含む。前者は自殺や自傷など、直接的に損害を求めた結果である。後者は結果発生の放置であり、厳重に進入を禁止している危険区域に勝手に進入し損害結果を生じる等である。

⑶　法律のその他の規定。『権利侵害責任法』第七十六条は、法に基づき確定している高度危険活動区域又は高度危険物保管区域において、高度危険活動者又は高度危険物の所有者、占有者又は管理者がはっきりとした標識の設置及び安全な措置の採用等方法を通し十分な警告、保護の義務を尽くしている状況において他人が許可なく当該区域に進入した場合、高度危険活動者又は高度危険物の所有者、占有者又は管理者はその区域内において生じた損害に対して民事責任を負わないと規定している。

この免責事由の成立は、一、必ず高度危険活動区域又は高度危険の保管区でなければならない。二、高度危険活動者又は高度危険物占有者、所有者、管理者が相当な注意を尽くし、はっきりとした標識の設置及び安全な措置を講じ、充分な警告、保護の義務を尽くしている。三、被害者が許可なく当該区域に進入し損害を受けている。この三つの条件が備わると免責となる。

第二節　具体的高度危険責任

一　民用核施設にて核事故が発生した場合の損害責任

民用核施設は国家の関連部門の批准を受けた平和目的の為に建設された核施設である。例えば核電気センター等である。広義の核施設は核施設に運輸する核燃料、核廃棄物及びその他核物質も含む。民用核施設及び核施設に運輸する核燃料、核廃棄物及びその他核物質が、その放射性又は放射性と劇毒性、爆発性の併合又はその他危害性により他人に損害を与えた場合、権利侵害行為を成立する。権利侵害責任を負う主体は核施設の全人員又は国家が授権した経営者であり、全人員又は国家が授権した経営者が民事責任を負う。

核施設の全人員又は経営者が損害は被害者の故意により生じたものと証明できる場合は民事責任を負わない。損害が戦争等の状況により生じたものと証明できる場合も責任は免除される。

二　民用航空機損害責任

民用航空機とは、国家の関連部門の批准を経て営業運転をする民用航空機である。例えば各種民用の飛行機、気球等である。民用航空機が被害を生じさせる場合、多くは民用航空機の事故により生じた他人の損害である。航空機から人又は物、燃料を落下又は投棄させ他人に与えた損害も含む。この危険活動の損害は地上の人員及び財産に対する損害を指し、航空機本体が載せている人又は財産に対する損害ではない。賠償責任主体は航空機の所有者又は国家に授権された経営者であり、彼らが権利侵害民事責任を負う。この権利侵害責任は無過錯責任であり、損害が被害者の故意により生じたことを証明できれば航空機の所有者、経営者は権利侵害責任を負わない。軍用航空機が損害を生じさせた場合、これら規則は適用されない。

三　高度危険物の占有又は使用における損害責任

工業生産において可燃、可爆、劇毒、放射性等高度危険物を占有、使用し、周囲の環境及び人員に対し高度危険性がある状況でこのような高度危険物を使用し製造、加工、使用、利用を行う場合、高度な注意及び安全保障措置を行い、損害発生を防止しなければならない。可燃、可爆、劇毒、放射性等高度危険物を占有、使用し、物的危険性質により他人の損害を生じた場合、その所有者、占有者又は管理者は権利侵害責任を負わなければならない。高度危険物の所有者、占有者、管理者が当該損害は被害者の故意又は不可抗力により生じたことを証明できる場合、その責任を免除できる。

四　高度危険活動の従事における損害責任

(一)　高所作業損害責任

高所作業とは通常の高度を超えて作業を行うことである。高所作業に従事し他人に損害を生じさせる場合、二つの状況がある。一つは、高所作業が作業労働者自身の人身傷害を生じる場合。このような状況は労働災害に属す為労働災害の規定に基づき賠償を請求する。しかし被害者が直接高所作業被害責任に基づき賠償請求をすることも可能である。もう一つは、高所作業が他人に損害を与える場合である。これは人身損害及び財産損害を含み、例えば高所作業中に作業道具、材料、人員の落下又は墜落等により地上にいる人員又は財産に与えた損害は、まさにこの権利侵害行為である。

高所作業が他人に損害を与える権利侵害行為の規則は、まず、損害に対する民事責任は作業を組織する人が負担する。次に、作業を組織する人が当該損害は被害者の故意又は不可抗力により生じたことを証明できる場合、その責任を免除する。

㈡　高圧作業損害責任

高圧とは圧力が通常基準を超えること、つまり通常基準より高い圧力のことを指す。通常あるエネルギー又は物質は高圧方法を以て製造、運輸又は貯蔵され、その方法を用いなければ用いることが出来ない。高圧作業は危険性を持ち、周囲の環境及び人に対し極めて大きな危険を有す。そのため必ず高度な警備及び措置を以て、人身及び財産安全を保障しなければならない。一旦損害が発生すると権利侵害法は無過錯責任原則により責任を確定し、高圧工業の所有者、占有者又は管理者の過錯有無に関わらず権利侵害損害賠償責任を負わなければならない。よって高圧により電力、液体、ガス、蒸気等気体を製造、貯蔵、運送する際に、高圧の作用により他人に損害を与えた場合、その所有者、占有者又は管理者が民事責任を負わなければならない。被害者の故意及び不可抗力は高圧工業の免責事由であり、損害が被害者の故意又は不可抗力により生じたことを証明できる場合は民事責任を負わない。

㈢　地下掘削損害責任

地下掘削は高度危険行為であり、地下掘削、坑道構築、トンネル発掘、地下鉄建設等地下において行う高度危険を伴う施工活動である。地下掘削の基本安全保障は充分な地下環境の基礎上に成り立つ。[1] 地下掘削活動において必要且つ信頼できる不動産の支えを用いず地表の陥没等の結果をもたらし、他人の人身損害又は財産損害を生じさせた場合、地下掘削高度危険責任が成立される。

㈣　高速鉄道交通機関の損害責任

高速鉄道交通機関は鉄道、地下鉄、都市鉄道、路面電車等レール上で高速通行する交通運輸機関であり、遊園地の乗り物等は含まない。高速鉄道交通機関は高度危険性を持つ運輸活動である。高速鉄道交通機関が生じた損害事故の性質は無過錯責任であり、責任成立において責任者の過錯要件は考慮せず、違法行為、損害事実及び因果関係の三つの要件を備えてさえいれば権利侵害責任は成立される。

その内鉄道事故は主に鉄道運転事故を含む。つまり列車の運行中において発生する人身傷害事故又は財産損害事故であり、さらに列車から物品を落下、投棄させ、或いは列車からエネルギーが放出され、他人に人身損害又は財産損害を生じさせる事故を含む。鉄道事故の損害賠償責任は鉄道列車の運輸者が負担する。運輸者が損害は被害者の故意により生じたことを証明できる場合、民事責任を負わない。被害者に過失がある場合は過失相殺を実行する。

1　楊立新『楊立新民法講義・物権法』、人民法院出版社二〇〇九年版、第一〇一頁参照。

五　高度危険物の遺失、破棄における損害責任

高度危険物の遺失、破棄における損害責任とは、自然人、法人又はその他組織が所有、占有又は管理する危険物が遺失或いは破棄され他人に損害を生じさせた場合に賠償責任を負わなければならない高度危険責任である。

高度危険物が遺失され他人に損害を生じさせた場合、所有者の遺失物に対する占有状態は喪失しているものの、当該物に対する所有権は喪失しておらず依然として自己の財産である。遺失した危険物が被害者の損害を生じた場合における損害賠償責任は、やはり当該物の実際の権利者が責任を負わなければならない。よって遺失した危険物がその物自体の危険性により他人に損害を生じさせた場合、その所有者が権利侵害を負うのである。

危険物を破棄した場合、所有権者は当該危険物の所有権を喪失する。危険物を破棄した後、当該危険物がそれ自体の危険性により他人に損害を生じさせた場合においても権利侵害責任は発生する。このような状況においては当該危険物を破棄した人はその所有権を既に喪失しているが、自己が破棄した危険物が生じた損害に対しては、その危険物が他人に占有されていなければ、又は他人がそれに対し所有権を有していなければ、やはり破棄物の元所有者が責任を負わなければならない。

法律適用規則

(1)　高度危険物を遺失、破棄し他人に損害を生じさせた場合、所有者又は元所有者が権利侵害責任を負う。高度危険物を遺失した場合、所有権者は所有権を喪失しないが、高度危険物を破棄した場合、所

有権者は所有権を喪失する為元所有権者となる。
(2)　所有者が高度危険物を他人に管理させた場合において、管理者の管理不善により他人に損害を生じさせた場合、管理者が権利侵害責任を負い所有者は賠償責任を負わない。
(3)　所有者が高度危険物を他人に管理させ他人に損害を生じさせたが、所有者に過錯がある場合、所有者と管理者は連帯責任を負う。対外関係において被権利侵害者は一方又は双方に対し責任の負担を請求することができ、対内関係においては双方が原因力の規則に基づき各自の責任額を確定し、自己が負担しなければならない責任額を超えた場合はもう一方に対し求償する権利を持つ。

六　高度危険物の違法占有における損害責任

高度危険物を違法占有し他人に損害を生じさせた場合、以下の方法を採用し権利侵害責任の負担を確定する。
(1)　他人に危険物を違法占有され他人に損害を生じさせた場合、生じさせた損害が人身損害であろうが財産損害であろうが、違法占有者が民事責任を負担し危険物品の所有者は責任を負わない。
(2)　当該危険物の所有者が他人に違法取得又は占有されたことに対し高度注意義務を尽くしたことを証明できない場合、つまり危険物の管理に対し過失が存在する場合、危険物の違法占有者と連帯責任を負わなければならず、『権利侵害責任法』第十三条及び第十四条が規定する規則を適用する。
(3)　高度危険物を違法占有し、違法占有者自身が損害を生じた場合、原則上前二項の規則を適用しなければならない。つまり高度危険物の所有者、管理者又は使用者が高度注意義務を尽くしたことを証明できる場合、賠償責任を免除する。証明できない場合、違法占有者双方と『権利侵害責任法』第二十六条が規定する過失相殺規則に基づき処理をし、高度危険物の所有者又は管理者の賠償責任を減軽する。

第三節　高度危険責任の限度額賠償

一　無過錯責任における加害者の過失有無が賠償責任範囲の確定に対する関係

無過錯責任を適用する特殊権利侵害責任は権利侵害責任構成における過錯要件を要求しない。つまり行為者の過錯の有無に関わらず、違法行為、損害事実及び因果関係の三つの要件を備えさえすれば権利侵害責任は成立される。

賠償責任範囲を確定する際の中国司法実践が採用する態度は、損害発生に対する加害者の過失有無に関わらず全て無過錯責任原則を実行し同様の賠償責任を負担する為、全て全額賠償原則を適用する。しかしこのような方法は決して公平ではない。加害者の過錯が賠償責任範囲の確定に対し重大な影響を持っている場合、[1]それが表明しているのは加害者行為に対する法律の譴責程度である。無過錯責任の状

1　張新宝『侵権責任成立要件研究』、法律出版社二〇〇八年版、第四三八頁。

況では、無過錯責任は非常に危険性が高い権利侵害領域に対し、被害者に妥当な保護を与えることを表明するだけであり、例え加害者に過錯がなくても権利侵害責任を負担させ被害者の損害に賠償を与えなければならない。このような状況において加害者に過錯が有るのか無いのか、それに対する法律の譴責程度は異なっている。無過錯の加害者は無過錯責任の権利侵害責任を負い、過錯がある加害者の場合はさらに重い賠償責任を負わなければならない。この賠償責任程度の区別が表しているのは、主観的心理状態が異なる加害者に対する法律の異なる譴責及び制裁程度の要求である。これにより権利侵害法の公平及び正義を体現することができる。しかし『権利侵害責任法』第七十七条はこういった規定はしておらず、「高度危険責任の負担について、法律が賠償限度額を定める場合には、その規定による」と規定している。

二　具体規則及び考慮しなければならない問題

(一)　現実限度額賠償規則

中国現行法律及び法規には限度額賠償規定が存在し、『権利侵害責任法』第七十七条の規定及び限度額賠償の法律法規の規定に基づき限度額賠償を実行しなければならない。

現在この規則の適用において存在している問題は、限度額賠償制度を規定する法律・法規のレベルが比較的低いため、往々にして裁判官に重視されない。且つ限度額賠償と完全賠償の対立がよく見られる。このため特別な研究及び適用は得られておらず、無過錯責任と限度額賠償責任の法律適用規則は確立されていない。

㈡　限度額賠償制度の長期的考慮

長期的な発展を見た場合、中国の無過錯責任原則と限度額賠償に対する法律適用規則は以下の問題を解決しなければならない。

第一、無過錯責任の特殊権利侵害責任において、その内部関係又は外部関係に関わらず自己の債権者に損害を生じさせた場合、又は契約外の人に損害を生じさせた場合、限度額賠償を実行しなければならない。

第二、無過錯責任の特殊権利侵害責任において被害者が加害者側に過失があることを証明できる場合、被害者側は全額賠償を請求することを許可される。

第三、法律基礎を確立する際に生じる請求権の内容について当事者が選択することを許可される。製造物責任、高速鉄道交通機関損害責任、航空運輸損害責任等に類似する、おおよそ法律が異なる請求権の法律基礎を規定している場合、当事者は起訴する際に選択を行うことができ、異なる請求権の基礎における法律規定に基づき証明責任を負担し、自己が選択した請求権が構成されることを証明できる場合、裁判官はこれを支持し、当事者が選択した請求権に基づき賠償責任を確定する。

第四、無過錯責任と限度額賠償の特殊関係に基づき、無過錯であっても権利侵害責任を負担すると法律が規定している場合、その賠償責任は法律が規定する損害賠償範囲を適用する。被害者が権利侵害者に過錯があることを証明できる場合、権利侵害責任法の一般規定に基づき賠償責任を確定しなければならない。

第十章　飼育動物損害責任

【法律条文】

第七十八条　飼育する動物が他人に損害を生じさせた場合には、動物の飼育者又は管理者は、権利侵害責任を負わなければならない。ただし、損害が被権利侵害者の故意又は重大な過失により生じたことを証明することができる場合には、責任を負わず、又は責任を減軽することができる。

第七十九条　管理規定に違反し、動物に対して安全措置を講ぜず他人に損害を生じさせた場合には、動物の飼育者又は管理者は権利侵害責任を負わなければならない。

第八十条　飼育が禁止されている気性が激しい犬等の危険動物が他人に損害を生じさせた場合には、動物の飼育者は、権利侵害責任を負わなければならない。

第八十一条　動物園の動物が他人に損害を生じさせた場合には、動物園は、権利侵害責任を負わなければならない。ただし、管理職責を尽くしたことを証明することができる場合には、責任を負わない。

第八十二条　遺棄され又は逃走した動物が、遺棄され又は逃走した期間に他人に損害を生じさせた場合には、動物の元の飼い主又は管理人が権利侵害責任を負う。

第八十三条　第三者の過錯により、動物をして他人に損害を生じさせた場合には、被権利侵害者は、動物の飼育者又は管理者に賠償を請求することができ、第三者に賠償を請求することもできる。動物の飼育者又は管理者は、賠償した後に、第三者に対して求償する権利を有する。

第八十四条　動物の飼育においては、法質を順守し、社会道徳を尊重しなければならず、他人の生活を妨害してはならない。

【典型的な事例】

ある日の夜、王氏とその夫はホテルでディナーをとり、その帰りにとある銭湯横の路地に通りかかった。すると路地から狂猛なチベタン・マスチフが王氏を目掛け飛び掛かってきた。チベタン・マスチフは正面から王氏を押し倒し、噛み付き、ひっかき、夫が必死で追い払おうとしても王氏に噛み付き放さなかった。王氏の頭部は流血し、身体はいたる所が切り裂かれ、着ていた服とバッグも噛み壊されていた。犬の飼育者張氏は騒ぎを聞き駆けつけ、ようやく犬を制止させることができた。王氏は何度も張氏に対し賠償を要求したが成立せず、裁判所に対し起訴をした。裁判所は審理の際に原告及び被告の意見を調整し、張氏に対し王氏の医療費等約五千元を賠償するよう命じた。

第一節　飼育動物損害責任概述

一　概念及び特徴

(一)　概念

飼育動物損害責任とは、動物飼育者又は管理者が飼育している動物が他人に損害を生じさせた場合に、害を与えた動物の種類及び性質に基づき無過錯責任原則又は過錯推定原則を適用し、賠償責任を負担する特殊権利侵害責任である。

(二)　特徴

(1)　害を与えた動物は飼育している動物である。「飼育している動物」はこの権利侵害責任の損害の源である。飼育している一般動物、管理規定に違反する動物、飼育が禁止されている動物及び動物園の動物に分けられる。野生動物等その他動物が損害を生じさせた場合、権利侵害責任の確定において『権利侵害責任法』の規定は適用しない。

⑵　責任形態は対物の代位責任である。飼育動物損害責任の責任主体は動物の飼育者又は管理者である。特徴は、損害を生じさせたのは飼育者又は管理者が飼育する動物であるが、責任を負担するのは動物の飼育者又は管理者であるという典型的対物代位責任に属することである。

⑶　「一般条項＋特殊規定」の立法形式。『権利侵害責任法』の飼育動物損害責任に対する規定では一般条項を規定しており、さらに特殊責任も規定している。一般条項は第七十八条に規定している。ここでは飼育動物損害責任の一般規則を規定しており、その後四つの異なる特殊責任に対しそれぞれ規定を加えている。

⑷　帰責原則は二元化を実行する。『権利侵害責任法』の飼育動物損害責任に関する規定により『民法通則』第一二七条の単一帰責原則を適用する方法を変更し、実際の状況に基づき無過錯責任原則及び過錯推定原則を確定する。

二　帰責原則及び成立要件

㈠　帰責原則

『民法通則』第一二七条は動物損害責任に対し無過錯責任原則を実行すると規定している。責任成立において被告に過錯があることを要求せず、原告が被告の過錯に対し証明をすることも要求しない。被告が自己の責任を否認した場合、被害者の故意又は重大な過失に対する証明を以てこれを実現することができる。[1]『権利侵害責任法』は『民法通則』の二元化帰責原則体系に変更を加え、具体的状況に基づきそれぞれ無過錯責任と過錯推定責任の二元帰責原則体系を適用する。

(1) 無過錯責任原則の適用範囲。無過錯責任原則は飼育動物損害責任を調整する基本的帰責原則である。『権利侵害責任法』第七十八条の規定により、一般の飼育動物が損害を生じさせた場合に対しては過錯要件が存在することを要求しない。動物の飼育者又は管理者が損害は被権利侵害者の故意又は重大な過失により生じたことを証明できる場合、責任を免除又は減軽することができる。この他、飼育動物損害責任の特別規定において、管理規定に違反し動物に対し安全措置を講じていない損害責任についてはより厳格な無過錯責任原則を適用し、第七十八条の免責又は減責に関する一般的規定は適用しない。よってこの責任は絶対責任となる。権利侵害者は被権利侵害者に故意又は重大な過失があることを理由に自己の賠償責任を免除又は減軽するよう主張することができない。飼育が禁止されている気性が激しい犬等危険動物が他人に損害を生じさせた場合においてもより厳格な無過錯責任原則を適用する。被権利侵害者の故意又は重大な過失の有無に関わらず責任を減軽することはできず責任を免除することもできない。逃走した又は遺棄された動物が他人に損害を生じさせた場合の責任は無過錯責任原則を適用する。責任を減軽する又は免責する事由は規定しておらず、無過錯責任原則を適用することに対し特に論争もない。

(2) 過錯推定原則の適用範囲。『権利侵害責任法』第八十一条が規定している、動物園の動物が他人に損害を生じさせた場合の責任については、明確に「ただし、管理職責を尽くしたことを証明すること

1 張新宝『中国侵権行為法（第二版）』、中国社会科学出版社一九九八年版、第五五三頁。

ができる場合を除く」と規定しており、無過錯推定原則を適用する。

㈡　成立要件

⑴　動物の加害行為。一般的に動物は人ではなく、それが人に害を加えても事件であり行為ではないと認識されている。しかし動物の加害もその他物件の加害と同様に人的行為であり、人がその管理する動物に対し管理が至らなかったため損害が生じるという間接行為である。害を与えたのが人ではなく動物であったとしても動物の加害の中には人的間接行為が含まれている。よって動物の加害行為はやはり行為である。動物の加害行為の要素は、一、動物であること。二、人の動物に対する管理行為。動物とは、一般社会概念上の動物である。[1] 動物の加害行為とは、動物が人の意志による支配を受けず、独立して他人に害を加えることであり、その飼育者又は管理者の管理不当の行為となる。動物の加害行為は違法性を持っており、或いは法定義務の違反、或いは他人を保護する法律の違反、又或いは故意に公序良俗に背き他人に害を加えることである。

⑵　損害事実の存在。損害事実要件は民事主体に対する権利の損害であり、人身損害及び財産損害を含む。動物が生じさせる被権利侵害者の人身損害は、死亡、障害及び一般傷害を含む。動物が生じさせる財産損害は、動物が他人の所有する動物に対し損害を生じさせる、又は他人の土地に侵入し農作物の損壊を生じさせる等であり、これらはみな財産損害事実を成立する。飼育動物の損害は妨害も含む。例えば、狂犬がいつも通学路にいる為に児童が恐がり通学できない等、[2] 他人の合法権益に対する妨害であ

1　鄭玉波『民法債編総論』（修訂二版）、陳栄隆修訂、中国政法大学出版社二〇〇四年版、第一六三頁。
2　王家福主編『中国民法学・民法債権』、法律出版社一九九一年版、第五二五頁。

る。

(3) 因果関係。飼育動物損害責任の因果関係は、被権利侵害者の損害と動物の加害行為の間にある「与えた」と「被った」の客観関係である。被権利侵害者の損害と動物の加害行為の間に因果関係が存在する場合のみ、飼育動物損害責任を成立させることができる。さもなければ飼育動物損害責任は成立されない。原告は動物の加害行為と損害結果の間の因果関係を証明しなければならない。

(4) 動物は飼育者又は管理者が飼育或いは管理をしている。飼育動物損害責任の行為主体は動物飼育者又は管理者である。動物飼育者又は管理者の確定においては直接保有関係が存在する直接飼育者を責任主体とする。動物を管理している人も当然責任主体となる。動物の保有の面では、動物飼育者の使用者を管理者とする。管理者は動物に対する保有者の監督を補助しているだけであるが、動物が生じた損害に対し責任を負わなければならない。現実状況において飼育者と管理者が一致しない状況は起こり得る。つまり、動物が短期的に他人に借用された場合、この期間飼育者は動物に対し実際の保有を行うことができず、管理者が実際の占有及び管理を行うので使用者に連帯責任を負担させる基礎が欠如する。よって管理者を直接動物損害責任者とすることで管理者に賠償責任を負担させることができる。

三 責任負担

(一) 責任形態

飼育動物損害責任は典型的対物代位責任である。対物の代位責任を区別する意義は、物を利用し又はそそのかし他人を損害することは直接行為であり、物に対する管理の不当が他人に損害を生じさせることは間接行為である為である。両者は法律適用上異なり、前者は一般権利侵害責任であり、後者は特殊権利侵害責任である。

第三者過錯が他人に損害を生じさせる飼育動物損害責任に対し、『権利侵害責任法』第八十三条が規定しているのは不真正連帯責任であり、当該法第二十八条が規定する第三者の過錯における責任免除の一般規定は適用しない。

㈡　免責事由

⑴　被害者の故意又は重大な過失。『権利侵害責任法』第七十八条の規定では、飼育動物損害責任の免責事由と減責事由を一緒に規定している。つまり、飼育している動物が他人に損害を生じさせた場合、動物飼育者又は管理者は権利侵害責任を負わなければならないが、損害は被権利侵害者の故意又は重大な過失により生じたことを証明することができる場合は、責任を免除する又は減軽することができる。その意味は、被権利侵害者の故意又は重大な過失によって他人が飼育する動物が自己に損害を生じさせた場合は、実際の状況に基づき、責任免除又は責任減軽を確定することができる。その規則は、被権利侵害者の故意又は重大な過失が損害発生の全ての原因の場合、動物飼育者の責任を免除しなければならなく。被権利侵害者の故意又は重大な過失が損害発生の共同原因である場合、賠償責任を減軽しなければならない。被権利侵害者に一般的過失がある場合、権利侵害者の賠償責任を減軽又は免除することができない。

⑵　不可抗力。『権利侵害責任法』飼育動物損害責任の一章は不可抗力が免責事由であると規定しておらず、よって『権利侵害責任法』第二十九条の一般的規定を適用しなければならない。不可抗力の発

生により動物が他人に損害を生じさせた場合、動物飼育者又は管理者が既に監督義務を尽くしていても実際は損害の発生と監督義務を尽くしたか否かにおいて因果関係は存在せず、よって責任を負う必要がない。しかし動物飼育者又は管理者に確かに過失がある場合、原因力の原理及び規則に従い、動物飼育者又は管理者の過失程度と不可抗力の各自原因力に基づき適当に動物飼育者又は管理者の賠償責任を減軽する。責任の免除をすることはできない。飼育が禁止されている気性の激しい犬等危険動物或いは管理規定に違反し飼育している動物が他人に損害を生じさせた場合、例え不可抗力因果関係を成立しようが、動物飼育者又は管理者は損害に対し責任を負わなければならず、免責はできない。

(3)　約定免責。動物飼育者又は管理者と調教師や獣医等の動物にサービスを提供する専業サービス員との間に合意がある状況で調教、医療、サービス等活動を行うことは、大多数の学者は、その間には明白の或いは暗黙の免責約定が存在しており、飼育動物損害責任が発生した際も免責することができると考えている。[1] しかし一部の学者は、被害者は獣医や調教師、装蹄師等の特殊職業者であり、それらが講じなければいけない警戒措置を講じていない場合は危険の引き受けとすることができ、責任は自身が負担しなければならないと考える。この際、被害者が一般人の場合は、動物の飼育者又は管理者が責任を負わなければならない。[2] これに対しては『合同法』第五十三条の規定を適用しなければならない。

1　郭明瑞、房紹坤、唐広良『民商法原理（三）債権法・侵権法・継承法』、中国人民大学出版社一九九九年版、第四九〇頁；張新宝『中国侵権行為法（第二版）』、中国社会科学出版社一九九八年版、第五五三頁；王利明、楊立新『侵権行為法』、法律出版社一九九六年版、第三〇一頁。

2　馬治選『飼養動物致人損害的民事責任探析』、『法律科学』一九九六年第三期。

「契約における下記の免責事項は無効とする。①相手側に人身傷害をもたらした場合②故意又は重大な過失により、相手側に財産の損失を与えた場合。」

当該規定に一致する場合は無効となる。動物にサービスを提供する専業サービス員が労働職責の履行中に被った損害に対し労働災害保険待遇又はその他保険関係を通し保険を行う場合は、免責の約定は合法となる。一般契約関係の場合は、動物にサービスを提供する専業サービス員の人身傷害に対し賠償責任を負わなければならず、免責とはならない。

四　動物飼育者の法定義務

『権利侵害責任法』第八十四条は動物を飼育する人が順守しなければならない法定義務を規定している、即ち「動物の飼育においては、法律を順守し、社会道徳を尊重しなければならず、他人の生活を妨害してはならない。」である。動物飼育者又は管理者が順守しなければならない義務は、第一、法律の遵守。動物飼育者又は管理者は法律順守において、最も重要なことは動物の飼育に関して順守しなければならない法律及び法規の遵守である。第二、社会道徳の尊重。動物飼育者又は管理者が動物を飼育する際、社会道徳を順守しなければならない。第三、他人の生活を妨害してはならない。規定に従い動物を飼育することは人の自由であるが、動物の飼育により他人の生活を妨害することは法律により禁止されている。

第二節　具体的飼育動物損害責任

一　安全措置を講じていない飼育動物損害責任

管理規定に違反し動物に対し安全措置を講じず他人に損害を生じさせた場合は無過錯責任原則を適用する。動物飼育者又は管理者の過錯を考慮する必要はなく、直接無過錯責任原則に基づき権利侵害責任を確定する。

管理規定に違反する動物の区別は、主に国家の法律、法規及び管理規章に基づき確定する。法律、法規又は規章に従い飼育をしなければならない動物は規定に基づき飼育する動物に属する。規定に基づき飼育する動物に対しては、必ず国家の関連する管理規定に基づき飼育を行い且つ必要な安全措置を講じ、他人の損害を防がなければならない。例えば、都市部で大型犬を飼育する場合、規定に基づき飼育する動物にあたるので他人に損害を生じさせた場合には直接本規定を適用し責任を確定する。損害の発生に対し被権利侵害者に故意又は重大な過失があることを理由に責任免除又は責任減軽を主張することはできない。

調教が必要な野生動物もこの類の動物に属す。野生動物の調教・繁殖に従事する単位及び個人は、特定の条件を備えていなければならない。一、野生動物の調教に適した固定場所及び必要施設がある。二、飼育する野生動物の数量・種類に相応する資金、人員及び技術を備える。三、調教・繁殖する野生動物の飼料が保証できる。さらに、野生動物を調教する場合、関連する野生動物行政主管部門に対し書面申請を提出し、野生動物調教に関連する証明書の手続きをしなければならい。調教する野生動物は、調教を行う単位又は個人をその保有者とし野生動物に対し管理・調教を行う。このため、調教する野生動物が他人に損害を与えた時、調教を行う単位又は個人が責任主体となり損害に対し責任を負わなければならない。

安全措置を講じていない飼育動物損害責任の成立に対しては前述の飼育動物損害責任成立の一般要求に基づき行わなければならない。注意しなければならないことは、条文が規定する「管理規定に違反し、動物に対し安全措置を講じていない」は必要な構成要件であるということである。動物飼育者又は管理者が当該動物に対し管理規定に基づく必要な安全措置を講じていないながら、他人に損害を生じさせた場合でも、やはり権利侵害責任を構成する。しかし責任免除又は責任減軽の事由を証明することができる場合、つまり「管理規定に違反し」且つ「動物に対し安全措置を講じていない」という条件を備えていない場合は、一般の飼育動物損害責任となり第七十八条の規定を適用する。被権利侵害者に故意又は重大な過失がある場合、責任を免除する又は減軽することができる。

二　飼育禁止における飼育動物損害責任

飼育が禁止されている気性が激しい犬等危険動物が他人に損害を生じさせた場合は、飼育動物損害責任における最も厳格な絶対責任となり、無過錯責任原則が適用され且つ責任を減軽する又は免除する事由は規定されていない。

禁止されている危険動物は、ただ気性の激しい犬という理解ではなく、気性の激しい犬以外の危険動物も含まなければならない。このような動物は以下の二種類を含む。第一種、家畜に属する危険動物。例えば、チベタン・マスチフなど、気性の激しいその他犬・家畜。第二種、飼育する危険野生動物。これに対しては本条規定により、権利侵害責任に厳格な無過錯責任原則を適用し、被権利侵害者に過錯があっても免責を主張することができない。例えば、猪、狼、豹、虎、山犬、ライオン等。

飼育が禁止されている動物を飼育し損害を生じさせた場合は、無過錯責任に基づき賠償責任を負う。被権利侵害者の故意により又は重大な過失により損害が引き起こされたとしても、動物飼育者又は管理者は飼育禁止の規定を違反している為、責任免除及び責任減軽をすることができない。

三　動物園における飼育動物損害責任

『権利侵害責任法』第八十一条は、動物園の動物が他人に損害を生じさせた場合は過錯推定原則を適用すると規定している。動物園で飼育している動物はみな国家の批准を経て国家管理規定に一致する動物であり、且つ専門的資質によりその動物を飼育する際の要求に一致していなければならない。都市の国家動物園であろうが、郊外の野生動物園であろうが、これら動物は全て国家の規定に基づき飼育されている。動物園が飼育する野生動物は、法律・法規の規定に基づき管理を行い、善良な管理者の基準を以て管理職責を尽くさなければならない。

過錯推定原則を実行する動物園の動物が他人に損害を生じさせた飼育動物損害責任は、飼育動物損害責任を構成する一般構成要件を備えていなければならず、それ以外に更に過失の要件も備えていなければならない。過失要件の証明には過錯推定を実行する。動物園の動物がそれ自身に過失がないことを証明する内容は、管理者が管理職生気を尽くしたことの証明である。証明できる場合無過失となる。被害者の故意又は重大な過失により損害が引き起こされたことを証明できる場合は、責任を免除する又は減軽することができる。

四　遺棄、逃走における飼育動物損害責任

動物を遺棄し又は逃走した場合、占有が喪失された動物となる。これは動物飼育者又は管理者が動物を遺棄し又は動物が逃走すると、動物飼育者又は管理者が当該動物に対する占有、管理を失うことを指す。例えば、猫・犬を遺棄し野良犬・野良猫になる等。調教した野生動物が遺棄され又は逃走し野生の状態に帰る場合もこれに属する。遺棄、逃走における飼育動物損害責任は無過錯責任原則を適用する。

遺棄された動物とは、捨てられた動物、紛失した動物を含む。動物遺棄は、所有者が自己の財産に対し事実処分をすることであり、自己の財産権に対する放棄である。動物に対する放棄は、つまり動物の所有権を放棄することに等しく、捨てられた動物と元所有者との間に所有関係は無くなる。捨てられた動物は占有者がいないことになるが、他人に損害を生じさせた場合は、その元所有者が権利侵害責任を負わなければならない。捨てられた動物が既に他人に占有されている場合、動物の占有者は事実上すでに当該動物を管理しており、当該動物の事実上の占有者となるため、損害を生じさせた場合は、占有者が民事責任を負わなければならない。

動物遺失は決して所有者が動物に対する権利を放棄したのではなく、一時的に当該動物に対する占有

を喪失しているのであり所有権関係に変化はない。遺失した動物が他人に損害を生じさせた場合、やはり動物の所有者が権利侵害責任を負わなければならない。

動物の逃走については動物の所有権関係は変化せず、依然として所有権者が所有している。逃走した動物が他人に損害を生じさせた場合は、動物の所有者、管理者又は使用者が権利侵害責任を負わなければならない。

調教した動物が自然に帰った後で他人に損害を生じさせた場合については『権利侵害責任法』は規定していない。調教した野生動物が放棄又は遺棄され、或いは逃走した場合、調教した野生動物は完全に調教者を離れ自然に帰り、再び野生動物に戻る可能性がある。野生状態に帰っていない動物に対しては本条規定の規則を適用するが、野生状態に帰った野生動物に対しては動物の元飼育者又は管理者が責任を負うことはない。

第三節　第三者の過錯が生じさせた飼育動物損害責任

一　一般規則

飼育動物損害責任における第三者の過錯が生じさせた損害に対しては、無過錯責任原則を適用する。動物飼育者又は管理者が賠償責任を負う基礎は無過錯責任であり、第三者の過錯により責任を免除することはできない。よって『権利侵害責任法』第八十三条は不真正連帯責任の規則を採用することを規定しており、被権利侵害者は動物飼育者に対し賠償を請求することができ、第三者に対し賠償を請求することもできる。この二つの請求権に対し、被権利侵害者は一方を選択し行使することができ、当該請求権が実現した後、もう一方の請求権は消滅する。不真正連帯責任の規則に基づき動物飼育者又は管理者に対し請求権を行使する場合、動物飼育者又は管理者が負う賠償責任は中間責任であり、最終責任ではない。賠償責任を負担した後第三者に対し求償する権利を持ち、第三者が負う賠償責任は最終責任となる。過錯がある第三者は動物飼育者又は管理者が賠償責任を負担したことにより生じた一切の損失を負担する義務がある。

『権利侵害責任法』第八十三条は、被権利侵害者は動物飼育者に対し賠償を請求することができると規定しているのみであり、実際は動物の管理者も含まなければならない。中間責任を負う際は動物飼育者又は管理者どちらも中間責任者となる。

二　第三者過錯の表現形式

第三者過錯の一般表現とは、動物の加害行為において動物の飼育者又は管理者と関係がなく、第三者の過錯により生じることである。例えば、第三者が他人の飼い犬をからかい傷害を受けた場合や、第三者が鉄檻の中で飼われている動物を放し損害を受けた場合等。特殊な状況は、第三者が飼育する動物によって動物飼育者又は管理者の動物が他人に損害を生じさせた場合も第三者過錯を構成し本条規定を適用する。動物が第三者又は他の動物の挑発によって他人に損害を与えた場合は、その占有者は第三者又は他の動物の占有者に対し求償権を持つ。他の動物の挑発が明らかに第三者の過錯により生じた場合は、不真正連帯責任を負わなければならない。よって他の動物の挑発を第三者の過錯とすることができ、害を与えた動物の飼育者又は管理者と他の動物の飼育者又は管理者は不真正連帯責任を負担しなければならない。

第十一章　工作物損害責任

【法律条文】

第八十五条　建築物、構築物その他の施設及びそれらの設置物、懸架物が脱落し、又は墜落して他人に損害を生じさせ、所有者、管理者又は使用者が自己に過錯がないことを証明できない場合には、権利侵害責任を負わなければならない。所有者、管理者又は使用者が賠償した後に、その他の責任者がいた場合には、その他の責任者に対して求償する権利を有する。

第八十六条　建築物、構築物その他の施設が倒壊し、他人に損害を生じさせた場合には、建設単位及び施工単位が連帯責任を負う。建設単位、施工単位が賠償した後に、その他の責任者がいた場合には、その他の責任者に対して求償する権利を有する。

その他の責任者の原因により、建築物、構築物その他の施設が倒壊して他人に損害を生じさせた場合には、その他の責任者が権利侵害責任を負う。

第八十七条　建築物の中から物品を放擲し、又は権建築物の上から物品を墜落させて他人に損害を生じさせた場合に、具体的な権利侵害者を特定することが困難であるときは、自己が権利侵害者でないことを証明できる場合を除き、加害可能な建築物の使用者が補償を行う。

第八十八条　積上物が倒れて他人に損害を生じさせた場合に、積み上げた者が自己に過錯がないことを証明できないときは、権利侵害責任を負わなければならない。

第八十九条　公共の道路上に通行を妨害する物品を積み上げ、倒し、又はばら撒いて他人に損害を生じさせた場合には、関連する団体又は個人は、権利侵害責任を負わなければならない。

第九十条　林木の切断により他人に損害を生じさせ、林木の所有者又は管理者が自己に過錯がないことを証明できない場合には、権利侵害責任を負わなければならない。

第九十一条　公共の場所又は道路上に穴を掘り、修繕し、又は地下施設等を据え付けたものの、明確な標示を設置せず、安全措置をとらずに他人に損害を生じさせた場合には、施工者は、権利侵害責任を負わなければならない。

マンホール等の地下設備が他人に損害を生じさせた場合に、管理者が職責を尽くしたことを証明できないときは、権利侵害責任を負わなければならない。

【典型的な事例】

二〇〇〇年五月十日夜十時頃、郝躍は重慶市揄中区学田湾正街五九号にある居住棟門前の道路で立ち話をしていた。十一日深夜一時半、突然空からガラス製の灰皿が郝の頭部に落下し、郝は倒れてしまった。郝の家族は警察に通報し、調査の結果灰皿は学田湾正街五九号の居住棟にあるどこかの部屋の窓から投げられたことが分かった。二〇〇二年初め、郝躍は裁判所に提訴した。被告は学田湾正街六五号、六六号及び六七号に住む合計二十四部屋の住民となった。裁判所は故意に傷害した可能性があることの他、当該灰皿の所有者すら確定することが困難であると判断し、事件当日住居者がいない部屋を除き、その他全ての住居者はみな加害者の可能性があるとして、事件発生時に部屋にいた王氏等嫌疑のある二十部屋の住民に対し賠償責任を分担しそれぞれ八一〇一・五元の賠償を郝氏にするよう判決を下した。[1]

1　本事例は『権利侵害責任法』が発布される前に発生した事件であり、その判決内容は『権利侵害責任法』第八十七条が規定する内容と少し異なる。

第一節　工作物損害責任概述

一　概念及び特徴

(一)　概念

工作物損害責任とは、自己管理下の工作物が他人に損害を生じさせた場合に工作物の所有者、管理者又は使用者が権利侵害結果を負担する特殊権利侵害責任である。

工作物損害責任を負担する主体は工作物の所有者又は管理者である。工作物の所有者又は管理者は害を生じさせた工作物に対し支配権を有しており、事実上その工作物を支配する権利がある。或いはその工作物の危険性に対し制御力を持っているとも言える。『権利侵害責任法』により、害を生じさせた工作物の所有者、管理者又は使用者の当該工作物に対する支配地位が確定され、責任者は代位責任となる。

(二)　特徴

(1)　工作物損害責任は一種の特殊権利侵害責任である。特殊権利侵害責任は一般的に対人代位責任と対物代位責任に分けられる。工作物損害責任は自己が管理する工作物が他人に与えた損害に対し責任を負う特殊権利侵害責任に属する。

(2)　工作物損害責任は物が与えた損害に対し責任を負う行為である。工作物損害責任において、損害を生じさせるのは工作物であり、責任を負担するのはその所有者、管理者又は使用者である。これは典型的な対物代位責任である。

(3)　工作物損害責任は過錯推定責任である。工作物損害責任には過錯責任原則を適用せず、無過錯責任原則も適用しない。過錯推定原則を適用し、よりよく被権利侵害者の合法権益を保護し、損害が早急な賠償を得られるようにするのである。

二　帰責原則及び成立要件

(一)　帰責原則

『権利侵害責任法』第八十五条から第九十一条が規定する工作物損害責任の条文において、第八十六条及び第八十九条以外は全て過錯の要求、つまり「自己に過錯がないことを証明できない」、「自己が加害者ではないことを証明できる」等の要求を規定しており、過錯推定原則を適用することを規定している。第八十六条及び第八十九条が規定している建築物等が倒壊した場合の損害責任及び通行妨害物の損害責任に対し過錯を規定していなくても過錯推定原則に基づき責任を確定しなければならない。『権利侵害責任法』第八十七条が規定している放擲物・墜落物における補充責任のみ過錯推定原則を適用せず、公平分担損失責任に従い処理をする。これは例外に属す。

(二)　成立要件

(1)　害を生じる行為が工作物になければならない。工作物損害責任を成立する工作物は害を生じさせる行為である。法律は落下、墜落等を主な行為方法と規定しており、その他ケーブル断線、建造物の表層剥落等も害を生じさせる方法となる。工作物が以上の害を生じさせる危険行為を一つでも備えていれば、この要件は成立される。

(2) 被害者に損害事実がなければならない。これは人身傷害、財産損害を含む。人身傷害は軽傷、重傷、障害及び死亡を含む。財産損失を生じた場合、財産損害は直接損失と間接損失を含む。

(3) 工作物が害を生じさせた行為と損害事実の間に因果関係がある。工作物が落下、墜落し直接被害者の人身傷害又は財産損害を生じた場合は因果関係があるとする。落下、墜落等の物理的力が直接他人の人身、財産に作用をもたらした訳ではなく、その他現象を引き起こし、その現象が他人の人身、財産に損害を生じさせた場合も因果関係があるとする。[1]

(4) 工作物所有者又は管理者又は使用者に過失がなければならない。工作物損害責任の過失とは、設置、管理又は監督の不当或いは欠陥を指し、さらに設計、施工における欠陥や使用方法の不当等もみな過失の方法である。ここでの心理状態は不注意又は怠慢であり、それを確定する方法は推定方式を採用する。

三　賠償法律関係

責任者

(1) 工作物所有者。これは工作物が他人に損害を与えた場合における最も直接的な賠償責任主体であ

1　王利明、楊立新等『民法・侵権行為法』、中国人民大学出版社一九九三年版、第四六八頁。

る。工作物の所有者が直接当該工作物を占有、管理している時に工作物が他人に損害を生じさせた場合、所有者が賠償責任を負わなければならない。

(2)　工作物管理者。工作物が所有者の管理・使用下にないとき、その賠償責任主体は所有者にはならず、管理者が賠償責任主体となる。例えば、ある財産を国有企業、事業単位に預け経営する場合、国有企業、事業単位は法に従い国家所有の工作物に対し経営・管理を行う。損害が生じた場合は、当該国有企業、事業単位が管理者として賠償責任を負わなければならない。委託関係により所有者に代わり工作物を管理する人も管理者となる。

(3)　工作物使用者。他人の工作物を占有し使用している者は使用者である。例えば、貸きり、賃貸等の契約により他人の工作物を経営・使用している場合使用者となる。使用者は使用する工作物が他人に生じさせた損害に対し賠償責任を負わなければならない。

(4)　三種類の責任者の責任負担方法。工作物の所有者、管理者又は使用者における賠償責任負担に関する関係に対し『権利侵害責任法』は明確な規定はしておらず、どのようにして負担すればよいかはわからない。二つの理解があり、一つは、工作物を占有している者が責任主体となる。もう一つは、三種類の責任者から被害者が一つを選択し責任主体とすることができる。本書では前者の意見をとっている。

四　免責事由

(一)　工作物の所有者、管理者又は使用者の無過錯

工作物が他人に損害を生じさせ、所有者、管理者又は使用者が自己の無過錯を証明できる場合、その

賠償責任を免除する。工作物所有者又は管理者の無過錯証明とは、自己の過錯要件の証明に対する否定である。過失要件が存在しなければ工作物損害責任は成立されない。

㈡　不可抗力

工作物が他人に損害を生じさせたことが不可抗力によるものである場合、『権利侵害責任法』第二十九条の規定に基づき、所有者、管理者の賠償責任を免除する。

不可抗力を成立しないその他自然力の原因により工作物が他人に損害を生じさせた場合については、所有者、管理者又は使用者に過失がなく且つ自然原因が工作物損害を引き起こした全ての原因である場合も責任を負わない。

㈢　第三者過錯

完全に第三者の過錯により工作物が他人に損害を生じさせた場合、『権利侵害責任法』第二十八条の規定を適用しなければならず、損害が第三者により生じた場合は第三者が権利侵害責任を負う。工作物所有者、管理者は免責となり賠償責任は第三者が負担する。

㈣　被害者故意又は被害者過失

完全に被害者自身の故意又は過失により工作物が損害を生じさせた場合、『権利侵害責任法』第二十七条の規定に基づき、工作物所有者、管理者の賠償責任を免除する。

第二節　具体的工作物損害責任

一　建築物、構築物又はその他施設及びその設置物、懸架物の脱落、墜落における損害責任

㈠　概念

建築物、構築物又はその他施設及びその設置物、懸架物の損害責任とは、建築物、構築物又はその他施設及びその設置物、懸架物が設置又は保管の不備により脱落、墜落等し、他人の人身又は財産に損害を与えた場合に、物件所有者、管理者又は使用者が損害賠償責任を負う特殊権利侵害責任である。

㈡　特徴

このような損害責任において害を与える物は建築物、構築物又はその他施設及びその設置物、懸架物であり、家屋、煙突、給水塔、テレビ塔、電信柱、記念碑、橋、排水路、窓、天井板、階段、エレベーター等、及びその設置物、懸架物を含む。その内、建築物、構築物及びその他施設は損害を生じさせる工作物である。建築物、構築物及びその他施設を物が置かれている場所とし、そこにある設置物又は懸架物が他人に損害を生じた場合もこのような損害責任を成立する物となる。

㈢　類型

建築物、構築物又はその他施設が損害を生じさせた場合、これら害を与えた物の類型については明確に定めている。設置物は全て人工設置であるが、懸架物は二つに分かれる。一、人工懸架物。これは建

築物及びその他施設上の人為的に懸架した工作物である。二、自然懸架物。これは自然原因により、建築物、構築物又はその他施設上に形成された懸架物である。例えば、懸架されている氷柱、積雪等。自然懸架物が脱落、墜落し他人に損害を生じさせ、工作物所有者、管理者又は使用者に過失がある場合は責任を負わなければならない。過失がない場合は責任を負わない。

㈣　権利侵害責任主体

建築物、構築物又はその他施設が脱落、墜落し他人に損害を生じさせた場合、その責任主体は建築物、構築物又はその他施設の所有者、管理者又は使用者である。

設置物又は懸架物損害責任において責任を負担するのは設置地点の建築物、構築物又はその他施設の所有者、管理者又は使用者なのか、それとも設置物、懸架物の所有者、管理者又は使用者なのか。私はやはり建築物、構築物又はその他施設の所有者、管理者又は使用者及び設置物、懸架物の所有者、管理者又は使用者がこの損害責任の賠償責任主体であると理解すべきだと考える。『権利侵害責任法』第八十五条後段の規定に基づき、まず建築物、構築物又はその他施設の所有者、管理者又は使用者が賠償責任を負担した後、設置物、懸架物の所有者、管理者又は使用者に対し求償する権利を持つ。

二　建築物、構築物又はその他施設の倒壊における損害責任

㈠　如何に建築物、構築物又はその他施設の倒壊における損害責任に対し特別規定をするか

『民法通則』第一二六条は元々建築物、構築物又はその他施設倒壊における損害責任と建築物、構築

物又はその他施設及びその設置物、懸架物損害責任を一つとして規定していた。『権利侵害責任法』がそれらを分類した原因は二つある。一、専門家、学者が地震によって建築物、構築物又はその他施設が倒壊し他人に損害を生じさせた場合の権利侵害責任に対し特別に重要視をしており、専門的に建築物、構築物又はその他施設倒壊における損害責任を規定することを提案したからである。二、『国家賠償法』修訂に際し、国有の建築物、構築物又はその他施設の管理・設置に対する欠陥の損害責任は規定しないことを決定した。よって『権利侵害責任法』に相関する条文を規定せざるを得なかったのである。

㈡　帰責原則及び成立要件

建築物、構築物又はその他施設の倒壊における損害責任には過錯推定原則を適用し、過錯責任原則及び無過錯責任原則は適用しない。

建築物、構築物又はその他施設の倒壊における損害責任の成立には以下の要件を備えなければいけない。

⑴　損害を生じさせる工作物は建築物、構築物又はその他施設でなければならない。建築物、構築物又はその他施設とは、個人使用又は公共使用を目的とし建築又は構築された不動産を指す。建築物とは民用又は公用の家屋、オフィスビル、商業ビル等の建築物である。構築物及びその他施設は、道路、橋、トンネル、堤防、下水道、記念碑・記念館、運動場、公園、名所・旧跡等全ての構築物を含む。施設はその他設備等を含み、例えば道路には防護林、街灯、漏れ穴等が含まれ、記念碑には手摺、階段等が含まれる。

⑵　建築物、構築物又はその他施設の建設単位、施工単位又は所有者、管理者が設置又は管理におい

て高度注意義務を違反する。設置とは、建築物、構築物又はその他施設に対する設計、建造、施工及び装置を指し、その対象は建築物、構築物又はその他施設の有体物自体を指す。管理とは、建築物、構築物又はその他施設設置後の保護、整備、修繕及び保管を指し、その管理対象は、建築物、構築物又はその他施設に対する管理を指す。建築単位、施工単位又は所有者、管理者は建築物、構築物又はその他施設に対し設置、管理の高度注意義務を負う。その義務を違反した場合は過失を構成する。当該法第八十六条第二項が規定している責任主体は「その他責任者」と、正確ではない。よって建築物、構築物又はその他施設の所有者、管理者としなければならない。

(3) 建築物、構築物又はその他施設の設置及び管理に欠陥がなければならない。建築物、構築物又はその他施設が害を生じさせる原因は、設置又は管理の欠陥である。設置の欠陥とは、建築物、構築物又はその他施設を設置する時に既に設計不良、位置不当、基礎条件不足、施工の質の悪さ等の問題が存在しており、よって建築物、構築物又はその他施設の設置に対し不合理な危険を存在させることである。管理の欠陥とは、建築物、構築物又はその他施設を設置した後の保護・維持に対する不周到、修繕・検修に対する不注意等不完全な問題が存在し、それにより建築物、構築物又はその他施設が通常備えていなければならない安全性を欠落させることである。設置又は管理の欠陥における認定には客観基準を採用する。設置・管理の欠陥に対し客観的判断を行うには、欠陥・不安全状態の存在だけを基準としなければならず、それが生じた原因如何に関しては問わない。設置又は管理の欠陥における証明は、損害賠償を請求する人が証明責任を負う。

(4) 設置・管理の欠陥により他人の人身又は財産損害を生じさせなければならない。建築物、構築物又はその他施設における管理・設置の欠陥が生じさせる損害は、人身及び財産の損害を含む。建築物、構築物又はその他施設が他人に人身、財産損害を生じさせた場合、両者の間には因果関係がなければならない。

⑸　過失。建築物等倒壊の損害責任には過錯推定原則を適用し、責任主体が責任を負担するには過失要件が必要である。被害者が前述の要件を既に証明している状況については、直接責任主体に過失が存在することを推定する。

㈢　責任負担規則

⑴　建築物等設置欠陥における賠償責任主体。『権利侵害責任法』第八十六条第一項が規定する責任は建築物等設置欠陥責任である。建築物、構築物又はその他施設がその設置欠陥により倒壊し他人に損害を生じさせた場合、その責任主体は建設単位、施工単位であり、建設単位、施工単位が連帯責任を負い、『権利侵害責任法』第十三条及び第十四条の規定に基づきそれを行わなければならない。建築物、構築物又はその他施設の設置欠陥をもたらしたのが建設単位、施工単位の過失によるものではない場合、まず建設単位、施工単位が連帯責任を負わなければならない。建設単位、施工単位が賠償責任を負った後、その他責任者に対し求償する権利を持つ。その他責任者の概念は、建設単位、施工単位及び被害者以外の第三者であり、設置欠陥の発生に対し過失がある設計単位、観測単位、論証単位、監督単位及び政府の関連部門を含む。

⑵　建築物等管理欠陥における賠償責任主体。建築物、構築物又はその他施設が管理欠陥により倒壊し他人に損害を生じさせた場合、その責任主体について『権利侵害責任法』第八十六条第二項は「その他責任者」と規定している。つまり管理欠陥がある建築物、構築物又はその他施設の所有者、管理者又

は使用者である。建築物等の所有者、管理者又は使用者が自己の過失により発生した管理欠陥及びそれが生じさせた他人の損害結果に対し賠償責任を負わなければならない。

㈣　免責事由

⑴　損害発生に対する防止の注意義務。建築物、構築物又はその他施設の設置、管理に対する欠陥の有無に関わらず、損害発生の防止に対し相当な注意を尽くしたことを証明できる場合は無過失となり賠償責任を負わない。例えば、道路、橋の損壊に対し修理を施していないが、適当な阻止を与えている又は警告標識を立てている場合、その後引き続き使用し損害を被った者に対し損害賠償責任を負わない。[1]

⑵　不可抗力。『権利侵害責任法』第二十九条の規定に基づき、不可抗力は建築物、構築物又はその他施設が害を与えた場合における賠償責任の免責事由である。不可抗力の原因と欠陥が結合し損害を生じさせた時、不可抗力の原因と欠陥の原因力を比較しなければならない。単純に不可抗力により損害が生じた場合、建築物、構築物又はその他施設に一般的欠如があっても免責とすることができる。建築物、構築物又はその他施設に重大な欠陥があり、さらに不可抗力の原因が加わり害を生じた場合は賠償責任を構成する。しかし不可抗力の原因力に基づき賠償責任を減軽しなければならない。

⑶　被害者の故意又は過失。建築物、構築物又はその他施設が生じさせた損害が、被害者の故意によりもたらされた場合、『権利侵害責任法』第二十七条の規定に基づき責任を免除する。被害者の過失が建築物、構築物又はその他施設が生じさせた損害の全ての原因となる場合、建築物、構築物又はその他

1　曾競輝『国家賠償立法与案例研究』、中国台湾地区三民書局一九九一年版、第一八一―一八二頁。

施設の建設単位又は施工単位の賠償責任を免除しなければならない。共同原因の場合は『権利侵害責任法』第二十六条の規定に基づき過失相殺を実行しなければならない。

(4) 第三者過錯。建築物、構築物又はその他施設が他人に損害を生じさせ、その損害は第三者の原因により生じた場合、建築物、構築物又はその他施設の建設単位又は施工単位が無過錯である、或いは建築物、構築物又はその他施設に設置欠陥又は管理欠陥がないのであれば『権利侵害責任法』第二十八条の規定を適用し、第三者が責任を負わなければならない。

三　放擲物・墜落物損害責任

(一)　概念及び規範根拠

放擲物・墜落物損害責任は俗称を高空拋物責任ともいう。これは建築物から物を放擲し又は建築物から物が墜落し他人に損害を生じさせ、加害者が不明であり具体的権利侵害者を確定することが困難な場合に、加害した可能性がある建築物所有者、管理者又は使用者により補償を与えなければならに権利侵害責任類型である。

『権利侵害責任法』第八十七条に放擲物・墜落物損害責任が規定してあり、その根拠は、①放擲物・墜落物損害責任の確定は、公平分担損失に基づき考慮しなければならず、過錯責任原則に基づき確定するのではない。②負担する責任は適当補償責任であり、権利侵害責任ではない。③このような規範の作用は損害に対するよりよい予防である。④このような権利侵害行為の性質は工作物損害責任であり、人的責任ではない。

㈡　理論基礎

(1)　弱者への同情を体現する権利侵害法の損害救済原則。権利侵害法の立場は被害者の保護である。違法侵害を受けた被害者に対して権利侵害法は保護を与えなければならない。建築物の放擲物・墜落物が被害者に損害を生じさせた時、具体的加害者が確定していなくても、加害者の範囲が確定している場合は、放擲物・墜落物はまさにその建築物に存在しているので、この建築物の占有者が相応の責任を負わなければならない。

(2)　民事責任における財産性は建築物放擲物損害責任規則を決定する基礎である。放擲物・墜落物が他人に生じさせた損害において、責任者と行為者が一定の特定関係を持つのであれば、相応する責任者に責任を負うよう命令する。この形式上の不公平はまさに民法の本質公平を説明しており、責任者を害することなく、被害者の損害には有効な救済を与えることができるのである。

(3)　公共安全の保護も建築物の放擲物損害責任規則を確定する基本的立場である。建築物の放擲物・墜落物が生じさせた損害の結果が特定の人的損害であっても、建築物の放擲物が損害を発生させる前に脅威を与えているのは特定の個人ではなく不特定の全ての公共利益又は公衆利益である。公共利益又は公衆利益の脅威及び社会不安全要素に対し、立法側は厳格な保護措置を確立し、行為者に制裁を与え用心を加える必要がある。

㈢　具体規則

(1)　加害した可能性がある建築物使用者を補償責任主体とする。建築物の放擲物・墜落物が他人に損害を生じさせ、具体的加害者を確定することが困難な場合、加害した可能性がある建築物使用者が責任を負わなければならない。

(2)　負担する責任は適当な補償責任である。『権利侵害責任法』が確定する放擲物・墜落物損害責任は補償責任であり賠償責任ではない。これは放擲物・墜落物損害責任の確定は損失額に基づき完全賠償するのではなく、実際の状況に基づき適当な補償をすることだけを意味している。補償責任においては加害した可能性がある使用者が按分責任を負担するのであり連帯責任は実行しない。

(3)　自己が加害者ではないと証明できる場合の責任免除。建築物の放擲物損害責任を確定する基礎は、建築物使用者全体を加害嫌疑者とし、これにより責任確定の基礎を弱くすることにある。建築物使用者の内の一人又は複数人が放擲・墜落行為を実施していないことを証明できる場合は嫌疑を取り除かなければならず、それに責任を負担するよう命令することは不公平である。そのため自己が加害行為を実施していないことを証明できる建築物使用者についてはその責任を免除しなければならない。自己が建築物から物を放擲する又は墜落させる行為を実施していないことの証明については以下の状況がある。一、損害発生時に自己が当該建築物の中にいなく、行為を実施した可能性がないことを証明する。二、自己がいる位置からは当該行為を実施することが困難であるという客観的条件により、当該行為を実施した可能性がないことを証明する。三、自己が当該行為を実施したとしても、物理的原因により投擲物・墜落物を損害発生位置に到達させることができないことを証明する。四、損害を生じさせた物を自己が占有していないことを証明する。

(4)　損害を与えた物の使用者が権利侵害者であることを確定できる場合、損害を与えた物の所有者、管理者又は使用者が責任を負担する。放擲物・墜落物損害責任の確定における拠り所は、物が他人に損害を生じさせた際の行為者を確定できないことにある。建築物の放擲物に対する行為者又は所有者が確定できるのであれば、つまり具体的加害者が確定できる場合はこのような責任の前提は存在しない。

四　積上物損害責任

(一)　概念及び特徴

積上物損害責任とは、積上物の落下、転落又は倒壊により他人の人身、財産権益に損害を与えた場合に、所有者、管理者又は使用者が賠償責任を負う工作物損害責任である。

積上物損害責任は以下の法律特徴を持つ。①工作物損害責任の一種である。これにより発生した損害の責任は工作物損害責任に属し、行為による損害責任ではない。②賠償責任が生じる原因には特定性がある。積上物とは、地上又はある場所に積上している工作物であり、積上物は動産である。積上物の損害行為は通常、落下や転落又は倒壊の三つの方法により他人に損害を生じさせることで、たとえ本条に「倒壊」とだけ規定している場合でも落下、転落もその中に含まなければならない。③賠償責任を負担する主体は特殊性を持つ。積上物損害責任の責任主体は過失がある積上者である。

(二)　帰責原則及び成立要件

積上物損害責任には過錯推定原則を適用する。積上物損害責任の成立には以下の成立要件が必要である。①積上物による損害行為がなければならない。積上物の損害行為は落下、転落又は積上物倒壊の三つの方法により損害を生じさせる。落下は高所にある積上物が落下することを指す。転落は高所にある積上物が転落することを指す。倒壊は積上物の全体又は一部が倒れる又は崩れることを指す。②被害者の損害事実がなければならない。積上物の落下、転落又は積上物倒壊が被害者の人身傷害又は財産損失を生じさせた場合、この要件は成立する。③損害事実と積上物の損害行為の間に因果関係がなければならない。④積上物の所有者又は管理者に過失がなければならない。一般的には積上又は管理の不当又は欠陥を指すが、使用方法不当の可能性もある。これらは全て過失がある方法の実施であり、不注意又は怠慢として表現される。故意に積上物により他人に損害を生じさせた場合は犯罪行為になる。

㈢　責任主体及び免責事由

積上物損害責任の賠償権利主体は被権利侵害者であり、当該法律関係の責任主体に対し直接賠償を請求することができる。被害者が賠償を請求する際、積上物の所有者、管理者又は使用者が損害の発生対し過錯があることを証明する必要はなく、自己の人身損害事実と当該人身損害事実は工作物所有者、管理者又は使用者の積上物が生じさせたこと、且つ所有者、管理者又は使用者の当該工作物に対する支配関係が証明できれば、損害事実の中から所有者、管理者又は使用者に主観上過錯があることを推定することができる。所有者、管理者又は使用者が自己に過錯がないことを主張する場合、証明をしなければならない。証明できない又は証明不足の場合は推定が成立し、人身損害賠償責任を負わなければならない。証明できる場合はその人身損害賠償責任は免除される。

積上物損害責任の免責事由は、①積上物の積上者が無過錯である。『権利侵害責任法』第八十八条の規定に基づき、積上者が自己の無過錯を証明できる場合は権利侵害責任を成立せず、その賠償責任は免除される。②不可抗力。積上物の落下、転落又は倒壊が不可抗力により生じた場合、『権利侵害責任法』第二十九条の規定を適用しその積上者の賠償責任を免除しなければならない。③第三者過錯及び被害者過錯。積上物が生じさせた損害が完全に第三者の過錯により発生し他人に損害を生じさせた場合、積上者は免責となり、損害賠償責任は第三者が負担しなければならない。④積上物の損害が完全に被害者自身の過失により生じた場合、積上者の損害賠償責任は免除させる。損害が双方の過錯行為により生じた場合は、過失相殺規則に基づき処理をする。

五　通行妨害物損害責任

㈠　概念

通行妨害物損害責任とは、公共道路上で積上、傾倒、散落し通行を妨害している物が他人に損害を生じさせた場合に、当該行為を実施した関連する単位又は個人が損害賠償等責任を負わなければならない工作物損害責任である。

この工作物損害責任の特徴は、①損害を生じさせた工作物は公共道路上に積上、傾倒、散落している妨害物であり、その妨害物が通行を妨害している。②生じさせた損害は人身損害又は財産損害である。③責任を負う者は関連する単位又は個人である。④負担する権利侵害責任方式は主に損害賠償であり、侵害停止、妨害排除等権利侵害責任を含む。

㈡　妨害物と権利侵害責任成立

妨害物とは公共道路上に積上、傾倒、散落している交通通行を妨げる物であり、この妨害物が公共道路上で通行を妨害する。当該妨害物は動産でなければならず、不動産ではいけない。妨害物を設置する行為方式は積上、傾倒、散落であり、その内積上、傾倒における行為者の主観心理状態は損害を発生させる間接故意又は怠慢の過失の可能性がある。散落における行為者の主観心理状態は過失であり、故意ではない。

通行妨害物損害責任を確定する帰責原則は過錯推定原則である。公共道路上に通行を妨げる物を設置し、被害者の人身又は財産損害を生じさせたという事実を備え、且つ通行を妨げる妨害物を設置する行為と被権利侵害者の損害事実の間に因果関係があれば被権利侵害者は証明をする必要がなく、妨害物設置者又は管理者に過失があることを直接推定し、それが尽くすべき注意義務を尽くしていないことを認めることができる為、被権利侵害者は証明をする必要はない。行為を実施した関連する単位又は個人が自己の無過失を主張する場合は、自己により証明責任を負い無過錯であることを証明しなければならない。自己が無過錯であることを証明できる場合は権利侵害責任を負わない。自己が無過錯であることを証明できない場合は過錯推定が成立し、損害賠償責任を負わなければならない。

㈢　責任者の確定

『権利侵害責任法』第八十九条が妨害物損害責任に対し規定している規則は比較的特殊であり、「関連する単位又は個人」と規定している。

妨害物が他人に損害を生じさせた場合、妨害物の所有者、管理者は当然権利侵害者となり権利侵害責任を負わなければならない。公共道路上に妨害物を積上、傾倒させた場合の行為者は容易に確定することができるが、妨害物が散落した場合の行為者は比較的確定が難しく、損害を生じさせたとしても被権利侵害者は散落者を見つけることは困難である。妨害物が他人に損害を生じさせ、積上者、傾倒者又は散落者を見つけることができない場合、妨害物の清掃に対し管理職責を負う者、つまり公共道路の管理者が権利侵害責任を負う者となる。上述の責任者はみな「関連する単位又は個人」の範囲内に概括される。関連する単位又は個人が公共道路の管理者の場合は、それが賠償責任を負担した後、妨害物を積上、傾倒、散落させた行為者に対し求償する権利を持ち、積上者、傾倒者又は散落者を発見した後、それらに対し求償を行う。

六　林木損害事件

(一)　概念及び特徴

林木損害責任とは、林木の切断により他人に人身損害、財産損害を生じさせた場合に、林木の所有者、管理者又は使用者が損害賠償等責任を負う工作物損害責任である。

林木損害責任は以下の法律特徴を持つ。①林木損害責任は工作物損害責任の一種であり、積極的加害行為者は存在しない。②林木損害責任が発生する原因は林木の切断等によるものでありその他原因ではない。③林木損害責任の賠償責任者は特定性を持っており、つまり害を生じさせた林木の所有者又は管理者である。

(二)　帰責原則及び成立要件

林木損害責任には過錯推定原則を適用する。林木損害責任の成立には以下の成立要件を備えていなければならない。

(1)　林木による損害行為がなければならない。林木による損害行為とは林木の切断であり、条文には果実墜落による損害責任は規定されておらず、このような状況が発生し他人に損害を生じさせた場合は、『権利侵害責任法』の墜落物損害責任の規定に基づき責任を確定する、或いは林木損害責任の規定に照らし合わせることもできる。

(2)　被権利侵害者の人身又は財産損害事実がなければならない。林木の切断により生じる人身損害は、軽傷、重傷による障害及び死亡を含み、侵害するのは生命権、健康権、身体権である。財産の損失は生じた一切の財産損失を含む。

(3)　損害事実と林木切断行為の間に因果関係がなければならない。林木により他人に損害が生じた原因が、例えば自然力の原因、他人の原因等にある場合は、林木損害責任を成立しない。

(4)　林木の所有者又は管理者に過失がなければならない。一般的には管理不当又は欠陥であり、全て過失の方式により表現される。その心理状態は不注意又は怠慢であり、過失の確定形式には推定方式を採用する。所有者、管理者が自己の無過失を主張する場合は証明をしなければならない。証明できない又は証明不足の場合は推定が成立し、損害賠償責任を負わなければならない。証明できる場合はその損害賠償責任は免除される。

㈢　責任負担及び免責事由

林木損害責任の賠償権利主体は被権利侵害者であり、賠償責任主体に対し直接賠償を請求することができる。林木損害責任の賠償責任主体は、林木の所有者、管理者又は使用者である。林木の所有者は林木損害における最も直接的な賠償責任主体である。林木の所有者が当該林木を直接所有又は管理しており、当該林木が他人に損害を生じさせた場合、所有者は賠償責任を負わなければならない。林木が所有者の管理、使用下にない時、その賠償責任主体は林木の所有者ではなく、林木を管理している者が賠償責任主体となる。

林木損害責任における免責事由は、①林木の所有者又は管理者の無過錯。所有者、管理者が自己の無過錯を証明できる場合は免責とすることができると明確に規定しているため、その他免責事由の存在を証明する必要はない。②不可抗力。林木切断が不可抗力により生じた場合、その所有者、管理者の賠償責任は免除される。③第三者過錯及び被害者過錯。完全に第三者の過錯により林木の切断が発生し他人を損害した場合、その所有者、管理者は免責となり、損害賠償責任は第三者が負担する。完全に被害者自身の過錯により林木が切断され自己に損害が生じた場合は、林木の所有者、管理者の損害賠償責任は免除される。

七　地下工作物損害責任

㈠　概念

地下工作物損害責任とは、公共の場所又は道路等の地表以下を掘削、修繕する又は地下施設を設置する等により形成された地下工作物及びマンホール等地下工作物が、その施工者又は管理者がはっきりとした標識の設置及び安全措置を講じていない又は職責を尽くしていない為に他人に人身又は財産損害を生じさせた場合に、施工者又は管理者が賠償損失責任を負わなければならない工作物損害責任である。

㈡　帰責原則及び成立要件

地下工作物損害責任には過錯推定原則を適用する。その責任成立要件は、以下の通り。

⑴　損害を与えた工作物は地下工作物である。地下工作物は有体物でもよく、無体物でもよい。これらは全て地下おいて形成された空間であり、空間的形式を以て地面の地表と連結している。つまり元々の地面の形状、外見上に多少の変化を加え地面以下の空間を残すことである。地下工作物が存在する場所は、公共の場所及び道路上を含むだけでなく、人員が出入りする可能性がある全ての場所を含む。このような場所に地下工作物を設置し他人に損害を生じさせる可能性がある場合、全てこの要件を持つ。『権利侵害責任法』第九十一条は地下工作物の性質を二種類に分けている。一、第一項が規定する施工中の地下工作物。二、第二項が規定する使用中の地下物。マンホールを例にとると、前者は修繕、設置の過程において他人に損害を生じさせることであり、後者はマンホールを使用中に他人に損害を生じさせることである。このため、前者は施工中に「明確な標識の設置及び安全措置を講じていない」こと、後者は「管理者が管理職責を尽くしたことの証明ができない」ことであり、両者の工作物損害責任に対する要求は異なるものである。

⑵　「明確な標識の設置及び安全措置を講じる」又は「管理職責」の作為義務を履行していない。『権利侵害責任法』第九十一条が地下工作物の施工者又は管理者に対し要求する特別な作為義務は、他人に対し損害を生じさせる可能性がある危険な地下工作物の施工において必ず明確な標識を設置し且つ安全措置を講じ、日常の運営においても必ず管理職責を尽くすという内容である。法律に従い作為義務を履行しない場合は不作為の違法行為が成立される。前者に対しては、明確な標識の設置及び安全措置を講じるという二種の作為義務を同時に履行することで、法律が規定する作為義務の要求に一致することと

なる。その行為に依然として違法性があり損害を生じさせた場合は賠償責任を負わなければならない。管理職責を尽くさないことは典型的な不作為行為である。本条が規定する作為義務履行における注意程度は、善良管理者における注意基準を採用し、標識の明確さ及び措置の安全性に対しては比較的高い要求をしなければならない。

(3) 生じさせた結果は人身損害及び財産損害である。地下工作物が生じさせる損害は主に被権利侵害者の人身損害であるが、被権利侵害者の財産損害の可能性も存在する。

(4) 賠償責任主体は地下工作物の施工者又は管理者である。地下工作物損害責任の賠償責任主体は地下工作物の施工者又は管理者である。施工中の地下工作物対し、法律は施行中必ず明確な標識を設置し且つ安全措置を講じるよう要求し、責任を負う主体は施行者であり施工者が賠償責任を負わなければならない。使用中の地下工作物に対し管理者が管理職責を尽くさないことにより他人に損害が生じ且つ施工中に生じた損害ではない場合、損害に対する賠償責任は管理者が負担しなければならない。

(5) 過錯要件には推定を実行する。施工者が明確な標識を設置せず及び安全措置を講じず、管理者が管理職責を尽くしていない場合、過錯があることを直接推定できる。

㈢ 責任負担及び免責事由

地下工作物損害責任の責任主体は地下工作物の施工者又は管理者である。

地下工作物損害責任の免責事由は、以下の通り。

(1) 地下工作物の施工者又は管理者が無過錯である。地下工作物の施工者又は管理者が明確な標識を設置し且つ安全措置を講じていることを証明できる場合、或いは自己が管理職責を尽くしていることを証明できる場合は無過錯となり、よって賠償責任は成立しない。

⑵　不可抗力。地下工作物が生じさせた損害が不可抗力によりもたらされた場合、その施工者及び管理者の賠償責任を免除する。

⑶　第三者過錯及び被害者過錯。完全に第三者の過錯により地下工作物が他人に損害を生じさせた場合、その施工者、管理者は免責となり、損害賠償責任は第三者が負担する。完全に被害者自身の過錯により地下工作物に自己の損害を生じさせた場合、地下工作物の施工者、管理者の損害賠償責任は免除される。

第十二章　その他権利侵害責任類型と附則

【法律条文】

第九十二条　本法は二〇一〇年七月一日より施行する。

【典型的な事例】

向氏は二階建ての家屋を建てることとなり、十一人の建築員が共同で請け負うこととなった。壁を建設した後、骨組みを壁に設置し、骨組みの上から桁の設置も開始した。責任者は向氏に対し危険があるか、及び合格であるかを聞いた。向氏は、明らかに骨組みの質が悪く、規格に合わない木材により制作されたことを知っていたが、問題はないと答えた。数名の作業員が骨組みに上がり作業をしていた時、骨組みが折れ、下で施工していた一人の作業員に当たり、救助むなしく死亡してしまった。向氏は骨組みの質が悪い事実を隠し、注文請負人に死亡という結果を生じさせてしまい、よって注文者指示過失責任が構成された。[1]

1　この事件の性質は注文者指示過失責任である。

第一節　司法解釈が規定する特殊権利侵害責任

一　労働災害責任

(一)　概念

労働災害とは、企業従業員及び個人雇用者が労働時間及び労働場所において、労働原因により人身損害を被り又は職業病を患うことで形成される意外事故である。労働災害責任は労働災害保険関係であり、権利侵害損害賠償関係でもあり、二重属性を持つ法律関係である。労働災害保険の法律法規を適用することもでき権利侵害法を適用することもできる。

(二)　法律特徴

(1)　労働災害は事業主において発生する事故である。事業主とは中国国内における全民所有制企業及び集体所有制企業単位、私営企業、三資企業及び他人を雇用し労働に従事させる個人経営企業体又は共同経営である。被用者が自己に労働を提供し、自己と労働関係のある企業又は個人経営企業体、個人共同経営はみな「事業主」に属す。労働災害とは事業主において発生する人員傷亡事故である。

(2)　労働災害は事業主の労働者が人身傷亡を受ける事故であり、財産が損害を受ける事故ではない。労働者とは事業主が雇用する従業者であり、作業員と職員を含む。加工請負関係は労働成果の交付を目的とする契約関係であり、労働力の交換を目的とした労働契約関係ではない。よって人員傷亡事故が発生したとしても労働災害は成立されない。

⑶　労働災害は労働者が労働職責を執行している時に発生する事故である。労働災害が発生する時間及び場所には明確な制限があり、企業労働者が作業中に作業により傷害を受ける又は死に至るという範囲に限られる。その他の時間及び場所にて発生した事故は、労働者の上述の権利を侵害していたとしても労働災害の範囲内ではない。

⑷　労働災害は企業と被害労働者の間に権利義務関係が生じる法律関係である。労働災害が一度発生すると、労働災害労働者と事業主の間に相応の法律結果が生じ、一種の損害賠償権利義務関係が構成される。労働災害における労働者又はその近親は損失賠償を要求する権利を持ち、企業は被害者及びその近親の損失を賠償する義務を負う。

㈢　帰責原則と成立要件

労働災害責任の確定には無過錯責任原則を適用する。労働災害保険責任又は普通の権利侵害責任紛争としての労働災害責任に関わらず、全て無過錯責任原則を適用する。

労働災害損害賠償責任の構成には以下の要件を備えていなければならない。

⑴　事業主と労働者の間に労働関係が存在しなければならない。中国において労働力を使用する場合、事業主と労働者は労働契約を結ばなければならず、労働者は事業主の従業員となる。労働法律関係を築く形式は原則上書面形式を以てしなければならず、個人雇用者等に対しては口頭での労働契約締結も無効ではない。

(2)　労働者が人身損害を受けた事実がなければならない。労働災害の損害事故は労働者が人身損害を受けた客観事実であり、財産損害及びその他利益の損害を含まない。労働災害の主な侵害対象は労働者の健康権及び生命権であり、事故が労働災害をもたらした場合に受けた傷害又は生じた障害が侵害するのは健康権である。死に至った場合に侵害されるのは生命権である。労働者が職業病を患った場合も一種の人身損害事実であり、侵害する客体は健康権である。労働災害責任の確定には労働災害認定及び労働能力鑑定を行わなければならず、その意義は労働災害責任を成立するかどうかを確定すること、及び労働災害労働者がどのような労働災害待遇を受けるかを確定することにある。

(3)　労働者の損害は必ずそれが労働職責を履行する過程において発生しなければならない。労働者が労働職責を履行している時に労働者自身に傷亡が生じたのであり、他人の傷亡ではない。次に、労働災害は労働者の損害が労働職責の履行中に発生することを要求する。しかしそれが職務行為の執行により生じることを要求せず、職務執行過程においてその他の原因により生じた場合も含まれ、労働者が労働職責を履行する範囲内において自身に損傷が生じれば、本要件は成立される。判断する基準は、第一、労働時間。これは労働職責を履行する時間の範囲内、つまり事業主が規定する勤務時間である。労働に関連した準備及び撤収作業に従事している正式な労働時間の前後時間、労働による外出時間、出退社途中の時間等は全て労働時間に属す。第二、労働場所。これは労働職責を履行する環境の範囲内を指し、労働任務を執行する場所を労働場所とする。第三、労働原因。これは労働職責を履行する事由である。例えば労働に関連する準備作業及び撤収作業、労働中に受ける暴力等意外傷害、及び労働により外出する期間において発生する行方不明事故等も全て労働原因と見なす。労働時間、労働場所及び労働原因の三つの要素に基づいて労働職責の履行範囲を正確に確定することができる。

(4)　事故は労働者が損害を受けた原因でなければならない。事故は労働者の人身損害を生じさせた原因であり、これは労働災害責任を成立する因果関係要件に対する要求である。事故とは意外の損失又は災害である。労働災害責任における事故は一般的に企業事故を指し、全てが意外により生じる損失又は災害では無く、管理・指揮・設計・操作上の不注意及び怠慢等過錯により生じる損失又は災害も含む。科学が発展している現代においても、多くの企業事故は予測できない原因により生じ、不注意無しでも発生する可能性がある。企業事故は主に工業事故を指し、その他企業労働において発生する事故も含む。例えば労働職責の履行中に暴力を受ける等意外傷害や、労働による外出期間に労働が原因で傷害を受ける又は行方不明になることや、出退社途中に交通事故又は都市鉄道交通、客運輸渡、列車事故に遭い傷害を受ける等である。事故は労働者の人身損傷の原因であり、つまり労働者の損害事実は企業事故が生じさせたものでなければならない。

㈣　労働災害と認定すべき状況

(1)　労働時間及び労働場所において、労働が原因で事故傷害を受ける。これは典型的な労働災害である。

(2)　労働時間前後に労働場所において、労働に関連する準備・撤収作業に従事し事故傷害を受ける。このポイントは労働時間の延長にあり、労働時間の前後も労働時間と認定する。その必要条件は、従事する労働は必ず労働と関連する準備又は撤収作業でなければならない。

(3)　労働時間及び労働場所において、労働職責の履行により暴力等意外な傷害を受ける。これは労働原因要素の変化であり、暴力等意外な傷害を受けることは労働原因ではなく、労働職責の履行と関係があるだけである。

(4)　職業病。おおよそ職業病は全て労働と関連がり、一律で労働災害と認定できる。

(5)　労働により外出している期間において、労働原因により傷害を受けた又は事故が発生し行方不明になる。労働による外出は、その全ての外出時間を動労時間と認定し、その外出する地点及び沿路も労働場所と認定できる。労働原因により傷害を受けた場合は必然と労働災害に属する。労働により外出する期間に事故が発生し行方不明になった場合も労働災害と認定される。

(6)　出退社途中に交通事故又は都市鉄道交通、客運輪渡、列車事故傷害を受ける。労働者が出退社途中に受けた損害が第三者により生じたもので、事業主に責任が無い場合、第三者が賠償責任を負担する。

(7)　法律、行政法規が規定する労働災害と認定できるその他の状況。その他法律及び法規が労働災害と認定すると規定している状況に関しては、例え『労働災害保険条例』に規定されていなくても労働災害と認定しなければならない。

(8)　労働災害と同一視できる。労働時間及び労働職場において、突然病死し又は四十八時間以内に救出したが救出虚しく死亡した場合。被災者救済等国家利益、公共利益を守る活動において傷害を受けた場合。労働者が元々軍隊に服役し、戦争及び公務員が労働災害により障害を受け、革命障害者軍人証を取得している状況で事業主に雇用された後に古傷が再発した場合。以上の場合は労働災害と同一視する。これらは準労働災害待遇として、一次性障害者補助金以外の労働災害保険待遇を受ける。

(五)　労働災害と認定できない状況

(1)　故意の犯罪。労働者が故意の犯罪により傷亡した場合、労働場所及び労働時間において発生したとしても労働職責の履行と関係がない為、労働災害と認定することができない。ただし過失犯罪はこの限りではない。

⑵　酒酔い又は麻薬による傷亡。労働者が酒酔い又は麻薬使用により傷亡した場合も労働職責の履行と関係がない為、労働時間及び労働場所であっても労働災害と認定することができない。

⑶　自傷又は自殺の場合。これら人身傷害は行為者自己の責任であり、労働災害と認定することができない。

㈥　労働災害責任を確定する規則

⑴　労働災害責任を確定する法律根拠。『労働災害保険条例』以外に、最高人民法院『人身損害賠償事件の審理における法律適用に関する若干問題の解釈』第十一条及び第十二条は労働災害の処理に対し規則を確定している。第十一条の規定により、「使用者は、被用者がその業務中被った人身損害を賠償しなければならない。雇用関係以外の第三者が被用者に人身損害を加えた場合、賠償権利者は第三者に対して損害賠償を請求することができ、又は使用者に対して損害賠償を請求することもできる。使用者が損害を賠償したときは、第三者に求償することができる。」「その業務中、生産事故により被用者に生じた人身損害につき、注文者若しくは元請人は請負人もしくは下請人が、その業務に従事する資金又は安全生産条件を欠いていたことを知る又は知ることができた場合、使用者と連帯して賠償責任を負わなければならない。」

⑵　労働災害責任の認定に関する一般規則。第一、労働災害責任の認定は、一、労働行政管理部門が確定する、二、人民法院の判決により確認する。第二、労働災害責任の被害者は事業主に対し法律規定

に基づきその損害の賠償を要求する権利を有す。第三、労働災害における賠償責任主体は事業主である。労働災害が生じた後、法律規定に基づき労働災害損害を受けた被害者に対し損害賠償を行う義務を負う。第四、労働災害責任は元々企業事業単位の労働者制度である。しかし国家機関の工作人が職責の執行中に損害を受けた際にも労働災害の規定を適用できる。

⑶　労働災害責任の確定における具体規則。第一、労働災害保険を優先する。労働災害が発生した際、労働災害保険契約を結んでいる場合、先に保険人に対し賠償を要求し、保険人が賠償をした後の不足部分に対して、被害者は事業主に賠償を要求する権利を持つ。第二、事業主が賠償責任を負う。被用者が雇用活動に従事している際に人身損害を受けた場合、雇用者は賠償責任を負わなければならない。労働災害保険待遇を受けない労働者が労働中に人身損害を受けた場合に対しては、雇用者は賠償責任を負わなければならない。第三、第三者が被用者に人身傷害を生じさせ、その傷害が労働災害によるものではない場合、第三者と雇用者の責任関係は不真正連帯責任となり、被害者は第三者に賠償責任を負担するよう請求することができ、又は事業主に賠償責任を負担するよう請求することもできる。事業主は賠償責任を負った後、第三者に対し求償を請求することができる。第四、注文者又は元請人の労働者労働災害に対する連帯責任。雇用活動が経営請負に属す場合、請負人又は下請け人に相応の資質がない又は安全生産条件が無いことにより被用者が人身損害を受けた場合は、注文者又は元請人がそれを知っているのであれば連帯責任を負わなければならない。

㈦　第三者責任

最高人民法院『人身損害賠償事件の審理における法律適用に関する若干問題の解釈』第十二条第二項

の規定では、「使用者以外の第三者の不法行為によって、労働者が人身損害を受け、賠償権利者が第三者に民事賠償を請求する場合、人民法院はこれを支持しなければならない」この規定に基づき、被害者は第三者に対し賠償を請求することができると同時に、労働災害保険待遇を受けることもできる。この状況が「二重賠償」に属し禁止事項に属するか否かについて、最高人民法院は、労働災害保険待遇は完全な損害賠償ではなく、このような状況で労働者は労働災害保険待遇を受けるが、これにより第三者の権利侵害責任を免除することはできないとしている。労働者は第三者に対し権利侵害損害賠償責任の負担を請求することもできる。

二　注文者指示過失責任

㈠　概念

注文者指示過失責任とは、請負人が請負契約を執行する過程において、注文者が過失のある内容を注文又は指示したことにより不法に他人の権利を侵害し損害を生じさせた場合に、注文者が損害賠償責任を負担する特殊権利侵害責任形式である。

『権利侵害責任法』には注文者指示過失の権利侵害行為及びその責任は規定されていない。最高人民法院『人身損害賠償事件の審理における法律適用に関する若干問題の解釈』第十条の規定では、「請負人がその請負業務中において、第三者に損害を加え、又は自身に損害が生じた場合、注文者は賠償責任を負わない。ただし、注文者は、発注、指示又は選任について過失がある場合、その賠償責任を負わなければならない。」とする。

㈡　基本規則

⑴　当事者間の契約は請負性質の契約でなければならない。注文者指示過失責任を構成するには、当事者間の契約が請負性質の契約でなければならない。これは注文者過失責任と使用者責任を分ける基本的境界線である。注文者指示過失責任の基礎は請負性質の契約であり、使用者責任は労働契約でなければならない。例えば、運転手付きの機動車賃貸は請負契約であり、使用者における労務契約ではない。

⑵　権利侵害行為は請負契約を執行する過程において発生するものである。請負契約の執行とはつまり請負事項を完遂することである。請負人を損害する行為又は請負人が他人に損害を与える行為は、必ず請負事項を完遂する過程において発生する行為でなければならない。請負事項の執行範囲を超えた場合、注文者指示過失の権利侵害責任は存在しない。

⑶　侵害するのは第三者の民事権益である。この権利侵害行為が侵害する権益は二つの面に分けられる。一つは請負契約外の第三者の民事権益。例えば生命権又は健康権の損害など。もう一つは請負人自身の権利の損害。これは請負人が請負事務執行中に、自己に対し生じる損害である。これに対し最高人民法院『人身損害賠償事件の審理における法律適用に関する若干問題の解釈』第十条の規定では第三者に対する損害を含むだけでなく、自己に対し生じた損害も含めている。請負人が自己に対し損害を生じた場合は、注文者指示過失責任ではなく労働災害責任となる。

⑷　損害を生じる行為者は請負人である。損害を生じる直接行為者は請負人であり注文者ではない。請負人が請負事項の執行中に自己の行為により他人に損害を与える又は自己に損害を与えるのであり、注文者の行為が他人又は請負人に損害を与えるのではない。

⑸　責任を負うのは注文者である。権利侵害責任を負担するのは注文者である。注文者は自己の発注、

指示又は選任における過失が生じた結果に対し損害賠償責任を負わなければならない。

㈢　中国における注文者指示過失責任の特徴

中国司法解釈が定める注文者指示過失責任には、伝統的な注文者指示過失責任と異なる点が二つある。第一、請負人が自己に与えた損害も含めている。一般的な注文者指示過失は第三者に損害を与えた時にこの責任が成立されると規定している。請負人が自己に与えた損害も含めることは伝統的な規定を超えるものである。第二、注文者はどのような状況で責任を負うか。注文者が発注、指示又は選任において過失がある場合、注文者が責任を負うと規定しており、その内選任における過失に対して注文者指示過失責任を負うのは不公平だとする場合は、注文者が指示又は発注において過失がある場合にのみ責任を負い、選任における過失に対しては責任を負わなくてよい。

三　手伝人責任

㈠　手伝人が他人に損害を加えた場合の損害責任

最高人民法院『人身損害賠償事件の審理における法律適用に関する若干問題の解釈』第十三条の規定では、「他人に無償で労務を提供する手伝人は、その手伝い仕事中において他人に損害を加えた場合、被手伝人は賠償責任を負わなければならない。被手伝人はその手伝いを明確に拒否した時に、賠償責任を負わない。手伝人に故意又は重大な過失があり、賠償権利者が被手伝人と手伝人に対し連帯責任を追及する場合、人民法院はこれを支持しなければならない。」とする。

手伝人が他人に損害を与えた時の責任には三つの要点がある。第一、手伝人が手伝いにおいて他人に損害を与えた責任は使用者責任と類似しており、被手伝人が責任を負わなければならない。例え無償であったとしても手伝人が手伝い仕事期間において他人に損害を与えることは、やはり被手伝人に労務を提供しているということになるので、被手伝人は責任を負わなければならない。第二、被手伝人が手伝いを拒否したにも関わらず手伝人が手伝いを継続し他人に損害を加えた場合、手伝人自身が責任を負い、被手伝人は責任を負わない。第三、手伝人が故意又は重大な過失により他人に損害を加えた場合、被手伝人は連帯責任を負わなければならない。

㈡　手伝人が損害を受けた場合の責任

最高人民法院『人身損害賠償事件の審理における法律適用に関する若干問題の解釈』第十四条の規定では、「被手伝人は、手伝人が手伝い仕事によって被った人身損害を賠償しなければならない。被手伝人が明確に手伝いを拒否したときは、賠償責任を負わない。ただし、受益範囲を限度に適当な補償をすることができる。」としている

手伝人が損害を受けた場合の責任の確定には三つの規則を遵守しなければならない。第一、手伝人が被手伝人の為に行った義務的手伝いにより自己に損害を与えた場合、その規則は労働災害に類似し、被手伝人が責任を負わなければならない。手伝人が被手伝人に対し労働を提供し自己に損害を与えた場合、被手伝人は賠償を与えなければならない。第二、被手伝人が手伝いを拒否した場合、原則上賠償責任を負わないが、被手伝人は受益範囲を限度に適当な補償を与えなければならない。これは補償責任であり賠償責任ではない。第三、手伝人が手伝い仕事中に第三者の権利侵害に遭い人身損害を被った場合、第

三者が賠償責任を負う。しかし第三者を確定できない又は第三者に賠償能力がない場合、被手伝人がこれを補充する補償責任を負わなければならない。この責任は補充の補償責任であり、補充の賠償責任ではない。

第二節 『権利侵害責任法』発効日

一 中国法律発効日の一般規則

中国立法は法律を実施する日時に対し三つの要項を規定している。一、公布したその日より直接効力を生じ実施する。このような状況は、法律により「本法は公布した日より施行する」と明文規定している場合もあるが、法律がその発効日に対し明確に規定していない場合は公布日から効力が生じることを意味する。二、当該法律により具体的に発効日が規定されている。通常、発効日は公布した後一定期限内に施行を開始すると規定されている。公衆及び法律実施機関がより準備ができるよう、法律は期限に対し往々にして公布後数か月で発行すると規定している。三、法律を公布した後一定条件に一致した時に発効すると規定している。この規定は一般的に法律を実施する間の準備及び相互連携及び法律実施における統一性等の要素を考慮したものである。

『権利侵害責任法』は中国民法典の成立要素であり、公布後施行に至るまで一定の準備期間が必要である。そのため、二〇〇九年十二月二十六日に可決且つ公布した後、予め充分な宣伝及び準備期間を設け、二〇一〇年七月一日より正式に施行したのである。

二　『権利侵害責任法』の遡及力

法の遡及力、又は法の既往遡及の効力とも呼ぶ。これは、法はその発行以前の事件及び行為に対し適用するか否かを指す。適用するのであれば遡及力があり、適用しないのであれば遡及力はない。法は遡及力があるかどうか、法律規範によりその状況は異なる。実体法律では一般的に法律不遡及を原則とすると規定している。これは、法律は安定性及び予測可能性を持たなければならず、人々は法律に基づき一定の行為に従事し自己の行為に責任を負うからである。法律が過去に遡及する、つまり今日の規則を以て昨日の行為に対し要求をすることはある人に対し自己が望んだことがない義務を要求することに等しい。当然、法律不遡及は絶対ではなく、民事権利に関する一部の法律には遡及力を持つものもある。

『権利侵害責任法』は当該法の遡及力問題について明文による規定をしていない。そのため『立法法』第八十四条が規定する原則を適用する。つまり『権利侵害責任法』の効力は過去に遡及しないとする。最高人民法院は『〈権利侵害責任法〉の適用に関する若干問題の通知』第一条において『権利侵害責任法』は不遡及原則を採用することを規定した。つまり、「権利侵害責任法が施行された後に発生した権利侵害行為が生じさせた民事紛争事件には、権利侵害責任法の規定を適用し、権利侵害責任法が施行される前に発生した権利侵害行為が生じさせた民事紛争事件には、当時の法律規定を適用する。」「権利侵害行為自体は権利侵害責任法の施行前に発生したのだが、権利侵害責任法施行後に損害結果が現れた民事紛争事件に対しては、権利侵害責任法の規定を適用する」である。

この規定が持つ意味は、第一、『権利侵害責任法』実施後に発生した権利侵害行為が訴訟を引き起こした場合は新法を適用し、新法実施前に発生した権利侵害行為が訴訟を引き起こした場合は旧法を適用する。第二、新法実施前に発生した権利侵害行為の損害結果が新法実施後に現れた場合は新法を適用する。実践では、権利侵害行為の損害結果発生が『権利侵害責任法』実施後である場合を含めた『権利侵害責任法』実施後に発生した権利侵害行為に対しては、権利侵害責任紛争訴訟を提起する場合は『権利侵害責任法』の規定に基づき処理しなければならない。『権利侵害責任法』実施前に発生した権利侵害行為に対し民事紛争訴訟を提起する場合、『民法通則』の規定を適用しなければならない。

著者紹介

楊　立新（ヤン・リーシン）天津大学法学院卓越教授、中国人民大学法学院教授、中国民法学研究会副会長。（中国）通化市中級人民法院（地裁）審判廷判事、最高人民法院（最高裁）民事審判廷判事、最高人民検察院（最高検）民事行政検察庁長、検事を歴任し、中国『権利侵害責任法』の立法過程で大きな役割を果たした。研究分野は民法、物権法、権利侵害責任法、契約法。主な著書に『権利侵害責任法』、『物権法』、『人格権法』など。

中国権利侵害責任法　　**定価 4200 円＋税**

発　行　日　2018 年 11 月 15 日　初版第 1 刷発行
著　　　者　楊　立新
訳　　　者　鈴木理史
監訳・出版人　劉　偉
発　行　所　グローバル科学文化出版株式会社
〒 140-0001 東京都品川区北品川 1-9-7 トップルーム品川 1015 号
印刷・製本　モリモト印刷株式会社

ISBN 978-4-86516-015-4　C0032